U0617793

权威·前沿·原创

皮书系列为
"十二五""十三五""十四五"时期国家重点出版物出版专项规划项目

BLUE BOOK

智 库 成 果 出 版 与 传 播 平 台

高职院校蓝皮书

BLUE BOOK OF HIGHER VOCATIONAL COLLEGES

中国高等职业院校财务治理研究报告
（2022~2023）

RESEARCH REPORT ON FINANCIAL GOVERNANCE OF CHINESE HIGHER
VOCATIONAL COLLEGES (2022-2023)

组织编写 / 中国教育会计学会

主　审 / 武德昆　杨欣斌

主　编 / 茹家团　张　华

副主编 / 高淑芳　田书源　李　荣　林春树

社会科学文献出版社

SOCIAL SCIENCES ACADEMIC PRESS（CHINA）

图书在版编目（CIP）数据

中国高等职业院校财务治理研究报告 . 2022~2023 /
中国教育会计学会组织编写 . --北京：社会科学文献出
版社，2023.12
（高职院校蓝皮书）
ISBN 978-7-5228-3027-8

Ⅰ.①中…　Ⅱ.①中…　Ⅲ.①高等职业教育-财务管
理-研究报告-中国-2022-2023　Ⅳ.①G719.2

中国国家版本馆 CIP 数据核字（2023）第 238206 号

高职院校蓝皮书
中国高等职业院校财务治理研究报告（2022~2023）

组织编写／中国教育会计学会
主　　审／武德昆　杨欣斌
主　　编／茹家团　张　华
副 主 编／高淑芳　田书源　李　荣　林春树

出 版 人／冀祥德
责任编辑／岳梦夏　朱　月　茹佳宁
责任印制／王京美

出　　版／社会科学文献出版社·政法传媒分社（010）59367126
　　　　　　地址：北京市北三环中路甲 29 号院华龙大厦　邮编：100029
　　　　　　网址：www.ssap.com.cn
发　　行／社会科学文献出版社（010）59367028
印　　装／天津千鹤文化传播有限公司

规　　格／开本：787mm×1092mm　1/16
　　　　　　印张：20　字数：299 千字
版　　次／2023 年 12 月第 1 版　2023 年 12 月第 1 次印刷
书　　号／ISBN 978-7-5228-3027-8
定　　价／158.00 元

读者服务电话：4008918866

▲ 版权所有 翻印必究

序

  "推进国家治理体系和治理能力现代化"是党的十八届三中全会通过的《中共中央关于全面深化改革若干重大问题的决定》首次明确的，迄今已经十个年头。其间，党的十九届四中全会审议通过的《中共中央关于坚持和完善中国特色社会主义制度、推进国家治理体系和治理能力现代化若干重大问题的决定》明确提出："坚持和完善中国特色社会主义制度、推进国家治理体系和治理能力现代化的总体目标是，到我们党成立一百年时，在各方面制度更加成熟更加定型上取得明显成效；到二〇三五年，各方面制度更加完善，基本实现国家治理体系和治理能力现代化；到新中国成立一百年时，全面实现国家治理体系和治理能力现代化，使中国特色社会主义制度更加巩固、优越性充分展现。"[1] 党的二十大又进一步做出"以中国式现代化全面推进中华民族伟大复兴"[2] 的重大战略决策。作为培养高素质技术技能人才的高等职业院校，人才供给质量将直接影响中国式现代化的演进与实现。财务治理是高等职业院校治理的基础，具有举足轻重的作用。高等职业院校如何优化治理、有效防控风险、持续创造价值，成为各界共同关注的话题。在教育部财务司、职成司有关领导的亲切关怀下，中国教育会计学会职业教育专业（门）委员会（简称"职教专委会"）拟两至三年从不同视角发布一次中国高等职业院校财务治理研究报告，意义重大。职教专委会会同中国教

---

  [1] 《十九大以来重要文献选编》（中），中央文献出版社，2021，第272页。

  [2] 习近平：《高举中国特色社会主义伟大旗帜 为全面建设社会主义现代化国家而团结奋斗——在中国共产党第二十次全国代表大会上的报告》，人民出版社，2022，第21页。

育会计学会高等职业院校分会（简称"高职会计分会"）举战线之力撰写的《中国高等职业院校财务治理研究报告（2022~2023）》，从预算绩效内控一体化视角，借鉴一体化建设先行者经验，关注高校财务治理发展与完善，力求进行理论概括和实践总结，提出了一些有价值或可供商榷的思考与建议，具有理论性、实践性、指导性、操作性和前瞻性。本书基于实，重于求，落于用……亮点多多，值得肯定。

基于实，调研范围有广度。面向全国各片区 300 余所高职院校开展预算绩效内控一体化现状大调研，为确保调研的广度和深度，研究方法分层次依次开展并深入，问卷调查覆盖全国不同区域确保样本量具有代表性，案例征集从问题和成效两个维度收集相关信息，专题调研进一步对收集到的问题深入查找原因，集中研讨采取一对一深度访谈和分片区头脑风暴等形式确保经验做法理解到位，问题原因查找准确，调研对象覆盖院校 300 余所、个人近 5000 人次，收集整理高职院校预算绩效内控一体化典型案例 200 余个，资料字数超出百万，可谓注重广度的"沉浸式"深度调研。

重于求，研究成果有深度。求就是"究"，1941 年，毛泽东同志在《改造我们的学习》一文中详细解释了"实事求是"的内涵："实事"就是客观存在着的一切事物，"是"就是客观事物的内部联系，即规律性，"求"就是我们去研究。[①] 本书包括总报告、专题报告、典型案例及热点问题，采取文献研究法、问卷调查法、案例分析法、统计分析法、访谈调研法、理论与实践相结合、规范分析与实证分析相结合的研究方法。在吸收国内外预算绩效管理理论的基础上，结合我国高等职业院校实际对预算绩效内控一体化进行研究，初步提出高等职业院校预算绩效内控一体化的理论依据，总分结合，相互印证，为当前预算管理一体化实践搭建了一个大致的理论基础框架，寻求理论支撑点，强化对实践工作的指导与推动，是从预算绩效内控一体化角度实事求是地对预算一体化管理理论的"寻踪探究"式的首次尝试。

落于用，对策建议有精度。在总结与回顾我国预算绩效内控管理实践做

---

① 《毛泽东选集》第 3 卷，人民出版社，1991，第 801 页。

法的基础上，从当前和长远层面进行思考，把重点放在推进高等职业院校预算绩效内控一体化建设上，将预算绩效作为治理目的和手段，强调全过程控制机制，系统阐述从预算绩效内控一体化角度建设预算一体化的实施步骤与建设方式。基于广泛深入的调研工作，总结两种建设模式、形成一套指标体系、提炼若干典型做法，得出符合高等职业院校发展现状的对策和建议，为推进高等职业院校预算一体化工作提供重要理论和实践参考。衷心地希望这一蓝皮书能够成为我国广大高等职业院校对标先进、审视自身、完善财务治理体系、提升财务治理能力难得的参考资料。

党的二十大擘画的宏伟蓝图已徐徐展开，新征程上，希望广大职教财经人不断探索、勇毅前行，发挥财务治理在院校治理体系中的应有作用，助推职业教育高质量发展，夯实中国式现代化的教育之基。

中国教育会计学会会长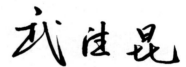

2023 年 5 月

摘　要

　　本书基于全国282所高职院校预算绩效内控一体化建设现状的问卷调查、203篇征集案例，开展高等职业院校财务治理建设现状研究，总结经验、查找问题、分析原因并提出相关对策建议。全书包括1篇总报告、6篇专题报告、10个典型案例和7个热点问题，系统阐述了依托预算绩效内控一体化建设推动财务治理体系完善和治理能力提升的路径、步骤和方式方法，旨在为广大高等职业院校对标先进高质量发展提供参考。

　　总报告多维度研究分析了高职院校预算绩效内控一体化管理现状，形成了一套由体制机制、管理体系、结构合理、预算绩效、内部控制、可持续效益、功能完备、信息化与自动化、满意度9个二级指标以及31个三级指标构成的建设水平测评指标体系。6篇专题报告分别对协同管理机制、业财融合管理、国有资产管理、在途数据管理、政府采购管理和科研经费管理开展相关研究，提出了"二设计、一规划、四协同"的实施路径及树立"大财务观"，推动财务管理向财务治理转型的建议。基于总报告中分析的预算绩效内控一体化建设的重难点，以10所高等职业院校在财务治理机制创新、财务治理模式探索、财务治理体系构建、一体化建设实践方面的具体做法形成典型案例，如深圳职业技术大学基于预算一体化的高校财务治理机制创新实践案例，杭州职业技术学院基于"业—财—效—控"的"四阶魔方"财务治理模式案例，四川财经职业学院基于"1+5+N"内控框架的治理体系建设实践案例，北京交通运输职业学院"多校区"高职院校预算管理一体化分步建设实践案例，等等。基于政策导向和新技术发展，开展数智化管理、业财融通、组织保障、决策需求、全生命周期管理、业务流程优化和数据共享 7 个方面的热点问题研究，如山东商业职业技术学院基于数据共享的一体化闭环管理系统建设研究与江苏农牧科技职业学院全景管控的数智化财务治理模式研究等。

关键词： 高职院校　财务治理　业财融通

Abstract

This passage discusses a comprehensive study conducted on the current state of budget performance and internal control integration in 282 higher vocational colleges across China. The study involves a questionnaire survey and the collection of 203 cases. It aims to analyze the current status of financial governance construction in higher vocational colleges, identify issues, propose solutions, and provide reference points for their development. The book includes one general report, six special reports, ten typical cases, and seven hot topics. It systematically elaborates on the path, steps, and methods to improve financial governance systems and enhance governance capabilities through the integration of budget performance and internal control. The general report provides a multidimensional analysis of the current state of budget performance and internal control integration in higher vocational colleges. It introduces an assessment indicator system consisting of nine secondary indicators and 31 tertiary indicators. The six special reports cover topics such as collaborative management mechanisms, integration of business and finance management, state-owned asset management, in-transit data management, government procurement management, and research fund management. The reports suggest implementation paths and propose recommendations for transforming financial management into financial governance. To address key challenges identified in the general report, the book presents ten typical cases from higher vocational colleges, showcasing their innovative financial governance mechanisms, exploration of governance models, construction of governance systems, and practical experiences in integrated construction. Examples include innovative practices at Shenzhen Polytechnic University, a financial governance model at Hangzhou Vocational and Technical College, governance system

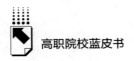
construction at Sichuan Vocational College of Finance and Economics, and step-by-step integrated budget management at Beijing Vocational College of Transport. In response to policy trends and technological developments, the book delves into seven hot topics, including digitized management, business and finance integration, organizational support, decision-making needs, full life-cycle management, business process optimization, and data sharing. Examples include research on the construction of an integrated closed-loop management system based on data sharing at Shandong Institute of Commerce and Technology and a study on the digitized financial governance model with panoramic control at Jiangsu Agri-animal Husbandry Vocational College.

Keywords: Vocational Colleges; Financial Governance; Business Finance Integration

目 录 ⟍⟍

I 总报告

II 专题报告

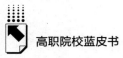
Ⅲ 典型案例

Ⅳ　热点问题

皮书数据库阅读**使用指南** 👆

总 报 告

B.1

高职院校财务治理建设现状

中国教育会计学会

摘 要： 本书采取文献研究法、问卷调查法、案例分析法、统计分析法、访谈调研法等研究方法，结合理论与实践相结合、规范分析与实证分析相结合的研究思路，在吸收国内外预算绩效管理理论的基础上，结合我国高等职业院校实际对预算绩效内控一体化进行研究，初步提出高等职业院校预算绩效内控一体化的理论依据，寻求理论支撑点，强化实践工作指导。通过本次研究发现，当前预算绩效内控一体化完善了各学校财务治理制度，如预算管理、绩效管理、内部控制层面的制度，着力推动制度执行，提升学校综合治理水平，但还存在一体化建设理念认识不到位、组织保障不完备、体制机制不配套、信息系统不开放、政策法制不健全等现实问题，因此需要更大范围推广应用一体化建设模式，从标准规范、认识、组织、制度、系统和协同等方面采取措施，构建有效的实施路径和保障机制，进一步提升高校财务治理水平。

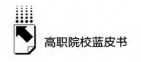

关键词： 高职院校　财务治理　预算管理　一体化

一　概念及特征

（一）概念界定

1. 财务治理

高校财务治理是高校治理主体基于财务资本结构等制度安排，对财权进行合理配置，在强调利益相关者共同治理前提下，形成有效的财务激励约束等机制，实现对财务决策等一系列制度、机制、行为的安排、设计和规范。与财务"管理"相比，财务"治理"有着不同的内涵与外延。财务治理是高校内部治理的重要组成部分，是高校治理工作的核心之一，但不等于高校治理。基于高校所有权、控制权与经营权相分离的现状，我国高校财务治理的主旨之一是如何处理好这三者之间的关系，确保财务决策的科学性、财务行为的规范性以及财务运行的高效性。加强和完善高校的财务治理有助于合理配置财权与事权，有效规避经济风险，提升财务相关工作的效率和效果，确保各项教学与科研活动有效运行，保证学校资产、资金的安全、完整和有效使用，避免资源的不合理配置，资产的损失、浪费和流失等。

全面预算管理可以帮助对资源配置和风险管理进行很好的控制，在高校的内部控制中具有非常重要的作用。全面实施预算绩效管理是党中央、国务院做出的重大战略部署，如何全面实施预算绩效管理、实现预算绩效内控一体化，是当前高校财务治理工作的重要内容。

2. 预算绩效

"预算绩效"是指通过预算的实施而产生的效益、效率和效果，它体现了通过预算安排和实施而取得的成果和产出。1995 年，著名学者芬维克提出了"3E"理论，即"经济性"（Economy）、"效率性"（Efficiency）、"效益性"（Effectiveness），随即成为公共支出绩效管理制度的基本理论和原则。

随着"公平性"（Equity）原则的引入，"公平性"与"3E"合称"4E"原则。其中："经济性"是成本与投入的关系，关注的是如何以最小的代价获得某一数量和质量的产出，也就是怎样使得费用和支出最小化；"效率性"是投入和产出间的比例关系，关注的是方法，注重手段性、过程性的产出和单位产出，追求产出投入比的最大化，也就是在产出或投入一定的情况下，使得投入最小化或产出最大化；"效益性"是产出与目标（结果）的关系，着重于所提供的公共服务和产品是否与政策目标保持一致，关注目标或成果问题，关注成果产出和目标产出，体现在预算支出结果与社会、经济、政治等方面期望目标的匹配程度，即所达到的目的或所期望的活动和实际效果之间的关系，追求效益的最优化；"公平性"是目标与社会公平的关系，也就是社会大众（特别是社会中的弱势群体）是否能够获得公平的对待和公平享有公共利益，关注社会或公众的满意度是否较高，社会公平是否能够实现。这四个层面是互相结合、互相关联的（见图 1），对"预算绩效"的含义进行了基本阐述。

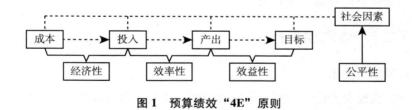

图 1　预算绩效 "4E" 原则

3. 全面预算绩效管理

全面预算绩效管理是利用绩效管理理念、方法等对现有的预算管理模式进行改革和完善，属于政府绩效管理范畴，是政府绩效管理的重要组成部分，其目的是改进预算管理、控制节约成本、优化资源配置，为社会提供更多、更好的公共产品和服务，提高预算资金使用效益。主线是结果导向，预算的编制、执行、监督等，以年初确定的绩效目标为依据，围绕绩效目标实现开展工作。核心是强化支出责任，"用钱问效，无效问责"，不断增强财政部门和预算部门的支出责任意识。特征是全过程，表现形式是五个环节紧

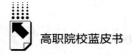

密相连，即实现建立事前绩效评估机制、强化绩效目标管理、做好绩效运行监控、开展绩效评价管理、强化绩效结果应用的有机统一。

4. 预算绩效内控一体化

预算绩效内控一体化建设是将各方面需要改进的问题统一汇总，以系统化思维整合预算管理全流程，积极构建现代信息技术条件下"制度+技术"的管理机制，全面提高预算管理规范化、科学化水平。

预算绩效内控一体化是以全面预算管理和业务流程梳理为基础，以绩效管理为工具，以内部控制为抓手，对单位内部各个环节的设计、计划、组织、实施、控制以及评价等管理活动的总称，是对人、财、物等核心资源进行科学的管理改进。学校的财务工作也由单纯的财务核算走向与业务的有机融合，通过预算绩效内控一体化建设，将预算管理要求嵌入业务管理流程，将绩效管理理念贯穿全流程管控要求，以信息化为手段，推动学校教学、科研、学生管理等业务活动和学校人、财、物等资源配置的经济活动紧密协同，提升预算安排与需求的匹配程度，有效提高资源配置效率，是当前高职院校加强财务治理的主要做法。

（二）一体化的特征

1. 组织一体化

完善高校财务治理机制需要实现组织一体化。部门及机构设置是组织管理的基础，而部门和机构一旦形成并固化，在运转过程中就容易偏离组织既定目标，按照部门和机构自身利益最优的逻辑对政策及制度进行有选择的执行。包括一体化在内的各项改革，形式上是改变制度及流程，本质上是部门和机构之间权力、责任及利益格局的变革。在形成共识、明确标准的基础上，能否形成与一体化管理理念及工作思路相适应的组织架构，便成为这项工作能否推动实施的关键。在领导小组层面实施一体化设置，设置由学校主要领导担任组长的预算绩效内控一体化建设领导小组，履行预算管理、绩效管理和内部控制三个小组的职能职责，明确将预算、绩效、内控三项工作纳入一体化建设实施总体框架进行统一部署、统一推动、统一实施和统一检查评价等，这为一体化制度及系统建设提供保障。

2. 制度一体化

完善高校财务治理机制需要实现制度一体化。标准规范和管理制度是一体化建设的基础，是实现系统衔接、数据共享和业务协同的重要依托。标准制度先行，认真梳理现有标准规范和管理制度，详细设计需要补充完善的标准规范和管理制度，确保预算绩效内控一体化建设有标可依、有据可循、规范开展。

3. 流程一体化

完善高校财务治理机制需要实现流程一体化。即对现在的岗位职责和流程进行明确，基于流程全面梳理再造，重新设计不合适或者已经不合时宜的业务流程和组织架构，以流程为制度设定框架和主线，确保制度设计的整体性。明确每一个工作岗位的具体工作程序及责任，对具有重复性和规律性的业务形成标准化处理程序，尽可能降低工作中的无序性。

4. 规则一体化

完善高校财务治理机制需要实现规则一体化。必须对基础信息进行标准化管理，保证数据表述和统计口径的标准统一。基础信息是根据财务治理的需要收集、整理、存储或再加工形成的管理对象或管理要素的基础档案和数据，对财务治理工作和决策有现实或潜在的价值。财务治理建设需要实现标准统一与规范，每项业务活动都根据这个标准修订自身的规则。将统一的制度和规则嵌入再造后的业务流程，实现业务端与财务端的数据标准统一，保证数据质量。

5. 系统一体化

完善高校财务治理机制需要实现系统一体化。系统整合改造是一体化建设的核心，是一体化建设成果的最直接反映。财务治理建设应以业务需求为导向，充分考虑系统衔接和信息共享，做实做优各类应用系统。以内部控制的规格标准统一各个数据系统，并通过合适的数据接口，实现系统间数据与信息的共享，逐步构建顺向相互支撑、有效制衡和逆向真实反馈、有效监督的完整体系。

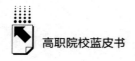
二　发展现状

（一）一体化建设现状总体概览

为准确摸清高职院校一体化建设的现状，中国教育会计学会高等职业院校分会对 300 余家会员单位开展了专题问卷调查，收到有效问卷 282 份，征集案例 203 篇，利用线上及线下形式对其中近 100 家进行了访谈调研。

根据专项报告分析，结合调查问卷统计结果，可以从机制建设、制度建设以及信息系统建设三个维度描述当前高职院校财务治理中预算绩效内控一体化发展的总体情况。

机制建设方面，多数学校建立了与预算、绩效或者内控有关的领导小组，并以此为依托推动预算绩效内控一体化建设实施工作，但学校建立三类组织机构的情况存在显著差异。被调研院校基本按要求成立了内部控制领导小组；成立预算绩效管理领导小组的学校相对较少，占比仅有 53.19%（如图 2 所示）。原因在于：中央和地方财政部门推动预算管理和内部控制建设工作的时间更久，财政部于 2017 年印发的《行政事业单位内部控制报告管

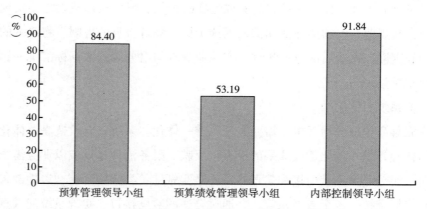

图 2　高职院校预算绩效内控一体化组织建设情况

资料来源：中国教育学会高等职业院校分会预算绩效内控一体化建设现状调查。

理制度（试行）》对内部控制领导小组和预算管理领导小组建设提出明确要求，并将其纳入内部控制报告指标，要求在系统上传佐证材料，推动了学校内控管理与预算管理两个领导小组的建立。相比较而言，国家层面对于预算绩效管理的政策要求起步较晚，且各地对于预算绩效管理组织设置的要求有所差异，组织机构建设相对滞后。

制度建设方面，按照"预算→绩效→内控→一体化"的逻辑线索重点统计 7 类制度建立情况，分别是预算项目库、项目绩效目标编报制度、事前绩效评估管理制度、全面预算绩效管理制度、内部控制制度、预算绩效内控一体化管理制度及信息化建设规划。统计结果如图 3 所示，所有 7 类制度中，282 所学校均建立了内部控制制度。财政部于 2020 年印发《项目支出绩效评价管理办法》，以及各中央部门和单位要求加快推进预算绩效管理改革，学校对项目绩效目标编制以及内部控制制度等方面的建设比较重视，并在此基础上完善了各项经济活动相关制度以及预算项目库。学校对于全面实施预算绩效管理有关要求的落实还相对欠缺，仅 34.04% 的学校出台了事前绩效评估管理制度，大多由财务部门牵头，自行组织开展预算事前绩效评估。另外，在倡导大数据、AI 的时代背景下，学校对于信息系统建设比较

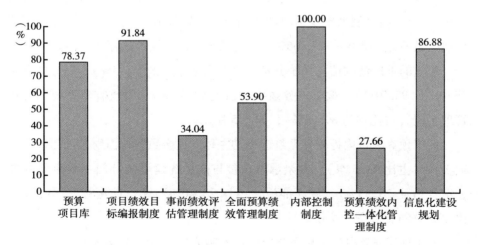

图 3　高职院校预算绩效内控一体化制度建设情况

重视，245 所学校制定了信息化建设规划，但由于在财务治理中预算绩效内控一体化项目起步较晚，学校建设意识比较薄弱，其中 33.88% 都还未将其纳入信息化建设规划（如图 4 所示）。

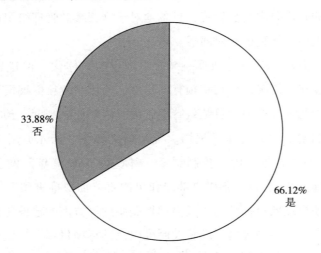

图 4　高职院校预算绩效内控一体化系统规划情况

信息系统建设方面，高职院校普遍建立了数量众多的信息系统，包含各类业务管理系统和财务管理系统，其中 50 所以上学校拥有的信息系统数量超过 25 个。结合制度建设情况调研结果，预算绩效内控一体化管理制度建设情况最差，占比仅有 27.66%，信息系统建设协同性还存在不足。

建立的最广泛的信息系统分别是 OA 系统（占比 95.74%）、财务核算系统（占比 92.91%）、教学教务系统（占比 91.13%）、学校收费系统和资产管理系统（占比均为 89.01%），如图 5 所示。

关于预算绩效内控管理系统建设的主体，大多数学校由财务部门牵头组织实施（占比 93.62%），其余承担或参与该系统建设的部门主要有党政办公室（占比 25.53%）、审计部门（占比 23.40%）和信息化管理部门（占比 20.21%），如图 6 所示。

关于预算绩效内控信息系统的建设实施方式，多数学校表示将与第三方机构共同完成（占比 66.67%）或者直接委托第三方机构独立完成（占比

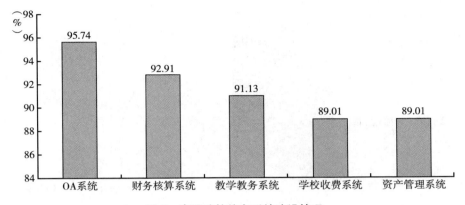

图5　高职院校信息系统建设情况

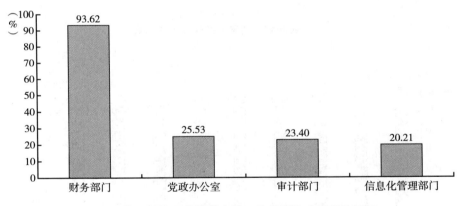

图6　高职院校预算绩效内控一体化系统建设牵头部门

25.18%），而有意愿自行开发的学校仅有 12 家，占比 4.26%（如图 7 所示）。

值得注意的是，各学校对于预算绩效内控信息系统应覆盖的业务领域有不同认识，统计结果如图 8 所示，超过 70% 的学校认为该系统应覆盖 6 项业务领域，依次是预算指标管理和会计核算（占比均为 83.33%）、资产管理（占比 74.82%）、收入管理（占比 73.05%）、网上报销（占比 72.70%）和支付系统（占比 72.34%），195 所学校选择采购管理（占比为 69.15%），有 189 所学校选择项目库管理和预算目标管理（占比为 67.02%），选择审计与风险管理业务领域的学校数量仅有 64 家（占比 22.7%），这表明大多

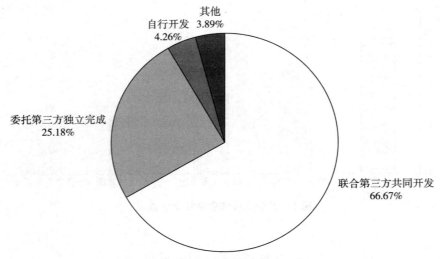

图7 高职院校信息系统建设实施方式

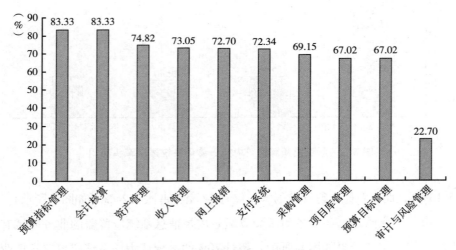

图8 高职院校信息系统业务覆盖领域

数学校构建一体化系统时仅从财务活动本身出发而对建立监督机制或进行闭环管控考虑较少。

综上所述，各地区、各学校之间预算绩效内控一体化建设现状呈现明显的层次性及多样性。

（二）一体化建设现状分项概况

为更好地了解整体情况进而设计和提出有针对性的政策建议及规范指引，本部分根据专项报告和统计结果，从机制建设、制度建设以及信息系统建设三个层面分别概括各学校财务治理中一体化建设现状。

1. 机制建设现状

组织机构设置及权责分配是管理活动的基础。预算绩效内控一体化实施的核心在于通过组织机构重构及管理体制优化改变传统预算管理、预算绩效及内部控制各自为阵的局面。本文从预算管理、内部控制、预算绩效三个维度考察当前高职院校机制建设的现状及它们为适应一体化趋势所做的变革。

关于预算管理组织与机构设置，238 所学校表示已设立预算管理领导小组或类似机构，占比 84.4%（见图 9）。

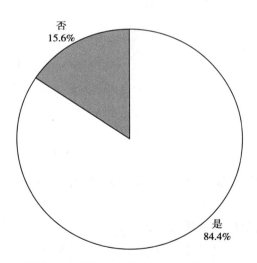

图 9　学校设立预算管理领导小组（或类似机构）情况

主要建立形式有预算工作委员会、预算管理领导组等；一般由校长或者分管领导任组长，办公室设立在财务处，其职能职责主要包括：完善预算管理体制和运行机制，建立健全预算管理办法和制度，科学合理编制预算，积极组织收入，统筹安排支出，组织预算实施，监督预算执行，分析报告预算执行情况，等等。如山东商业职业技术学院的预算管理领导组严格落实"规划—计划—预算"三者相互衔接，先谋事、后排钱，加强项目预算编报，硬化预算执行约束，严格按政策要求和实际需要安排资金，促进项目预算与绩效结合，合理分配教学资源。

关于内部控制组织与机构设置，259 所学校表示已设立单位内部控制领导小组或类似机构，占比高达 91.84%（见图 10），这在很大程度上是受到财政部内部控制报告编报机制的推动。

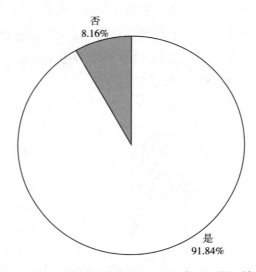

否
8.16%

是
91.84%

图 10　设立内部控制领导小组（或类似机构）情况

其中，165 所学校表示所设立的内部控制领导小组与学校预算管理领导小组之间建立了协同工作机制（见图 11），125 所学校表示所设立的内部控制领导小组与学校预算绩效管理领导小组之间建立了协同工作机制（见图 12），表明内部控制领导小组在更多学校承担起了推动预算绩效内控一体化实施的职责。内部控制领导小组通常由学校书记或校长担任组长，部分学校设立了书记和校长双组长；财务处、审计处以及教务处等业务部门负责人担任小组成员，内部控制领导小组的办公室设在财务处、办公室或审计处，具体负责主持和指导学校内部控制建设工作，为内部控制建设和实施提供组织保障，并将学校的发展战略、治学理念、管理要求融入学校治理、岗位授权、制度规范和业务流程，切实增强全校教职工的全局意识、责任意识、服务意识和忧患意识，促进学校财务治理水平全面提升。

另外，有学校确定将审计监察处作为控制评价与监督部门，对内控运行

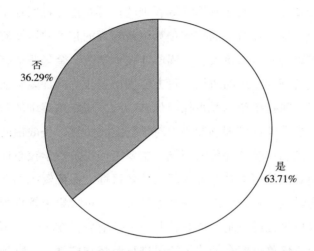

图 11　内部控制领导小组与预算管理领导小组协同工作机制建立情况

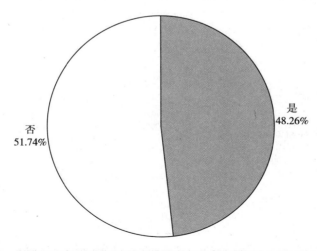

图 12　内部控制领导小组与预算绩效管理领导小组协同工作机制建立情况

情况进行实时评价及反馈，这种机制有助于建立健全和完善内部控制制度，在廉政建设的同时提高工作效率。

关于预算绩效管理的组织与机构设置，根据统计结果，仅有150所学校表示已设立预算绩效管理领导小组，占比为53.19%（见图13），另有近半数学校未设立独立的预算绩效管理决策机构。这表明，相较于预算管理和内部控制，学校整体层面对于预算绩效管理的认可及重视程度还不够，缺少顶层设计的有力支撑，导致全面实施预算绩效管理的相关政策及有关工作要求在部分学校难以得到有效落实。无锡职业技术学院、金华职业技术学院等学校在预算绩效管理的组织与机构设置方面做出了较好的探索与实践，建立了包括领导小组、执行单位以及责任单位在内的多层级预算绩效管理组织机构及管理体系：预算绩效管理领导小组对学校党委负责，一般由院长主持，具有预算协调、控制和绩效评价的职能，主要工作是负责学校总体战略目标的制定，并在预算的编写中结合各部门的绩效目标，保证资源的合理配置；执行单位通常为学校财务处，由财务处处长负责，负责集中管理预算资金，对预算资金的收付事宜进行统一核算，共享财务信息，在事前、事中、事后对各个预算绩效责任单位资金的使用情况进行监督与控制，负责预算的整体协调工作；预算责任单位在预算绩效管理领导的指导下开展具体工作，主要负

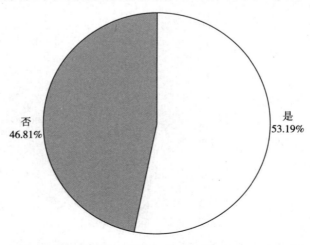

否
46.81%

是
53.19%

图13　设立预算绩效管理领导小组（或类似机构）情况

责人为各职能部门及教学院系的行政负责人，各责任单位负责本单位预算及绩效目标的编制和执行工作，并及时上报过程监控情况。

总之，在组织建设方面，各学校在预算以及内控组织建设方面比较完善，但对于预算绩效管理意识较为薄弱，需要进一步增强。

本书进一步通过中位数取数法对 282 所高校"预算绩效内控一体化建设现状调查"中问卷的调查真实数据进行收集、整理、分析，针对问卷调查中"预算管理领导小组（或类似机构）"建设情况（问卷调查第 3 题），"预算绩效管理领导小组（或类似机构）"建设情况（问卷调查第 4 题），"内部控制领导小组（或类似机构）"建设情况以及领导小组间协同工作机制建立情况（问卷调查第 4.1、5.1、5.2 题）对建设或运维系统数量（问卷调查第 13 题），系统覆盖业务领域数量（问卷调查第 15 题），系统互联互通情况（问卷调查第 16 题）的影响进行分析。

以 OA 系统数量（以下简称"系统数量"）、系统覆盖项目库管理数量（以下简称"覆盖数量"）、绩效目标管理系统互联互通数量（以下简称"互通数量"）为例，绘图进行分析。

分析结果显示，建立单一领导小组、双领导小组或三领导小组对三类数量都为正向影响。在单一领导小组中，内部控制领导小组的建立对这三类数量影响最大，系统数量、覆盖数量、互通数量增长率分别为 81.56%、57.80% 和 51.42%。其次是预算管理领导小组的建立，三类数据增长率分别为 65.96%、52.13% 和 47.16%。同时建立了两种领导小组的学校三类系统数量增长率为 73.76%、54.96% 和 49.29%（见图 14 和图 15）。大多数情况下的领导小组或协同机制建立，对系统数量增长率影响最大，对覆盖数量和互通数量影响较类似，系统数量中甚至出现负增长的情况（见图 14）。

对每一种建设组合的三类数量情况数据取中位数后，绘制柱状图进行分析。结果显示，单一因素中两种领导小组和一种协同机制的建立对系统数量、覆盖数量、互通数量的影响最大，这两种领导小组分别是预算管理领导小组和内部控制领导小组，一种协同机制是预算管理领导小组与预算绩效管理领导小组协同机制（见图 16）。两两因素组合中，三种小组间组合效果对

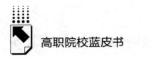

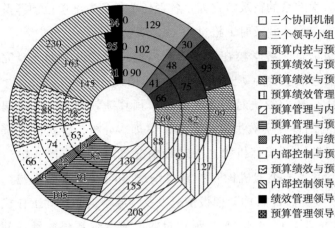

内圈：互通数量　中圈：覆盖数量　外圈：系统数量

图 14　因素增加结果增加数量汇总

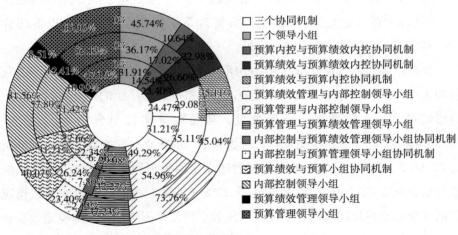

内圈：绩效目标管理与项目库管理联通增长率
中圈：系统覆盖项目库管理增长率
外圈：建设或运维OA系统增长率

图 15　因素增加结果增长率汇总

数量增长均较明显，三种协同机制间的组合仅预算内控和预算绩效内控两种协同方式组合对数量影响相较于其他情况略小（见图17）。

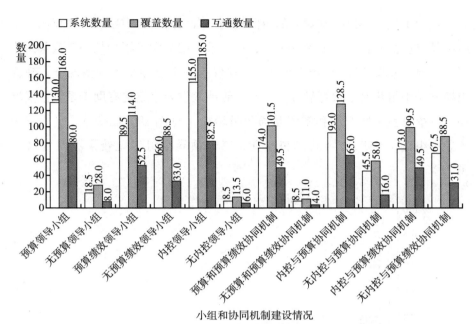

图16 系统数量、覆盖数量、互通数量汇总（单一因素）

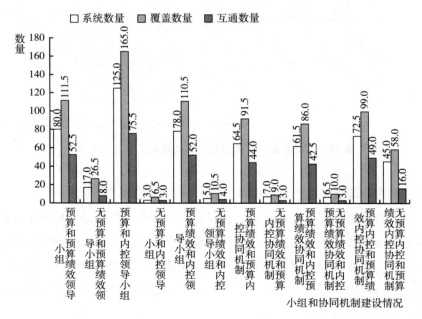

图17 系统数量、覆盖数量、互通数量汇总（双因素）

在两个领导小组与其对应的协同机制三者之间组合中发现，在双领导小组和其对应协同机制三要素齐全时，三类数量明显大于缺少某一个或某两个要素情况（见图18，图19，图20）。在仅有一个领导小组的情况下，建立内控领导小组相对于预算领导小组和预算绩效领导小组更有助于系统数量增加、系统覆盖领域增加和系统互通数量增加（见图19，图20）。对比三个领导小组建立和三个协同机制建立，三个领导小组建立效果更明显（见图21）。

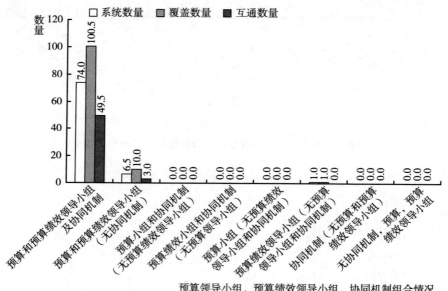

预算领导小组，预算绩效领导小组，协同机制组合情况

图18　系统数量、覆盖数量、互通数量汇总（三因素）

2.制度建设现状

制度建设是管理活动的保障，确保各项经济及业务活动有明确的规则可以遵循并通过各项机制保证严格执行。预算绩效内控一体化的建设需要制度保驾护航，需要规范机制提高效率。制度建设主要包含学校具体制度以及工作机制建设情况，本部分从预算管理、内部控制及预算绩效三个维度来考察高职院校制度建设现状。

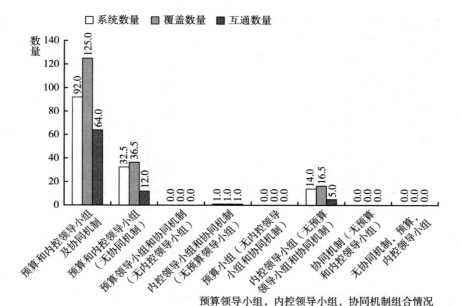

图19　系统数量、覆盖数量、互通数量汇总（三因素）

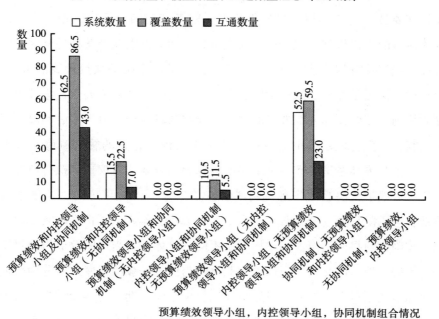

图20　系统数量、覆盖数量、互通数量汇总（三因素）

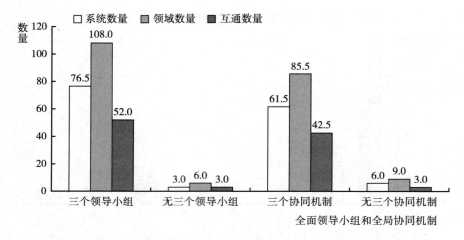

图 21　系统数量、覆盖数量、互通数量汇总（三因素）

各学校都比较重视预算管理制度。主要制定了《预算管理办法》《项目预算与实施管理办法》《预算管理实施细则》等相关制度，形成了由学校预算管理委员会（或类似机构）做决策、财务部门归口管理、相关业务部门具体执行的工作机制。工作程序为人事处、学工部以及教务处等相关职能部门负责提供预算相关基础数据，组织论证各部门申报的项目预算的可行性、合理性，保证预算编制的科学性、真实性、完整性；财务处负责学校总体预算的编制、校内预算分配方案的制定、监控预算执行、财务报表和决算报告的编制；预算管理领导小组负责审议学校与预算相关的管理制度、管理办法、监控政策和考核标准，审定年度预算编制方案，审议预算执行情况分析报告，审议学校决算报告等；构成学校"三重一大"事项的，还须报请党委常委会或院长办公会审议。另外，78.37%的学校建立了预算项目库，不同学校构建项目库的模式和架构有所不同，总体上与当地财政部门项目库的分类保持一致。以北京交通运输职业学院为例，该校项目库主要分为校内项目库和财政项目库。校内项目库贯穿项目全生命周期，是学校预算绩效内控一体化管理的基础，通过项目申报、部门审批、项目论证、项目评审、排序入库、上会批复、财政批复等工作的线上应用，学校实现对从项目申报到预算批复的事前编制过程的信息化管理，在规范项目申报与预算编制的同时提高各部门协同工作效率；财政项目库针对学校财政项目及预算编制的管理特点，根据学校内部业务分工，支持将已排序入库的多个校内项目合并生成财政项目，并自动合并项目的预算、绩效目标、政府采购和资产配置等数据，理清财政项目与校内项目的数据关系。

关于内控制度及机制建设，所有被调研学校表示出台了内部控制制度，由于内控建设在高职院校推进的时间较早且相对成熟，90%以上都已按照内控规范完善了预算、收支、采购、资产等各经济板块。多数学校按照《行政事业单位内部控制规范（试行）》要求建立内控手册，完成合规性建设；部分学校同时参照教育部门内部控制管理办法，在完成六项经济活动内控制度及流程建设的基础上，将内部控制的理念方法及工具拓展应用至核心业务部门。部分学校将项目库管理纳入内控体系，将内控制度嵌入项目预算及绩效管理，推进项目预算绩效管理，项目预算要求"立项有依据，绩效有目标，计算有标准"，确保列入预算的项目有明确的实施期限、合理的预算需求并切实可行；目标不明、绩效低下的项目不予安排预算。

在预算绩效方面，由于国家层面对于预算绩效管理的政策要求起步较晚，地区之间要求差异较大，仅有53.90%的学校出台了全面预算绩效管理制度，34.04%的学校出台事前绩效评估管理制度。虽然大部分学校通过财务部门或者业务部门牵头，自行组织开展预算事前绩效评估，但从"27.66%建立预算绩效内控一体化管理制度"这一数据可以看出，预算与绩效"两张皮"问题还比较严重，两者间的联通需要进一步加强。有学校在该领域做了积极探索及实践，成效较为显著。例如，石家庄铁路职业技术学院在预算编制时要求院属各单位（部门）严格按照SMART原则设定项目绩效目标，要求绩效目标必须符合项目特点，具有一定的逻辑层次，可行、有效、可量化；项目运行过程中，预算管理办公室指定专人实时进行绩效运行监控，及时跟踪搜集目标绩效值，对执行情况尤其是出现偏差的原因进行分析，对执行偏差和目标完成的可能性进行重新评估；通过系统及时预警，

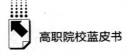
向具体项目执行人发出偏差通告，要求执行部门纠正偏差，提供跟踪报告，提出整改措施。具体流程如图 22 所示。

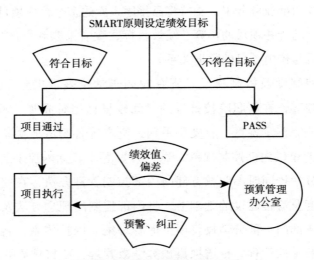

图 22　预算绩效管理案例流程

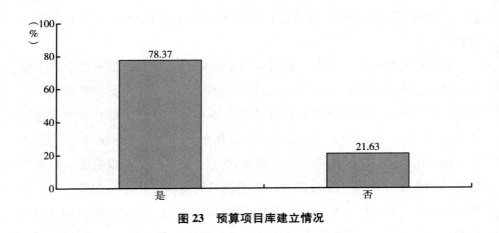

图 23　预算项目库建立情况

3. 信息系统建设现状

各学校目前建设的信息系统比较繁杂，信息化建设情况及其成效存在显著差异，财务治理中预算绩效内控信息系统一体化程度参差不齐。

245 所学校制定了信息化建设规划，但仍有 13.12% 的学校未将其纳入

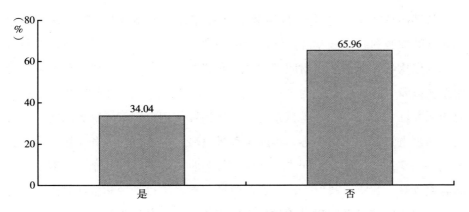

图 24　内部控制经济业务板块相关管理制度建立情况

信息化建设规划中。普遍建立了数量众多的信息系统，包含各类业务管理系统和财务管理系统，50 所以上的学校拥有的信息系统数量超过 25 个。但也有近一半的被调研学校资产管理信息系统尚未完善。

为更好地了解各高职院校信息系统建设整体情况进而设计和提出有针对性的政策建议及规范指引，本书在对信息化建设情况进行总体研判的基础上，将高职院校信息化建设现状划分为以下三个层级。

（1）产品化的信息系统建设。产品化的信息系统建设，指的是学校建立了基础性的业务管理系统，但未全方面建立预算、绩效、内控三个板块各自独立的信息系统，所建立的财务信息系统，以具备单一功能的产品级别的信息系统为主，如网报系统。从采集到的 90 份样本中可以发现，这一类学校主要分布在东北、西北地区，约占 25%。例如：吉林铁道职业技术学院、黑龙江护理高等专科学校等。这类学校主要建立的是：OA 系统、图书、教务、人事、学生、财务、资产等基础信息系统，尚未建立独立的预算管理、预算绩效管理系统，即使部分高职院校建立了预算项目库，也大多采用 Excel 表格进行管理，尚未配套相关的项目库软件，信息化程度比较低。

（2）模块化的信息系统建设。模块化的信息系统建设，指的是学校建立了涵盖预算管理、绩效管理、内部控制等相关领域主要经济活动或业务环节的信息系统，能够完整实现某个领域全过程的线上操作及风险管控。

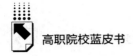
从调研样本看，这类学校主要分布在华东、西南地区，占比约 50%。例如江苏农牧科技职业学院、浙江交通职业技术学院等。这类系统通常具有明显的层次性，涵盖了由财政部门统一布置的信息系统、主管部门要求的专用系统以及学校自主建设的管控系统。例如，浙江金融职业学院预算编报主要使用浙江省财政厅预算编报系统，会计核算使用复旦天翼财务系统，资金收付通过省级国库支付中心，年度预算批复后，导入校内财务系统，通过技术支持，实现与国库支付同步，确保预算与收支业务数据共享，所有系统能够涵盖预算、收支、政府采购、资产管理、建设项目管理和合同管理六大业务。模块化的信息系统建设关键在于系统集成和信息互联互通，若学校财务系统与财政系统、国有资产管理系统以及校内各业务系统等的衔接程度还不够高，会导致数据利用率不高、数据信息分散、实时掌握部门"全口径"资金的整体预算执行情况较为困难，以及重点项目无法得到实时监控。

（3）一体化的信息系统建设。一体化的信息系统建设，指的是学校在财务治理中，在建立健全预算管理、绩效管理及内部控制信息系统的基础上，进一步推动实现各系统之间的互联互通或数据交换，基本实现数据层面的预算绩效内控一体化。

根据调研样本分析，这类学校主要分布在东北、华北、华东地区，占比约 25%。例如北京电子科技职业学院、南京信息职业技术学院等。这类系统基于业财融合、数据共享的理念，要求符合政府会计制度及其准则，同时适应学校管理实际，通常由学校与外部第三方机构或软件公司联合开发，涵盖高职院校内控管理系统、基础信息平台，以及项目库与预算编制、预算执行与收支管理（包括劳务费等其他薪资管理）、合同管理、升级收费等系统的智慧财务管理平台，并与会计核算及办公系统等对接。内控管理系统、采购一体化管理系统和资产管理系统实时对接，实现了预算、采购、支付、资产信息全面共享，消除了信息"孤岛"现象，实现财务资金管理嵌入业务工作流程，强化了预算执行刚性。以陕西工业职业技术学院为例，学校智慧财务总体框架是以业务为起点，从预算、收入、报销、采购、合同、绩效、监控等环节，实现学校预算绩效一体化管理。做到"智能财务一体化、内控管理一体化、综合门户一体化、业务财务一体化、决策分析一体化"。系统之间数据实时传输，流程可追踪，数据可追溯，操作可留痕，服务可共享，突出财务共享管理服务数智化的规范化、自动化、智能化、实时化、共享化、集成化。

三 一体化建设水平测评

（一）构建指标体系

本书基于财务治理建设中的关键因素，并遵循以下原则构建了一体化建设水平测评指标体系。

1. 系统性原则

每一个指标的设计都必须考虑其在整个指标体系中的地位和作用，根据它所代表的特定研究对象的性质及特征，确定指标的口径、范围与内涵。

2. 可比性原则

在构建共性指标体系时，对指标进行因素分析。对于相似的指标，根据其反映某方面业绩的相关度，选择其中最具代表性或相关度最高的。

3. 定量和定性相结合原则

本次构建的一体化建设水平测评共性指标体系对涉及的定性指标均细化关键要素，将定性指标尽可能细化量化，从而保证一体化建设水平测评的严谨性。

4. 可拓展性原则

共性指标框架下需要给不同的政策和项目留有个性化的空间，由此决定了一体化建设水平测评共性指标体系必须具备一定的可拓展性。

（二）指标总体框架

按照预算绩效内控一体化共性指标体系总体建设思路，采取定性、定量

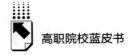
相结合的方式共设置三级指标。

一级指标主要从实现预算绩效内控一体化所需要完成的基础建设、基本功能及实施效果等方面设置，包括基础建设、实施有效、功能齐备、满意度。在此基础上从体制机制、管理体系、结构合理、预算绩效、内部控制、可持续效益、功能完备、信息化与自动化、满意度九大方面设置二级指标，在一、二级指标框架下以能够切实实现对预算绩效内控一体化建设水平进行测评的目的设置三级指标。其中：管理体系下设 8 个三级指标；体制机制下设 5 个三级指标；预算绩效下设 4 个三级指标；结构合理、内部控制、信息化与自动化、满意度各下设 3 个三级指标；可持续效益、功能完备各下设 1 个三级指标。

（三）指标具体内涵

具体指标内涵见表 1。

（四）评价结果分析

本书根据构建的指标体系对参与问卷调查的 282 家高职院校财务治理中预算绩效内控一体化建设情况进行了测评，结果如下。

1. 基础建设

（1）体制机制指标得分情况。根据问卷调查结果，80% 以上的高职院校设立了预算管理领导小组（或类似机构）；50% 以上的高职院校设立了预算绩效管理领导小组（或类似机构）；90% 以上的高职院校设立了内部控制领导小组（或类似机构）；接近 90% 的高职院校预算绩效管理领导小组（或类似机构）与预算管理领导小组（或类似机构）建立协同工作机制；60% 以上的高职院校内部控制领导小组（或类似机构）与预算管理领导小组（或类似机构）建立协同工作机制，接近一半的高职院校内部控制领导小组（或类似机构）与预算绩效管理领导小组（或类似机构）建立协同工作机制；70% 以上的高职院校建立了预算项目入库评审机制。

根据体制机制建设总分 10 分及分值分配，测评结果显示体制机制建设得分 7.40 分，得分率为 74%。

表 1 高职院校预算绩效内控一体化评价指标体系

序号	一级指标	二级指标	三级指标	指标解释	评分方法	方法属性	指标分值	评估要点	计算公式					评估标准	评估材料	得分
									0	0.3	0.6	0.8	1			
1	基础建设（35分）	体制机制（10分）	设立预算管理领导小组	预算绩效内控一体化建设是否成立预算管理领导小组	是否评分法	定性	2	成立预算管理领导小组，架构清晰	否				是	1. 是否成立预算管理领导小组；2. 小组成员确定，组织架构清晰；3. 以正式会议组建并印发相应通知；4. 有效运行	预算管理领导小组成立运行依据	
2			设立预算绩效管理领导小组	预算绩效内控一体化建设是否成立预算绩效管理领导小组	是否评分法	定性	2	成立预算绩效管理领导小组，架构清晰	否				是	1. 是否成立预算绩效管理领导小组；2. 小组成员确定，组织架构清晰；3. 以正式会议组建并印发相应通知；4. 有效运行	预算绩效管理领导小组成立、运行依据	
3			设立内部控制领导小组	预算绩效内控一体化建设是否成立内部控制领导小组	是否评分法	定性	2	成立内部控制领导小组，架构清晰	否				是	1. 是否成立内部控制领导小组；2. 小组成员确定，组织架构清晰；3. 以正式会议组建并印发相应通知；4. 有效运行	内部控制领导小组成立、运行依据	

续表

序号	一级指标	二级指标	三级指标	指标解释	评分方法	方法属性	指标分值	评估要点	计算公式					评估标准	评估材料	得分
									0	0.3	0.6	0.8	1			
4		体制机制（10分）	协同机制	三个领导小组是否有效建立了协同机制	分级评分法	定性	2	已建立协同机制，执行有效，反应及时	差	较差	一般		好	1. 是否建立明确的协同机制；2. 协同条件明确、责任清晰；3. 没有明显的矛盾及制约；4. 有效运行	协同机制的相关资料、执行情况	
5			项目入库评审机制	是否建立了项目入库评审机制	是否评分法	定性	2	建立项目入库评审机制	否				是	1. 是否建立项目入库评审机制；2. 流程清晰；3. 有效运行	项目入库评审办法	
6	基础建设（35分）	管理体系（15分）	制度完备	是否出台了全面预算绩效管理相关制度	缺情项扣分法	定性	2	全面预算绩效制度的建立和完善情况	差	较差	一般		好	是否进行了全过程、全覆盖的制度建设；事前评价、事中监控、事后评估，一项评价等级降一级，则缺少一级，则"好"降为"较好"，再缺少一项，则降为"一般"。仅有总体制度而无细分阶段的等级为"差"。	相关文件资料	

续表

序号	一级指标	二级指标	三级指标	指标解释	评分方法	方法属性	指标分值	评估要点	计算公式					评估标准	评估材料	得分
									0	0.3	0.6	0.8	1			
7	基础建设（35分）	管理体系（15分）	一体化管理	是否出台了预算绩效内控一体化管理相关制度	是否评分法	定性	2	出台了符合实际的预算绩效内控一体化管理制度	否				是	1. 是否建立明确的一体化管理制度；2. 职能明确，责任清晰；3. 符合本校实际	相关文件资料	
8			信息化管理	是否出台了信息化管理相关制度	是否评分法	定性	2	出台了符合实际的信息化管理制度	否				是	1. 是否建立明确的信息化管理制度；2. 职能明确，责任清晰；3. 符合本校实际	相关文件资料	
9			事前评估	是否组织了预算事前绩效评估	是否评分法	定性	1	是否有效开展预算事前评估	否				是	有效开展了预算事前绩效评估工作	预算事前评估报告	
10			事中监控	是否组织了预算事中绩效监控	是否评分法	定性	1	是否有效开展预算事中绩效监控	否				是	有效开展了预算事中绩效监控工作	事中监控报告	

续表

序号	一级指标	二级指标	三级指标	指标解释	评分方法	方法属性	指标分值	评估要点	计算公式					评估标准	评估材料	得分
									0	0.3	0.6	0.8	1			
11			事后评价	是否组织开展了预算事后绩效评价	是否评分法	定性	1	是否有效开展预算事后评价	否				是	有效开展了预算事后绩效评价工作	绩效评价报告	
12	基础建设（35分）	管理体系（15分）	应急预案	有风险预案、措施；预案内容不空洞，具有实际意义	分级评分法	定性	3	应急预案指导性强、实践性强，流程合理	差	较差	一般	较好	好	1. 有明确的组织分工；2. 职责划分清晰，无明显重叠	相关资料文件	
13			牵头部门	一体化工程建设是否有明确的牵头管理部门	分级评分法	定性	3	牵头管理部门明确，职能清晰，能起到明显的牵头作用	差	较差	一般	较好	好	1. 有明确的牵头部门；2. 各部门间职权划分清晰，无明显重叠	相关资料文件	
14		结构合理（10分）	业务板块覆盖率	业务板块是否涵盖了相关的经济板块	分级评分法	定量	3	经济业务板块实际覆盖率	$x \leq 60\%$	$60\% < x \leq 70\%$	$70\% < x \leq 80\%$	$80\% < x \leq 90\%$	$x > 90\%$	覆盖率=已覆盖的经济板块/所有经济板块×100%×指标分值	相关数据及资料	

续表

序号	一级指标	二级指标	三级指标	指标解释	评分方法	方法属性	指标分值	评估要点	计算公式 0	0.3	0.6	0.8	1	评估标准	评估材料	得分
15	基础建设（35分）	结构合理（10分）	预算项目库覆盖率	已经进入的项目占所有预算支出项目的比例	分级评分法	定量	3	预算项目库实际覆盖率	x≤60%	60%<x≤70%	70%<x≤80%	80%<x≤90%	x>90%	覆盖率=已入库的预算支出项目/所有预算支出项目×100%×指标分值	相关数据及资料	
16			长期规划	长期规划与学校其他预算绩效内控工作的关联度	分级评分法	定性	4	长期规划与相关工作的联系程度	差	较差	一般	较好	好	1. 有明确的长期规划；2. 项目库中的项目应已列入中长期规划；3. 能按照实际规划，结合轻重缓急安排项目	相关资料文件	
17	实施有效（35分）	预算绩效（15分）	绩效目标覆盖率	预算项目是否设立绩效目标	分级评分法	定量	4	绩效目标设置情况在所有项目中实际覆盖率	x≤60%	60%<x≤70%	70%<x≤80%	80%<x≤90%	x>90%	覆盖率=有绩效目标的预算支出项目/所有预算支出项目×100%×指标分值	项目立项申报材料	

续表

序号	一级指标	二级指标	三级指标	指标解释	评分方法	方法属性	指标分值	评估要点	计算公式 0	0.3	0.6	0.8	1	评估标准	评估材料	得分
18	实施有效（35分）	预算绩效（15分）	绩效目标编制部门	绩效目标是否由业务部门设置并由财务部门审核，履行相应审批程序	分级评分法	定性	3	目标编制部门是否严格按照财政要求执行	差	较差	一般	较好	好	1. 业务部门设置绩效目标；2. 财务部门初审，反馈业务部门修改；3. 履行相应审批程序	项目实施方案等资料	
19			执行提升率	预算、任务进度执行率均有所提升	分级评分法	定量	4	预算执行进度较上半年提升情况	x≤15%	15%<x≤20%	20%<x≤25%	25%<x≤30%	x>30%	执行提升率=本年度预算、项目执行率平均数/上年度平均数×100%×指标分值	相关材料	
20			结果反馈	是否将项目绩效情况纳入预算安排考虑因素	是否评分法	定性	4	是否与预算安排挂钩	否				是	是否与绩效情况挂钩	年初预算安排资料	

续表

序号	一级指标	二级指标	三级指标	指标解释	评分方法	方法属性	指标分值	评估要点	0	0.3	0.6	0.8	1	评估标准	评估材料	得分
									计算公式							
21	实施有效（35分）	内部控制（15分）	风险识别	一体化系统建设减少了治理与支出违规现象	分级评分法	定性	5	一体化系统建设是否有效降低财务、审计方面的风险	差	较差	一般	较好	好	1. 各环节监控到位；2. 主动预警；3. 反馈及时	财务与审计资料	
22			流程规范	流程是否规范，教职工能否知晓并熟练运用该流程	分级评分法	定性	5	规范化程度利用效果	差	较差	一般	较好	好	1. 各流程具有操作细则或指南；2. 能够对教职工进行培训或通过其他形式固化行为规范；3. 有效执行	流程图、操作规范、实施细则等	
23			岗位责任	岗位责任是否明确，是否在实际工作中有效执行	分级评分法	定性	5	岗位责任清晰，实际工作中能够有效执行	差	较差	一般	较好	好	1. 岗位责任清晰；2. 教职工知晓并执行	流程图、操作规范、实际情况等	

续表

序号	一级指标	二级指标	三级指标	指标解释	评分方法	方法属性	指标分值	评估要点	计算公式					评估标准	评估材料	得分
									0	0.3	0.6	0.8	1			
24	实施有效（35分）	可持续效益（5分）	可持续性	一体系统后期维护成本能够有效控制，系统适应本校发展需求	分级评分法	定性	5	系统维护成本是否有效控制，是否适应本校需求	差	较差	一般	较好	好	1. 维护成本不高于行业平均水平；2. 一体化系统较好适应本校发展；3. 使用便捷	财务与审计资料	
25		功能完备（5分）	功能适用	一体系相关系统模块集成度高且子系统支持较好	分级评分法	定性	5	日常使用功能是否齐全，子系统支持是否完善	差	较差	一般	较好	好	1. 功能集成度较高；2. 子系统支持完善，无交叉重复；3. 故障率≤15天/年	根据系统建设情况判断	
26	功能齐备（20分）	信息化与自动化（15分）	信息基础	学校已经基本的信息化建设，如Wi-Fi全覆盖、千兆带宽及信息化办公、教育、教学平台	分级评分法	定性	5	信息化建设是否支持一体系统建设有效开展	差	较差	一般	较好	好	1. 基础信息化完成；2. 网络延时时间短，能够支持多平台处理	根据信息化基础情况判断	

续表

序号	一级指标	二级指标	三级指标	指标解释	评分方法	方法属性	指标分值	评估要点	计算公式					评估标准	评估材料	得分
									0	0.3	0.6	0.8	1			
27	功能齐备（20分）	信息化与自动化（15分）	端口通用	各系统间端口是否打通，有无不兼容情况	分级评分法	定性	5	各系统间端口兼容程度	差	较差	一般	较好	好	1. 子系统能够形成信息链；2. 子系统可以有效支撑母系统；3. 端口维护调试简便	根据系统建设情况判断	
28			自动化程度	自动化流程占比，是否有效减少了人工操作，减少人工数据审核偏差	分级评分法	定性	5	自动化流程是否广泛应用，对干数据真验等能够通过一体化系统识别	差	较差	一般	较好	好	1. 自动流程覆盖率≥80%；2. 具有数据异常提醒；3. 人工使用较少	根据系统建设情况判断	
29	满意度（10分）	满意度（10分）	管理层满意度	学校管理层对一体化建设实际使用情况满意度	分级评分法	定量	3	对实际使用情况的满意程度	满意度＝表示满意数量／所有问卷数量×100%×指标分值					1. 使用感受；2. 便捷程度；3. 人性化程度；4. 故障率较低	根据问卷进行分析	

续表

序号	一级指标	二级指标	三级指标	指标解释	评分方法	方法属性	指标分值	评估要点	计算公式						评估标准	评估材料	得分
									0	0.3	0.6	0.8	1				
30	满意度（10分）	满意度（10分）	教职工满意度	学校教职工对一体化建设实际使用情况的满意程度	分级评分法	定量	4	对实际使用情况的满意程度	满意度＝表示满意数量/所有问卷数量×100%×指标分值						1. 使用感受； 2. 便捷程度； 3. 人性化程度； 4. 故障率较低	根据问卷进行分析	
31			学生满意度	学校学生对一体化建设实际使用情况的满意程度	分级评分法	定量	3	对实际使用情况的满意程度	满意度＝表示满意数量/所有问卷数量×100%×指标分值						1. 使用感受； 2. 便捷程度； 3. 人性化程度； 4. 故障率较低	根据问卷进行分析	
合计													100			

（2）管理体系指标得分情况。根据问卷调查结果，53.9%的高职院校出台了全面预算绩效管理制度；34.04%的高职院校出台了事前绩效评估管理制度；27.66%的高职院校出台了预算绩效内控一体化管理制度；86.88%的高职院校制定了信息化建设规划；86%的高职院校组织开展了预算事前绩效评估；77.61%的高职院校组织开展了预算事中绩效监控及事后绩效评价；有风险预案、措施，一体化建设工程有明确的牵头管理部门。

根据管理体系总分 15 分及分值分配，测评结果显示管理体系建设得分10.58 分，得分率为 70.53%。

（3）结构合理指标得分情况。根据问卷调查结果，高职院校内部控制经济业务板块相关制度完善情况分别为 96.81%、95.04%、96.10%、88.65%、92.91%、80.50%，平均覆盖率达到 92%；预算项目库覆盖率为78.37%；66%的高职院校将预算绩效内控一体化纳入学校信息化建设规划。

根据结构合理指标总分 10 分及分值分配，测评结果显示结构合理得分7.74 分，得分率为 77.4%。

2. 实施有效

（1）预算绩效指标得分情况。根据问卷调查结果，高职院校绩效目标覆盖率达到 91.84%；83.01%的高职院校绩效目标由业务部门设置并由财务部门审核，通过相关领导管理小组最终确定；根据线上调研，大部分高职院校的预算、任务进度执行率均有所提升，并根据项目执行绩效情况调节预算安排。

根据预算绩效指标总分 15 分及分值分配，测评结果显示预算绩效得分12.57 分，得分率为 83.8%。

（2）内部控制指标得分情况。根据线上调研，大部分高职院校一体化建设减少了财务治理风险与支出违规现象；校内办事流程规范，教职工能知晓并熟练运用该流程；明确了岗位责任，并在实际工作中有效执行。

根据内部控制指标总分 15 分及分值分配，测评结果显示内部控制得分12 分，得分率为 80%。

（3）可持续效益。根据线上调研情况，一体化建设有不同的路径和模式，每种方式的建造成本及后期维护成本有差异，各个学校需要根据自身的

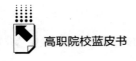

需求和具体情况做具体分析，没有一个放之四海而皆准的统一标准。一体化建设初期就应做好相应的成本测算及后期维护的考虑，确保后期维护成本能够得到有效控制，系统能够适应本校发展需求。

根据可持续效益指标总分 5 分，测评结果显示可持续效益得分 5 分。

3. 功能齐备

（1）功能完备。根据问卷调查结果，各高职院校预算绩效内控信息系统互联互通情况并不太理想，平均互联互通率仅 31.8%。

根据功能完备指标总分 5 分，测评结果显示功能完备得分 1.60 分，得分率为 32%。

（2）信息化与自动化。根据问卷调查结果，各高职院校信息化基础建设一般，主要的业务领域信息系统平均覆盖率为 59.65%；端口通用情况一般；已建成的信息系统基本实现自动化，在一定程度上减少了人工操作，也减少了数据人工审核偏差。

根据信息化与自动化指标总分 15 分，测评结果显示功能齐备得分 10.20 分，得分率为 68%。

四　综合评价

（一）成效分析

1. 一体化建设的主要做法

（1）开展流程梳理完善内控制度。大部分高职院校的预算绩效内控一体化建设由财务处牵头进行，由财务处向其他部门进行延伸。建设初期首先进行顶层设计和流程梳理，完善相关制度，形成内部控制手册。

（2）建立智慧平台加强业财融合。通过建立和完善智慧平台对接其他平台，将内控制度与业务流程内置到财务管理系统，实现财务处与各处室业务有机交叉融合。

（3）完善信息系统，提高工作效率。以报销业务为例，通过信息化系统实现报账业务无纸化和智能化，解决了原始凭证搜集、装订等繁杂的传递程序，同时采取凭证责任制，培养报账人员的服务意识，保证信息化所实现的新功能被宣传到位。

2. 一体化建设取得的成效

预算绩效内控一体化完善了各学校财务治理制度，如预算管理、绩效管理、内部控制层面的制度，着力推动制度执行，提升了学校综合治理水平。

（1）内控管理体系日趋完善，风险防范能力有效提升。通过预算绩效内控一体化建设，部分学校成立内部控制领导小组，建立健全标准化的财务制度体系、内部控制制度体系和预算绩效内控管理机制，开展内部审计、内部巡察等工作，不断发现问题，及时解决问题，从体制与制度等层面堵塞漏洞，具体成效如下。

一是建立以预算管理为主线的业务控制支撑体系。将业务表单、执行环节、流程对标控制嵌入学校智慧财务管理信息化平台，确保内控规则贯穿始终，实时监控，即时预警，保障预算指标有效执行。

二是提前预测风险点，针对风险点设定控制目标，制定控制措施。在业务执行过程中将风险控制在可控范围内；在事后检查、评价、报告风险控制措施的有效性。

三是完成内控管理信息化"四个一"建设，达成内控管理"四化"，即构建"一套管理规程、一套监管体系、一个数据中心和一个管理平台"，"业务管理标准化、审批管理规范化、过程管理精细化、监控管理智能化"，全面实施从申报到审批的全过程、全方位的精细化监管。

（2）预算绩效意识显著增强，绩效结果导向效果明显。随着预算绩效内控一体化工作的推进，学校教职员工，尤其是部门负责人预算绩效意识显著增强；沟通成本明显下降，从过去"重预算、轻绩效"逐步向"预算绩效、追踪问责"转变。将绩效理念深入项目库管理、预算编制、预算进度监控、预算绩效结果评价、预算目标考核全过程，提高部门预算编制的科学性和预算执行的效率。

同时，预算绩效信息化水平的提升让各部门人员在一体化信息系统上预先设定项目目标、标准、评价指标及追踪规则，在资金统筹分配、使用时，自动记录和同步反馈监控信息，实现预算资金从预算安排源头到使用末端全过程的流向明确、来源清晰、账目可查，强化监督问责，提高预算执行的刚性约束力，能够真正与预算安排、考核奖惩和评奖评优挂钩，真正提高评价反馈的联动效果，提高预算资金使用率。

以浙江工贸职业技术学院为例，依托不断增强的校内人员预算绩效管理意识和日渐提高的预算绩效管理信息化水平，学校通过设立项目库并对项目库实施有效管理，达到了合理分配学校资金的目的。学校对入库项目开展项目评审，组织多方论证项目的可行性和合理性。对被选中实施的项目，根据项目实施方案合理安排进度。若在实施过程中出现新情况，需要对项目进行修订、完善与更新，实行动态调整。在项目执行结束后，学校要及时对项目执行情况开展绩效评价和考核，全面考量资金的产出和项目绩效。同时，学校定期清理项目库，将执行到期、两年内未安排预算、项目责任部门提出不再开展的项目，从项目库中剔除，使得所有二次分配资金都能在第一时间落实到项目中，不出现"钱等项目"的现象，最大限度地提高资金利用率。

（3）信息化水平不断提高，财务数字化转型进程加快。部分学校通过建立类似"财务协同管理平台"，促使财务管理日趋精细、简便，在一定程度上提高了财务人员的工作效率。校内项目预算控制逐步由原来的总额度控制转换为项目建设额度控制，经济业务类型额度控制由单一的预算控制提升为绩效组合控制，由事中、事后控制转变为全过程控制。数据使用更加便捷，相关数据在"财务协同管理平台"整合后，领导和各部门岗位被授予相应权限，允许在授权范围内查询所需数据。依靠人工才能完成的按不同维度编制的项目建设管理报表，通过"财务协同管理平台"上完善的台账系统就能实现数据的自动推送、生成、汇总，大大解放了财务工作人员。例如，广西职业技术学院系统后台建立了业财融合结算中心，与各业务系统无缝集成，业务单据智能生成会计凭证，通过 AI、OCR 技术，实现报销单自动填报，建立内控规则库，实现网报单智能稽核，提升财务效率和质量，减轻了财务人员工作压力。

同时，一体化系统的上线推动了财会工作的转型升级及功能拓展。以温州职业技术学院为例，推行预算绩效内控一体化以来，所有部门的预算数据全部与财务系统对接，极大地减少了财务人员在分析预算执行情况时的工作量。学校财务部门用于一线报销的人力并没有随着财务资金规模的扩大而增加，财务骨干的工作重心由财务核算基础工作逐步转向国家政策研究、学校内部政策制定、预算管控以及项目谋划等，财务工作重心逐步从核算型向管控型、服务型和战略型转变。

（4）多维度数据共享及监督，管理智能化程度明显提升。一体化建设对学校所有的预算管理及财务信息相关的资源进行有效归集，大部分业务都通过系统开展申报、审批、实施、报销，将绩效数据在校内项目实施部门、归口管理部门等部门间实现共享，多维度获取业务信息，并实时监控、检查，强化绩效考核结果的应用，提高信息利用率。同时，开展财务管理系统优化升级，使之与其他系统如资产管理、人力资源、合同管理、项目投资管理、审计监督等系统进行优化整合，实现数据共享、精准决策。

学校在财务治理中实施预算绩效管理，需要不断加强各个部门之间的交流与合作，建立信息沟通与反馈渠道，通过公平、公开、公正的标准与评价体系，减少内部矛盾。基于绩效数据分析的结果与直观查询，学校领导层更易于站在全局性角度科学决策。社会其他人员可以通过公开渠道了解学校的具体情况与财务信息，有助于实现社会监督。

（5）部门协作共治加强，学校财务治理水平较快提高。预算绩效内控信息化建设，可以促进信息为人人服务，在服务过程中注重收集信息系统使用的不足和优化改进建议意见。不断完善财务管理信息化系统，在原有财务软件的基础上，扩展功能，深化服务，实现了"信息多跑路、师生少跑路"的服务目标。利用全流程标准化模块、智能化提示等信息化服务，简化系统操作流程，为全体师生提供便利的同时提高了工作效率。

通过业务流程梳理尤其是跨部门流程的打通，进一步明晰了部门之间的职能职责，确立了新型财务管理模式和组织形式，部门间形成了共享共治的新局面。

首先，一体化建设提高了学校信息化水平。一体化建设通过业务牵头部门加强统筹协调，在考虑管理者、使用者、监督者、业务上下游等各方需求

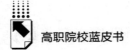

的基础上,把一个业务链条上的各个环节全部纳入信息化系统,统一数据标准、精简办事程序、压缩文件表单的数量、嵌入内控监督环节、挖掘利用数据来做好分析应用等。

其次,一体化建设实现了预算绩效全过程管理。以预算管理为主线,从项目申报开始,相关部门、各项目负责人全程参与,通过项目库建设、事前绩效评估及绩效目标编报、预算编报及下达、绩效监控及预算执行、事后决算及绩效评价、结果应用及管理优化等实现预算绩效全过程管理。

最后,一体化建设提升了学校财务治理水平。从预算编制开始,到编制绩效目标,在预算执行过程中动态上传绩效目标完成结果,对预算执行绩效结果进行分析反馈,真正实现预算绩效内控一体化。实现财务处预算、核算、结算、决算、绩效评价一体化,学校内部人事、教务、科研部门及资产管理部门等的系统对接,数据共建共享共用,不同部门及校区财务管理服务一体化,有力提升了学校财务治理能力。高职院校预算绩效闭环管理见图 25。

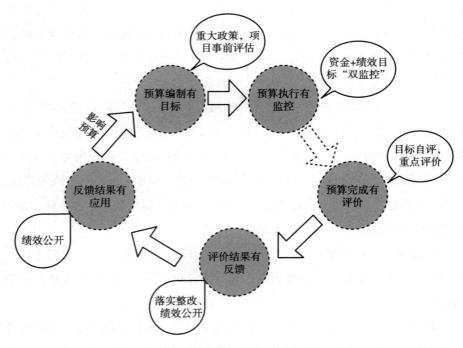

图 25 高职院校预算绩效闭环管理

（二）问题分析

1.一体化建设的意义认识不到位

根据调研情况，学校层面和业务层面对财务治理中预算绩效内控一体化认识不到位，且各部门对信息化的理解存在偏差，是阻碍学校一体化建设的重要因素，其中学校层面对一体化认识不够清晰的问题最为突出。

（1）学校层面缺乏主体意识。按照上级部门有关要求，学校普遍对财政资金项目支出进行了绩效管理，但执行效果与要求还存在一定差距。由于尚处在预算绩效管理探索阶段，内控规范、预算绩效管理制度刚刚建立，"谁支出、谁评价、谁负责"的绩效主体责任意识还比较淡薄。通过深入调研了解，部分学校对预算绩效内控一体化的认识比较片面，认为提高了资金使用效率就是开展了良好的预算绩效管理工作；或者认为实施预算绩效管理、强化内部控制，仅仅是学校节省资金、规避运营风险的手段；还有部分学校过度关注经费拨款及预算执行状况，而对预算资金的产出、项目是否完成目标、成本效益等事项缺乏足够的重视。可见，高职院校还存在学校层面对一体化建设的必要性认识不够、重视度相对不足的情况。

（2）业务层面认知理解不深。预算绩效和内部控制实质上是对部门及教职工为履职所做出的经费支出行为的规范和限制，具体工作通常由学校财务部门负责，其他部门对一体化建设理解上存在偏差、重视度不足，对于如何真正实施预算绩效管理的认知及理解相对滞后，导致预算绩效内控一体化建设过程阻力较大，沟通协调较为困难，部分关键人员配合度不高，一体化建设工作陷入事倍功半的困境。

（3）对信息化的理解和认识存在偏差。当前数字化转型已经成为国家战略，但所有转型都意味着对传统模式的改变甚至摒弃。在学校信息化建设不断完善的过程中，相关管理风险点不断被发现和控制，关键节点留痕、不相容岗位相分离、花钱必问效、无效必问责管理措施的嵌入，大大减少了管理中的自由裁量权，必然会导致相关业务部门的抵制，影响学校一体化的建设进程。在财务治理中学校各部门对一体化的重视程度也不一致，部分部门

及职工对数字化背景下的工作方式不适应，或者只关注信息系统上线对自身工作的影响，而缺乏对信息化、数字化转型的整体认识，导致部门之间信息化推进进程不一，也会影响已建成系统的作用发挥。

2. 一体化建设的保障机制不健全

调研结果显示，学校最关注组织建设层面的问题是人员专业胜任能力问题，其次是经费保障以及组织保障机制、岗位职责划分等问题。

（1）组织保障。预算绩效管理的相关要求是由上级主管部门逐层下达至各个高职院校财务部门，但由于部分高职院校缺乏有效的组织保障机制，如未设立专门的预算绩效管理领导机构和监督评价机构，或未成立内部控制领导小组，所以尚未真正地将领导小组的职责落实到位。此外，因部分高职院校编制有限，教师向教学一线倾斜，机关处室人员相对紧张，横向平行部门之间职责存在模糊区域，职责划分不明确。例如，某所学校一名工作人员分别承担不同的岗位职责，甚至部分不相容业务由同一个人处理，关键岗位缺少控制和监督，产生控制风险。学校的资产管理员由一名工作人员担任，房产的招租、出租管理及租金收取都由同一个人经办，既加大了个人舞弊的风险，也导致疏漏不能及时被发现，有时在执行过程中容易出现错误和偏差，直接影响预算绩效内部一体化控制的有效性。

（2）经费保障。学校内部各系统之间的对接，需要各系统的软件公司的全程配合与协作，这是需要大量人力、财力支持的，因而预算绩效内控一体化建设对资金的依赖程度相对较高。但学校主要经费来源是财政拨款，面对目前财政经费吃紧的境况，学校需要多方面筹措资金。

（3）人员保障。预算绩效内控一体化建设工作对预算绩效管理工作和内控建设工作都提出了更高的要求。落实该项工作需要财务人员不仅具备扎实的财经业务基础，而且应深入了解学校的事业规划、项目建设、教学活动等各项业务，以达到业财融合的管理需要。

在参与调查的 282 所高职院校中，37.59% 的高职院校现阶段此类人才力量较为薄弱，影响了对该项工作的深入推进。预算、绩效、内控工作的落实以及信息化建设都客观上增加了财务部门的工作量，但与之匹配的编制人员没有同步增加。学校财务部门工作人员基本上都是专职人员，在专业上更偏重经济、管理、会计等方面，信息化领域则很少有人涉猎，导致从部门负责人到具体工作人员都缺乏信息化的观念意识和信息系统的实施操作能力，导致效率低下，人力成本耗损较高。

3. 一体化建设的体制机制不配套

调查结果显示，35.1%的被调查学校现有机制不符合一体化建设要求，其中的不符合之处涵盖了项目库管理、预算管理、内控建设、预算绩效管理等领域。

（1）项目库建设不完善。一是项目入库论证不规范。项目信息收集困难，责任划分不明，科学性、准确性低。项目管理信息化不足，存在项目立项散乱等问题，部分高职院校入库项目未进行充分论证，不少项目入库后被取消或中止，致使项目预算被重新调整。论证评审、排序入库等后续工作环节同样存在类似问题从而导致项目申报工作耗时较长。

二是项目库管理机制不健全。学校项目库管理机制不够健全完善，导致项目库不能较好发挥作用，对预算编制质量产生较大影响。主要体现在学校项目评审机制和项目滚动管理机制不完善导致事前绩效评估没有发挥应有的作用；预算项目库不能较好发挥作用导致学校预算调整较为频繁，降低了预算执行刚性；等等。

三是项目全生命周期管理未实现。预算在编制、申报、执行、绩效考核等各个环节尚未形成完整的生命周期管理。在预算项目实施过程中，为降低资金支付风险，重采购和支付，但对项目实施、项目验收以及项目使用的动态管理不足。预算批复后，项目与资产配置未能形成良好的衔接关系，采购预算、资金支付、会计核算、资产卡片登记等环节未能得到一体化衔接，达不到项目管理和预算绩效的目标。

（2）预算管理不科学。一是预算编制缺乏科学性和适用性。部分学校在预算编制时内容不全面、不科学，在一定程度上影响学校自身的一体化建设。一方面，是因为收集的财务信息及核算的会计数据较多，相关工作人员的工作量较大；另一方面，各部门在进行预算编制时，大多考虑到职能属性

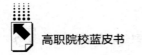

与切身利益，不是因为担心预算目标定太高，到年末时无法达成，从而隐藏实力虚报数据，就是怕钱不够用而过高编制预算。因此在申报预算时精准度不高，特别是对于特定目标类的项目，预算测算明细往往较为粗略。

二是预算中长期规划未得到实质执行。目前，学校进行编制预算常常是在编制时考虑下一年的建设任务，由于项目库储备不及时，论证不充分，项目变化较为频繁，设定绩效目标时难以站在学校发展全局全域的角度，项目绩效目标与学校战略发展规划联系不紧密，增加学校整体预算安排时项目筛选和排序的难度。

三是预算执行评价缺乏衡量标准。在高职院校的各项业务支出中，体现较多的是收付实现制的预算会计核算理念，财务部门仅评估了预算执行度，而忽略了预算执行及其随后的成果应用，这就造成了资金利用的效率与收益无法很好匹配。学校的二级单位采用的评估方法比较单一，指标只对预算执行环节进行了分析，并未对经费的使用给经济和社会带来的效益进行评价，这种评价标准不够综合全面，因此缺乏对其进行全面预算绩效评价的客观依据。衡量标准的不统一，或影响评价结果不符合实际，进而导致资源分配不公平，从而影响高职院校高质量发展。

（3）内部控制建设有待完善。一是评价监督机制不健全。目前学校内部控制管理流程仍然存在诸多问题，部分高职院校的内部执行者对内控工作了解不够深刻、对内控未引起重视，导致内控制度还不够完善和健全；内控评价监督机制未跟上建设进程。部分学校存在"部门化"和"碎片化"的现象，管理机制和职责划分不够清晰，导致整体建设工作难以合力推进；部分学校的相关纪检部门对全校的内控工作监督还不够，存在重考核轻内部控制的情况。

二是预算绩效内控标准未建立。由于没有一个完整统一、高效稳定的预算绩效内控标准做支撑，学校的财务系统与业务系统数据无法实现对接，无法进行数据的互通，信息"孤岛"和信息干扰现象十分严重。部分学校所用财务软件的架构均为 C/S 架构，即客户端/服务器架构，与业务系统的数据标准不统一，使得当前一体化进程缓慢。

（4）预算绩效管理形式大于实质。一是绩效指标设定不精准。基本由学校业务部门结合项目申报的要求自行设置相关的绩效指标，而专门针对高校项目的绩效指标库尚未构建，缺乏可借鉴、可参考的标准化指标体系，从而出现了绩效指标与资金投入之间关联度不足、匹配度不够，甚至部分高校出现"绩效指标矮化""资金投入闲置"等一系列问题。对于初步建成财务预算绩效内控一体化信息平台、缺乏完善的项目管理系统的高职院校来说，由于项目多、涉及部门广、标准不统一、现有绩效指标库的指标数量少，学校在绩效目标申报过程中存在搜集反馈周期长、目标编制质量低、业务部门无从下手、财务部门审核犯难等问题，缺乏一套适用于学校预算绩效领域的核心绩效指标体系。

二是监督体系不完善。预算绩效管理是事前、事中和事后相结合的全过程监督管理。但目前部分高职院校的预算绩效监督体系尚不完善，学校更侧重于前期预算的编制，对于执行过程中的动态监控相对薄弱。而现有的监督管理机制大多针对预算执行环节，而缺少相应事前和事后的监控，从而导致不能充分实现预算投入与产出相匹配。部分学校预算运行监督工作主要由财务部门对支出数据进行简单的汇总，受限于部门职责与数据壁垒，没有进行充分的数据收集和分析，没有能够及时地接收绩效目标的偏离，没有能够有效地控制预算项目的执行和计划的完成。

三是评价指标存在缺陷。第一，指标体系设置方面。由于缺乏科学的评价指标体系、专业的绩效管理人才和有效的数据信息，学校对预算资金的使用效果缺乏深入全面的分析和研究，高职院校在绩效指标的选择上还存在较多问题，其主要表现为绩效指标错位、指标之间缺乏逻辑性以及绩效目标设立不够全面。部分学校校内项目建设往往侧重业务层面的绩效指标考核，对于项目预算资金执行度、资金支出效益的考核指标缺失；绩效目标设定以资金执行率、项目完成进度等财务量化指标为主，缺乏以非财务指标，如社会效益、经济效益等进行的考量。

第二，绩效评价方法方面。绩效考核的方法不够精准，评价数据、评价方法不够准确，这些问题是在高职院校实施绩效评价时普遍存在的。一是重项目安排和预算分配，绩效目标与年度目标考核并不相符，很大程度上绩效考核只是为了考核而考核。二是绩效考核目标需要细化。部门绩效考核与年度考核混淆，没有准确的绩效目标值，对各种成本费用支出没有明确的认知。经验主义还是充斥在财务工作之中，指标的人为干预或者说主观修正还比较明显，难以用一套客观的指标去评价某一项业务，加之每个单位管理模式的不同、管理分层的不同，更导致预算绩效考核的科学性、准确性不高。其中，高职院校的预算绩效考评制度碎片化问题较为突出。部分学校绩效考评工作以自评为主，在学校内部尚未形成一套科学合理充分的预算绩效考评标准。

第三，绩效评价结果应用方面。全面预算绩效管理实施的目的是进一步反馈和应用，对下一年学院预算编制、预算执行和评价进行指导，最终对绩效管理形成一个完整的闭环。但是，就现状而言，大多数的预算绩效目标及预算绩效评价的指标体系等仅停留在编制阶段，缺乏后续的绩效目标追踪及评价。因此，我国当前在实施全面预算绩效管理过程中，对考核效果再应用的激励和制约效果并不明显，一些学校存在如下问题。一是考核的结果与来年的预算申请和经费分配没有紧密联系，没有对预算的运用和政策的调节进行评估。二是没有对绩效评估结果的再应用建立赏罚考核机制。

第四，监督协同方面。由于学校发展比较快，各级财政投入学校经费比较多，业务量呈井喷式增长，同时审计、巡视频率越来越高，要求越来越严，财务人员数量不但没有增长，反而有所减少，因此财务部门的主要精力集中在预算编制、预算调整、经费报销以及对财政、税务相关数据的处理上。绩效考评工作以自评为主，除了配合财政部门做好指定项目的绩效复评工作外，学校没有足够多的工作精力主动开展其他项目的事前、事中和事后绩效评价工作，绩效评价缺乏主动性。

四是管理精细化程度不够。现阶段，部分学校还停留在管理层面，预算绩效管理不够精细化。预算绩效管理精细化程度不够导致项目预算执行率低、资金使用效益低。部分学校在工程绩效管理上，在过程监控、资金使用效益、预算执行率等方面的日常管理存在欠缺，阶段性、过程性管理精细化不足；对于项目绩效管理没有予以充分的考虑，预算管理"重申报、轻管理"问题普遍存在。

4. 一体化建设的系统平台"孤岛"未链接

信息化作为一体化建设必不可少的载体，是在财务治理中实现预算绩效内控一体化的重要手段，二者无法割裂。信息系统建设包括一体化系统设计和信息化建设两个方面。目前，一体化系统设计所反映出的问题有四个方面，其中现有系统还未实现互联互通（占比 10%）以及一体化系统与业务系统难以互联互通（占比 17%）是阻碍高职院校一体化进程最主要的问题。

（1）现有系统未实现互联互通。学校预算绩效内控一体化系统信息化建设过程中，存在建设割裂的现象，不可避免地出现信息"孤岛"，各部门负责的系统之间的关联度不高，会导致信息无法共享、依靠人工统计传递数据，降低了工作效率。预算管理作为学院管理的重要工具，如未与其他各业务系统进行紧密联系，则会导致协同性较弱，无法整合资金流转的全过程，预算各环节信息也无法及时有效地披露。部分学校的预算管理系统与核算系统没有联通，预算的批复下达数仍需手工录入核算系统，预算的执行情况只能在核算系统查询，不利于及时对预算进行控制、调整和监督评价。

（2）与现有系统重复建设。在参与问卷调查的 282 所高职院校中，有45%左右的高职院校反映存在一体化系统与学校现有系统重复建设的问题。目前，市场上存在大量第三方开发的预算绩效内控一体化系统，功能大同小异，各大功能模块相对于专门的业务系统功能相对薄弱，且与大部分学校现有系统存在功能重合、重复建设。第三方的一体化系统可实现业务模块的互联互通，减少人工录入，提高工作效率，但它无法像专门的采购管理系统一样与外部系统（政采云、预算管理一体化系统）实现对接，导致一体化只能在内部实现。

（3）与业务系统难以互联互通。很多软件的兼容性、适配性很差，这使得业务系统与财务管理等系统的对接无从下手。部分学校业务系统开发商各不相同，每个开发商的数据接口模式不一，可开放资源有限等问题目前尚无积极的解决方案。另外，部分高校项目库管理流程信息化处于较高的水

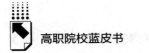

平，但是，部分学校也存在各业务归口部门管理的备选项目库信息化水平参差不齐、业务系统信息化水平发展不均衡、项目库与业务系统协同建设还有待完善等问题。

（4）对信息化建设不够重视。从目前许多高职院校的财务管理工作实际情况看，各部门对规章制度宣传、执行不到位，特别是二级学院部分关键岗位的工作人员内控意识不够强、对信息化建设缺乏正确的认识。部分学校思想层面认识不足，导致学校财务内部控制信息化建设效果不明显。

（5）缺乏数据共享的前瞻性。信息化的有效实施才能真正实现预算绩效内控一体化管理。调研结果显示，59.57%的被调查院校存在现有信息化建设基础不足以支撑一体化系统建设的问题，这是当下进行预算绩效内控一体化系统建设的首要问题。信息化建设部署时数据共享的前瞻性不够，导致信息化系统互通互联较难实现，现实中的信息"孤岛"依然存在，对预算绩效评价工作的效率和准确性都带来极大的挑战，成为预算绩效内控一体化发展的主要障碍。预算绩效管理仍然依赖纸质资料的传递，缺少利用信息化手段来对数据进行分析，人工分析存在一定的主观性，影响预算绩效信息的准确性，最终导致工作效率低下。

部分学校还没有建立一整套互通互联的信息化系统，学校财务和各业务处室之间数据对接困难，往往还是采用传统的"人工+Excel"的方式汇总和处理数据，人工分析存在一定的主观性，势必影响预算绩效信息的准确性。还有部分学校缺乏专门的采购系统，采购申请和审批依靠网上办事大厅进行流程审批，采购进程无法实现实时监控，影响采购进度和预算项目执行进度。

（6）部门间系统未实现信息融通。预算绩效内控一体化系统管理过程中，内部信息缺乏足够多的共享、交流，导致部分高职院校的财务与业务衔接存在间隙，财务与业务统筹推进不协调，这会直接影响预算编制的准确性、预算绩效目标和评价指标设置的科学性、预算绩效管理的有效性、预算执行的风险性，因此在一定程度上制约了财务治理水平的提升。部分学校绩效管理的工作基本上都习惯性地归到财务部门负责，业务部门只关心业务层面的工作，对财务工作了解不多且对财务知识的学习动力不足，导致业务系统未能与财务系统充分融合。

（7）信息安全防护机制不健全。目前，各高职院校主要通过授权访问及各级准入控制、身份认证和电子签章三种方式进行预算绩效内控安全管理。随着预算绩效内控建设的高速发展，必然会带来财务业务数量的快速增长、财务数据的成倍增加，如果学校没有采取相应的安全保障措施，使财务信息化数据处于开放的网络环境，极易发生信息被窃取和破坏等问题，不利于信息化系统建设的推进。部分学校存在欠缺必要的安全防护机制、财务部门的安全设备陈旧和数据保护方式落后等问题，难以应对复杂的网络安全环境。

5. 一体化建设的政策基础不清晰

（1）外部政策不够清晰，缺乏指导意义。调查问卷显示，148所学校（占比52.48%）反馈预算绩效内控一体化系统建设相关的政策不明朗、要求不明确，无法为学校推动工作提供有力政策支撑。当前财政部等主管部门还未出台专门针对一体化建设的指导意见或管理办法，部分法律法规的内容并不完全适用于高校，不利于相关规范的落地执行。已经开展一体化建设的学校探索带有一定"试错"属性，甚至部分学校暂停本校一体化系统建设进程，等待明确的政策出台。

（2）制度约束刚性不够，系统对接困难。预算一体化改革是目前财政部自上而下实施的一项重大的预算管理体制机制与模式的变革。预算一体化系统设置追求高度的统一性、标准化及规范性，根据调研与集中访谈的结果，目前部分省份还有对学校下达的预算指标未细化到经济支出科目、未要求学校在一体化系统中实施会计核算的情况存在，且上级财政对于学校业务属性及资金运行实际的考虑不够充分，尚不能完全满足学校内部的实施预算管理及项目管理需求，进而导致预算绩效内控一体化系统与学校自建系统之间无法实现系统对接。

五　工作推动

措施是推动工作持续进行并最终取得预期成效的基础和保障，是将领导观念认同和单位决策部署转化为明确的部门和岗位职责、具体的工作步骤和任务要求的管理活动。当前学校通过推动预算绩效内控一体化建设落实党和国家有关政策要求、提升财务治理能力和管理水平的做法，其成效已经被学校实践充分证明。在更大范围内推广应用这种模式，需要从标准规范、认识、组织、制度、系统和协同等方面采取措施，构建有效的实施路径和保障机制。

（一）开宗明义、统筹规划，为财务治理建设确立标准规范

标准及案例库建设是政策落实和制度执行不可或缺的重要环节，目前在各类组织治理领域受到越来越多的重视，但总体上相对滞后，提高了政策执行成本、制度建设成本和试错成本。以学校预算绩效内控一体化为例，从调研情况看，完成了"预算绩效内控一体化系统"建设的相关学校，对于"一体化系统"的理解仍然不尽相同。有的学校对一体化有自己的理解和认识，大致实现了财务治理建设的初衷，有的学校购买和上线了几个相互关联的财务管理系统便以为实现了一体化建设，既没有实现学校"发展规划—项目库—预算绩效指标—经费支出—评价—结果应用"的闭环管理，也没有实现"资金流—业务流—产出流"的一体化管控，实际上，行政事业单位内部控制建设也经历了这个阶段。鉴于此，学校开展预算绩效内控一体化建设的案例库建设，研究制定一体化建设标准体系，通过政策推动及层层压实责任，促进一体化建设在学校落实到位，推动学校治理能力和治理水平的提升。

做好会计工作数字化转型顶层设计，根据《会计改革与发展"十四五"规划纲要》和相关解读文件，制定会计信息化工作规范，加强会计信息化人才培养，并实施上下联动，来充分发挥各地财政部门的推动作用，开展数据标准体系研究，研究制定涵盖输入、处理和输出等会计核算和管理全流程，绩效目标设定、执行到评价全流程，各阶段统一的高职院校会计及业务数据标准。将高职院校会计及业务全流程数据的收集、治理、分析和利用嵌入一体化制度、流程和信息化设计，有利于提高制度执行力，全面规范预算

管理、硬化预算约束，加强对学校人、财、物等资源的统筹管理和盘活使用。参考借鉴其他组织开展信息化建设及数字化转型经验，制定并发布高职院校预算绩效内控一体化建设行业标准，明确一体化建设的含义、目标、类型、内容、系统配置、实施路径等要素，为处在不同预算绩效内控管理阶段的学校实施一体化建设提供明确路径和具体指引，推动学校从战略及治理层面部署预算绩效管理工作，结合学校战略发展目标、中长期发展规划及内涵式发展要求，充分认识预算绩效管理和内部控制一体化的意义，以预算为主线、绩效为导向，利用系统化思维和信息化手段完善单位财务治理层面的一体化内部控制体系，自上而下推动预算资金由"重分配、轻管理"向"重管理、重效益"转变，不断强化预算绩效管理理念，增强学校各部门绩效管理主体责任意识，强化各部门负责人及项目负责人预算绩效管理主体责任。树立"花钱必有效"的理念，形成"讲绩效、重绩效、用绩效"的良好管理氛围。

（二）营造氛围、凝聚共识，为一体化建设夯实思想基础

制度的生命力在于执行，预算绩效内部控制一体化本身就具有局限性，可能因执行人员的不重视或不严格导致"人治"因素增大，从而使得制度未得到有效执行，因此增强全员预算绩效内部控制责任意识尤为重要。

一体化建设本质上是财政资金、业务流程、产出三个维度信息流的融合，通过业务活动内在逻辑建立数据之间勾稽关系、强化内部控制实现系统"自组织"。在建设初期增大工作量，实施后减少单位领导及部门层面的自由裁量权，一体化改革必然会受到业务部门甚至单位领导的不理解、不支持甚至排斥和抵触。这就需要多管齐下：建立健全制度机制形成"一体化建设"势在必行的制度环境；同时要加大宣传引导的力度，通过业务培训、正反面典型案例发布等方式强化对一体化建设的全面正确理解。例如，有的学校通过召开专题会、座谈会、培训会，举办知识竞赛等多种方式，整合微信公众号、微博流媒体、抖音视频号中令人喜闻乐见、生动活泼的新媒体资源，及时对全校教职工传达上级有关的政策法规及文件精

神，加大对预算绩效内控知识的培训力度，培训内容包括绩效管理和内部控制管理理念的认知、绩效目标的编制、内部控制和预算绩效目标的执行监控、内部控制和预算结果的评价、结果应用等，统一思想，全员参与，营造良好的工作氛围，最大限度地降纸管理工作阻力，确保一体化体系的执行效果。

（三）压实责任、明晰路径，为一体化建设奠定组织基础

部门及机构设置是组织管理的基础，而部门和机构一旦形成并固化，在运转过程中就容易按照部门和机构自身利益最优的逻辑对政策及制度进行有选择的执行。包括一体化在内的各项改革，形式上是改变制度及流程，本质上是部门和机构之间权力、责任及利益格局的变革。在形成共识、明确标准的基础上，能否形成与一体化管理理念及工作思路相适应的组织架构，便成为这项工作能否推动实施的关键。

进行顶层设计。参与调查的学校绝大多数建立了内部控制领导小组，大多数建立了预算管理领导小组，部分建立了预算绩效管理领导小组。虽然从运行逻辑、人员构成等很多维度观察，三个领导小组有很大程度的同质性，但由于多数学校对于三项工作的部署安排没有协同，三个领导小组所履行的职能明确且单一，彼此缺少信息交互及数据共享。建议首先在领导小组层面实施一体化设置，设置由学校主要领导担任组长的预算绩效内控一体化系统建设领导小组，履行三个小组的职能职责，明确将预算、绩效、内控三项工作统一纳入一体化系统建设实施总体框架进行统一部署、统一推动、统一实施和统一检查评价，为一体化制度及系统建设提供保障。

明确责任体系。按照《关于全面实施预算绩效管理的意见》《行政事业单位内部控制规范（试行）》，单位负责人对本单位的预算绩效、内部控制机制的建立健全和有效实施负责，部门负责人对本部门的预算绩效、内部控制机制的建立健全和有效实施负责。同时，在此基础上，建立追责制度，财务部或者预算绩效管理领导小组对学校各部门预算编制及执行情况进行评价，对于未达标的部门实施问责或其他督促措施，加强每个部门的具体责

任，并将责任落到具体对象的头上，通过这样的方式将预算绩效管理理念深入推广到各个部门。全面预算绩效管理涉及学校各项工作的全方位管理，是多个部门和多个业务流程的全覆盖式管理，建立以预算为主线、绩效为导向、信息化为抓手的一体化内部控制体系，将绩效责任和岗位职责相结合，明确责任，约束教职工行为，提高工作效率，落实预算绩效内部控制一体化管理要求。

（四）系统谋划、分步实施，夯实一体化建设制度基础

1. "两个拓展"确立一体化建设的职能定位

加大企业管理会计在高职院校应用的基础研究，将管理会计投资决策、预算管理以及成本二分法等，充分运用到学校财务管理中，加强管理会计在高职院校的政策指导、经验总结和应用推广，为高职院校提升内部治理水平作出有益探索。对内体现为管理会计在促进高职院校治理能力和治理水平提升方面的积极作用，在学校财务部门设立管理会计的信息系统，服务预算管理、决策、规划、控制及考核等，建立专业的管理会计人员队伍，提倡理论研究的现实性、灵活性和综合性，对外为财政部门和相关方面评估政策效果、做好相关政策决策提供信息支撑。

2. "三个立足"建构一体化制度建设框架

一是要立足高职院校实际完善预算绩效内控一体化制度体系。学校应以预算为主线、绩效为纽带加大业财融合力度，将所有经济业务及非经济业务纳入一体化制度体系建设。通过整合绩效评价要求和内部控制体系建设实施方案及内部控制手册，学校建立适合自身管理特点的预算绩效内控一体化实施办法与细则，规范预算编制、成本核算、资产管理、预算执行、绩效评价、风险评估、监督控制等全方位、全覆盖的财务管理流程，为预算绩效内控一体化建设提供制度保障，真实准确反映学校的成本费用状况、预算执行情况，强化资产与合同管理，促进绩效管理的全面有效开展。例如，针对绩效管理、预算管理工作现状和面临的挑战，通过预算绩效管理体系建设，按照"前期调研—现状梳理—风险评估—管控优化设计—内控手

册—信息化实施方案—信息系统开发上线—系统互联互通"的实施步骤，完善组织管理体系，梳理预算、收支、采购、资产、建设项目、合同的业务流程，对标外部政策文件，解决制度散乱、流程不明、审批权限及重点不清晰、权责不对等、资金效率不高、资产浪费等问题，做到制度化、流程化、规范化、表单化、信息化，建成权责一致、制衡有效、运行顺畅、执行有力、管理科学的内部控制体系，提升学校治理水平；对学院资金、人员、事项、财务实现统一的流程化管理，提升各部门间的协同管理程度，各项经费指标进一步实现精细化有效管控；根据学校当前的办学条件和实际需要，拓宽财政拨款的范围，以便能够更好地反映出学校发展的实际收支情况，对学校的经费进行统筹管理，把财政的绩效管理工作贯彻到整个预算管理工作中，全面覆盖预算绩效管理工作。

二是要立足长远将高职院校战略发展目标纳入一体化建设总体考虑。各学校应该根据"十四五"发展规划制定财务、业务工作战略方案，将总体发展目标分年度分解到不同的业务，与预算资金予以匹配、论证后，纳入学校中长期项目库，按轻重缓急排序；把财务预算纳入全过程管理，从预算事前、事中、事后三个方面进行全过程的预算管理。在事前控制阶段，学校年度预算计划的编制要与学校发展规划和全年工作要点紧密联系，把全年的发展目标细化到各个业务部门，以绩效为导向，引导和管理整个业务生命周期的预算实施。在事中预算控制阶段，业务部门对预算执行、目标实现和资金使用情况负责，并实时监控反馈；财务部门通过预算一体化系统实时监控资金使用合规性、预算执行进度和项目目标实现程度，及时提交决策支持。在事后绩效评价阶段项目支出绩效评价全覆盖，由财务部门牵头、业务部门为评价主体，监审部门抽查监督，对预算项目绩效目标实现情况根据年初绩效目标设定值进行考评，并将绩效评价结果作为年度预算编制的依据。通过分项目标的考核要求确保学校中长期目标的如期实现。

三是要立足服务促进预算绩效内控一体化业财融合目标实现。"财务"，财为业务；预算一根针，业务千条线；再繁杂的业务到财务部门都被物化为一类资产——货币资金，因此，以财务牵头实施预算绩效内控一体化是使命所在。内部控制管理和预算绩效管理的相关制度出台和要求都是从财政部逐级下达到各个学校财务处，所有培训都是财务人员参加，因此，提高财务部门主动服务意识和服务能力，是确保预算绩效内控一体化业财融合目标实现的基础。财务部门应将相关制度要求及时向各业务部门传达，可采用集中培训辅导、一对一沟通辅导、电话及网上咨询、一体化小助手等多种形式。换位思考，从业务部门角度出发思考解决措施，想业务部门所想，急业务部门所急；主动服务，从专业角度出发对业务部门未能认识到的预算绩效内控一体化的相关要求主动服务，提高业务部门参与一体化管理的深度和水平。

3. "三全原则"探索一体化制度建设路径

（1）全方位。从学校财务治理层面搭建全方位预算绩效内控一体化建设框架，所有部门、所有业务（包括经济业务和非经济业务）、所有资金纳入预算绩效内控一体化建设。将预算收支通过项目全面纳入绩效管理，以预算管理为主线，从项目运行成本、管理效率、履职效能、社会效应、可持续发展能力和服务对象满意度等方面，综合衡量学校整体和各部门预算绩效。学校各部门可结合教育领域及部门实际情况，自主设置项目绩效目标，学校各归口管理部门加强对绩效目标的审核，加快了构建符合不同项目类型特点、与学校发展相适应的绩效指标和标准体系的进程。

（2）全过程。学校中长期规划编制阶段：应考虑学校已有资源和规划期可用资源情况，同步编制资金中长期规划并匹配项目库，项目库项目需求应大于可用资源，以便后期结合实际及时调整优化，但必须做到与规划目标匹配并按轻重缓急排序。

事前绩效评估阶段：建立绩效指标库，实现学校项目与财政项目绩效指标的归集与拆分。根据学校资金情况合理调整与部署常态化储备项目，科学分配绩效目标，实现财权与事权相统一；构建完整的项目绩效目标考核体系是项目申报及实施的关键所在，项目绩效目标体系考核不仅要重点关注业务层面，更应将财务绩效指标考核纳入其中，形成全过程的财务考核体系。财务部门可组织相关业务部门及外部专家共同构建符合各类项目实际情况的绩

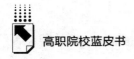

效评价指标，逐步探索建立健全定量和定性相结合、具有职业教育行业特点的绩效指标和标准体系，确保科学合理、细化量化、可比可测、动态调整、共建共享。绩效指标和标准体系要与基本公共服务标准、部门预算项目支出标准、教育行业标准等相适应，突出结果导向，重点考核成效。财务部门要将绩效目标设置作为预算安排的前置条件，加强绩效目标的审核，坚持绩效目标与预算批复同步下达。

事中绩效监控阶段：一是开展实时监控；二是建立预警机制；三是及时调整优化。有效推进以项目为载体的绩效管理信息化平台建设，包括项目论证、项目立项、预算下达、项目管理、政府采购、资产管理、合同管理、绩效评价等业务环节，建立项目"全过程"管理理念，加强对绩效目标实现程度和预算执行进度的"双监控"。同时，加大业务财务的一体化建设，将预算管理与绩效管理有机结合，为业务层面决策提供有用的财务信息支撑，为财务层面提供资金流的执行进度信息，共同监控项目的建设进度，及时发现目标偏离情况，分析具体原因，业务与财务联合进行项目动态纠偏管理，堵塞管理漏洞，确保资金使用安全高效。建立项目绩效跟踪机制，政策、环境、人员、技术等严重影响项目执行进程与预期绩效，应及时保证项目退出、启用项目应急预案、动态调整建设项目、遴选项目库同类储备项目，确保绩效目标如期实现。

事后绩效评价阶段。一是开展评价。财务部门指导、业务部门自评、监审部门监督。创新评估评价方法，依托大数据分析技术，运用成本效益分析法、比较法、因素分析法、公众评判法、标杆管理法等，提高绩效评估评价结果的客观性和准确性。二是结果应用。对绩效评价结果的应用是整个预算绩效内控一体化管理工作的落脚点。落实绩效考核政策，严格按照预算编制时的预算绩效目标及预算绩效评价的指标体系评价预算执行情况，并将预算反馈与结果纳入预算管理考核体系。将考核评价结果纳入次年安排预算的考虑因素，将本年的预算目标完成情况及根据预算绩效评价的指标体系评价的预算结果作为下一年度的预算编制、控制、评价、反馈和再应用的依据。切实做到"花钱必问效，无效必问责"，确保每笔预算资金花得安全、用得高效，实现预算支出结构的不断优化，逐步提高预算的管理水平。预算绩效管理遵循"逐步试点、全面铺开"的工作思路，考核范围从项目支出向整体支出拓展，达到全覆盖考核的目标。可将预算绩效与内部控制管理纳入领导干部与教职工的岗位晋升、职称评聘、年终绩效等考核管理范畴，从物质层面和精神层面共同激发大家干事创业的积极性和能动性，坚决抵制不良思想。

（3）全生命周期。将预算绩效管理贯穿日常工作全过程，从资金支付的原始依据、支付进度、使用方向和具体用途等方面进行实时动态监控，通过梳理流程、细化目标、逐级把关、集中管控的方式，强化跟踪问效，推进预算绩效管理规范化。建立监督机制，对监督检查的具体工作程序、职责范围以及审查标准等内容进行明确的规定，强化对预算绩效管理的效率和质量的监督考核，保证内部监督考核机构工作的规范性和公正性。基于绩效目标导向的一体化平台运行后，将单位财务数据及各项信息进行整合，盘活学校有限的资金总量，全程有效监控各个项目运行状况，为学校管理层做决策提供财务数据支撑。

学院实行全面预算绩效管理的目的是更好地实现高职院校制定的战略预算目标，因此高职院校在预算绩效管理考核体系的设计中要把握客观性原则，对预算执行部门的行为进行考核和引导，避免部门只关注局部而不考虑高职院校长远的战略目标。全面梳理国家、省市、学校内部控制相关制度及学校规章制度，根据实际需要进行相应的"废改立"，为相应业务开展提供有效的政策依据和规范性指引。明确学校事业发展总体目标，梳理学校事业发展的长期建设任务，结合政策梳理校内项目，确保项目目标与学校事业发展总体目标相一致。

（五）总结经验、因地制宜，助力一体化信息系统建设

1. 把握系统化思维和信息化手段的"两个重点"

党的十九大将大力提升改革的系统性、整体性、协同性作为全面深化改革取得重大突破的重要经验，党的二十大报告提出"高质量发展是全面建

设社会主义现代化国家的首要任务"①。预算一体化顶层设计要把握系统化思维和信息化手段两个重点，以高质量发展为核心，以预算为主线，利用系统化思维整合事前、事中、事后预算管理业务全流程，建立高职院校统一的预算绩效内控一体化管理规范，通过联合第三方将预算绩效内控管理规则嵌入信息系统，来构建现代信息技术条件下的"制度+技术"管理机制，全面提高高职院校预算管理规范化、标准化和自动化水平，实时收集汇总预算编制和执行信息，建立以预算为主线的业财数据集中管理和数据分析机制，动态反映预算投入和产出效果，在预算资金的安排、使用的同时，自动记录和同步反馈监控信息，保证资金从预算安排源头到使用末端全过程的流向明确、责任清晰，坚持目标导向、流程优化、程序合规，为优化预算安排、提高资金效率、支持高职院校发展、提高治理水平奠定决策基础。

2. 借鉴学校推动一体化系统建设的"两种模式"

通过扎实调研，本书梳理总结了高职院校在财务治理中推动实施预算绩效内控一体化系统建设的两种有效模式，值得推广。

一是"大系统、中间库、建接口"模式。该模式的优点是可以充分利用已有系统，同时采购市场上已有的成熟软件，专业的事情交给专业的机构，例如差旅报账系统可以在市场上选择市场占有率高、技术成熟的软件。缺点是可能存在数据对接困难，或建设统筹不足的情况。可供规模大、业务繁杂、已有信息化基础较好及已建成信息系统较多的学校选择。

其中，陕西工业职业技术学院是"大系统、中间库、建接口"模式的典型示范。建立以预算管理为主线的业务控制支撑体系，保障预算指标有效执行，把内控转化为量化控制，与业务表单、执行环节、流程对标控制嵌入学校智慧财务管理信息化平台，将内控规则贯穿始终，实时监控，实时预警。针对风险点设定控制目标，将风险动因控制在可控范围内，在业务执行过程中，制定控制措施，完成风险的事前控制、事中监管、事后报告；检查

① 习近平：《高举中国特色社会主义伟大旗帜　为全面建设社会主义现代化国家而团结奋斗——在中国共产党第二十次全国代表大会上的报告》，人民出版社，2022，第28页。

评价风险控制措施的有效性，堵塞漏洞。完成"四个一"内控管理信息化的建设，即构建"一套管理规程、一套监管体系、一个数据中心和一个管理平台"，做到内控管理"四化"，即"业务管理标准化、审批管理规范化、过程管理精细化、监控管理智能化"，实现对各项经济业务从申报到审批的全过程精细化管理。根据财政部《预算管理一体化规范（试行）》要求，将预算项目作为预算管理的基本单元，所有预算支出都要以预算项目的形式纳入项目库，建立并完善以项目库为源头的预算管理机制，加强预算项目全生命周期与预算管理和绩效管理的无缝衔接，预算编制以"先有项目再安排预算""资金跟着项目走"为原则，从项目库中按优先次序选取项目，预算调整调剂也在项目库中操作，调整相关项目信息，同时通过建立"项目申报有目标、项目实施有监控、项目完成有评价、评价结果有反馈、反馈结果有应用"的全过程绩效管理机制，构建预算绩效核心业务主线流程。

二是"大平台、小模块、多层次"模式。该模式的优点是有效解决所有部门的信息系统接口问题，避免信息"孤岛"。缺点是"船大不好调头"，依托一家信息公司开发学校所有信息系统，缺乏竞争激励机制。可供规模小、业务单一、已有信息化基础薄弱的学校选择。

其中，广东轻工职业技术学院是"大平台、小模块、多层次"模式典型示范。该校将内控信息化作为实现这个目标的突破口和可落地的措施，2017年底起在完善内控体系建设的同时推进内控信息化建设，牵头内控工作的学校内审部门尝试将一个企业ERP改造成适合学校使用的内控信息系统。以预算、收支、采购、合同、基建、审计监督为主体功能，涵盖学校项目建设全过程，形成一个对业务精细分类，对数据规范、业务流程、审批权责、控制标准、风控措施精准定位，对项目资金分配、决策、使用、监督、评价一体化管理的数据库型的项目化管理平台。2019年下半年启动基于大管理、大教学、大保障、强监督的"三大一强"治理模式的"智慧校园3.0"建设。按照"大平台，小模块，多层次"的总体技术路线，以"智能+内控"为内涵，参照原项目化管理平台的业务设计思路，"云"端重构了具备一体化、标准化管理的内控信息化平台，分为综合办公和项目运行两个管理系统。内控信息化平台确保党委会及校长办公会议事规则有序运行，完善决策和落实机制；流程化管理使学校治理不同层级、不同节点各司其职、相互配合、相互制衡，促进高校在自我组织、自我约束、自我管理中实现有效治理；信息互联互通共享，使内部监督公开透明化，能压实审计、纪检监督制约职责，并对人才培养、科研、人事管理的重大事项实行全面监督，降低治理风险，提升治理效益。基于内控的"管理制度化、制度流程化、流程岗位化、岗位职责化、职责表单化、表单信息化、信息数字化、数字智能化"融入智慧校园方方面面建设中，"互联网+"的信息治理手段促使学校综合治理能力全面提升。

（六）内外协同、因地制宜，加快构建一体化建设协同机制

1. "三个监督"保障预算绩效内控一体化效果

一是自行监督。业务部门作为预算绩效责任部门，应将预算绩效管理贯穿日常工作全过程，从资金支付的原始依据、支付进度、使用方向和具体用途等方面进行实时动态监控，通过梳理流程、细化目标、逐级把关、集中管控的方式，强化跟踪问效，推进预算绩效管理规范化。

二是内部监督。建立监督机制，对监督检查的具体工作程序、职责范围以及审查标准等内容进行明确的规定，强化对预算绩效管理的效率和质量的监督考核，保证内部监督考核机构工作的规范性和公正性。基于绩效目标导向的一体化平台将单位财务数据及各项信息进行整合，盘活学校有限的资金总量，全程有效监控各个项目的运行状况，为学校管理层做决策提供财务数据支撑。

三是外部监督。除了单位自身做好监督工作之外，主管部门、财政部门、纪检监察部部门、审计机关、司法机关等外部监管也是预算绩效内控一体化有效实施的重要保障。建立外部监管机构的协同机制，构建多环节、多渠道的监督体系，是深化预算绩效内控管理、促进一体化建设与实施进程的重要手段。

2. "规范引导"促进第三方服务机构高质量发展

不同于审计或管理咨询，学校预算绩效内控一体化系统建设对于信息系统供应商的依赖程度更高。可以说，几乎没有哪所学校能够完全独立完成一体化建设。

课题组调研发现，不少学院一体化系统的建立采用外包给软件公司或信息化企业的方式。但当前软件公司对于学校运作、决策、内控等情况了解不够深入，学院实际情况各异，需要在治理前期做深入全面调研，深入了解学院架构、流程后才能开发出适合学校现状和未来发展的一体化系统。

对第三方机构建设成果的管理也至关重要，涉及学院不适合公开的信息或数据，第三方机构应严格遵守职业道德。

六　发展趋势

（一）推动学校治理一体化

在整体治理框架下，一体化治理思路是将学校内部各部门业务数据贯穿事中、事后各阶段，在治理内容、治理过程、治理结果及目标等方面实现一体化治理，包括对大数据的治理，风险隐患的识别、评估、研判、监测，以及对突发事件的预警、处置、决策等，有利于建立协同机制、信任机制、信息沟通机制及数据共享机制等，真正实现一体化协同治理。

1. 一体化系统涉及多层治理

治理一体化的实现渠道之一是完善预算绩效内控一体化系统，系统的搭建一定要站在更高角度，即学校治理的层面来看，同时结合部门视角进行细化管理。在学校治理层面，对部门工作情况进行考核，对工作情况的优劣进行评级，略差的部门结合部门职责制订改善措施。在业务部门层面，学校各部门按照财政要求的步骤进行绩效目标自评价，自行制定评价频率、时效；部门领导使用系统随时、随地查看各项目总体进展情况；项目负责人监控细化到三级项目或者四级项目的进展情况；归口管理部门需要对项目涉及的业

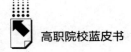

务有整体把握；顶层治理需要牵涉相关部门，在预算下达后对高校的考核要具体到指标体系考核、核心指标考核、职能部门重点工作考核、财政资金总体绩效考核。

2.财务系统立足移动发展

在财务治理推动预算绩效内控一体化背景下，学院人员尤其是财务人员的工作量已成倍增加，要达到既不增加财务人员工作量，又能保证学校一体化系统与预算管理一体化系统互联互通，不能仅仅依靠系统的全覆盖和精细化，还需要提升和增强财务人员的信息化能力和管理意识。随着移动电子设备能实现的功能越来越多，手机移动报账已经成为可能。根据调研，已经有学院建成通过手机"一键报销"的财务系统，大大减少了财务人员做简单、重复、烦琐工作的时间。

3.数据系统建设辅助决策

数据系统保护敏感数据、维护部门隐私、对涉密信息进行保护。一体化系统中模块间的互通有可能扩大数据使用范围，加深使用程度，对敏感、涉密数据信息的安全性造成威胁，治理一体化的发展不应使信息完全对称，数据的安全依旧占据重要地位。因此，建立数据中台对所有数据进行统一安全管理，对敏感数据设置访问权限，对保密数据的保护甚至可以制订《保密数据协议》，使用数据的人员签订《保密数据协议》。数据中台的建设还可以用于辅助决策，在对一定数量的数据进行搜集、统计、整理、清洗后，反映的信息是全面而深入的，更有利于使用者做出合理的决定。

（二）促进学校管理透明化

财务治理建设的总体框架以业务为起点，从预算、收入、报销、采购、合同、绩效监控等环节实现一体化管理，实现系统之间数据实时传输，传输流程可追踪、数据可追溯、操作可留痕、信息可共享。随着高职院校稳定有序的发展，学校事务不断趋于专业化、精细化。学校管理效能的实现，需要依靠内部的自省性和外部监督制约机制，其实现路径取决于管理透明化程度。管理透明化是学校全面推进决策、执行、管理、服务、结果全过程公开，让大家真正了解学校运转模式。公开的管理过程可以降低风险发生的可能性，提升领导层公信力，保障学校内部管理的效率。

（三）立足实际实现学校高质量发展

胸怀大局才能因势而谋，把握大势才能应势而动。为加快一体化建设步伐，高职院校要在继承和发扬优良传统的基础上，致力于解决目前财务治理建设中的一系列问题，创新管理方式、加快制度融合、带动人才建设，建立内控信息间的共建共享，积极探索与一体化系统的对接问题。关注业务人员使用体验，减少财务人员工作量，深化业财融合，为实现高职院校治理体系和治理能力现代化打好基础。

专题报告

B.2
高职院校协同管理机制研究

襄阳职业技术学院

摘　要： 高职院校肩负着实现高等职业教育高质量发展、实现高等教育现代化的重要使命。随着国家对职业教育工作重视程度的加深，特别是在"双高计划"建设的背景下，各级财政部门也逐渐加大了对教育资金的投入，而如何利用好这笔资金成了高职院校最大的挑战。高职院校可以通过将绩效管理流程有机融合到预算管理流程中、将绩效管理责任落实到具体预算申报处室、将内控管理贯穿于预算绩效管理全程之中建立预算绩效内控一体化平台，有效实现预算绩效管理在预算编报、预算执行、预算监督等各环节的无缝对接。这需要学校层面通过机制建设和技术保障，实现学校治理一体化系统与预算管理一体化系统的对接，在系统层面实现协同联动。

关键词： 高职院校　协同管理　预算管理一体化

一 现状分析

党的十八届三中全会明确"坚持把完善和发展中国特色社会主义制度，推进国家治理体系和治理能力现代化作为全面深化改革的总目标。"① 党的十八届五中全会则进一步提出要"深化行政管理体制改革，进一步转变政府职能，持续推进简政放权、放管结合、优化服务，提高政府效能，激发市场活力和社会创造力"②。全面深化改革不仅进一步强调市场与社会的作用，也更加注重多元主体之间的关系协调。以"系统性、整体性、协同性"为价值内核的协同治理自然更加适应这一新的形势，其在治理主体的网络结构、治理机制和治理工具的丰富与挖掘方面回应了国家治理现代化的基本面向。③

作为高等教育的重要类型和现代职业教育的重要引领，高等职业教育在推进教育治理体系和治理能力现代化中举足轻重。高职院校肩负着实现高等职业教育高质量发展、实现高等教育现代化的重要使命，其办学的"治本之策"是通过治理理念的现代化、治理主体的多元化、治理制度的系统化、治理方式的民主化、治理手段的数字化以及治理环境的协同化，更好地完善治理体系，改革治理方式，提升治理效能，培养更多高素质技术技能人才、能工巧匠、大国工匠。当前，高职院校财务治理一方面面临协同化、智能化进阶升级，另一方面面临现代财务治理体系不断精准化、维度化、延伸化管控要求。财务治理仅靠密集人力、碎片化系统无法实现跨部门、跨领域、跨层级、跨系统的数据实时交换、内控自动嵌制、业财无缝对接、流程有序管控、申报审批高效、查询方便快捷的现代财务治理目标④。

---

① 《十八大以来重要文献选编》（上），中央文献出版社，2014，第547页。
② 《十八大以来重要文献选编》（中），中央文献出版社，2016，第798页。
③ 杨华锋、杨蕾：《国内协同治理研究现状与展望》，《社会治理》2016年第5期。
④ 黄勇：《高校"财务治理一体+"模式实践探究——以X高校"财务协同管理平台"为例》，《襄阳职业技术学院学报》2022年第3期。

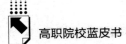

　　随着国家对职业教育工作的重视程度的加深，特别是在"双高计划"建设的背景下，各级财政部门也逐渐加大了对教育资金的投入，而如何利用好这笔资金成了最大的挑战。而预算绩效内控一体化理念的出现，对此给出了解决办法。各职校可以通过将绩效管理流程有机融合到预算管理流程中、将绩效管理责任落实到具体预算申报处室、将内控管理贯穿于预算绩效管理全过程，建立预算绩效内控一体化平台，有效实现预算绩效管理在预算编报、预算执行、预算监督等各环节的无缝对接，杜绝为了绩效而绩效，立足于服务预算，彻底解决预算与绩效"两张皮"的问题，最终提高资金使用效率，加快职校建设步伐。

　　预算管理一体化系统主要服务于财政管理，是针对所有事业单位而设置的，加上对数据安全的考虑，当前学校治理一体化系统（以下简称"学校一体化系统"）与预算管理一体化系统不能直接对接，无法实现系统层面的"互联互通"。然而，学校治理一体化建设不可避免地需要与预算管理一体化系统进行对接协同：一方面，预算管理一体化强化了预算约束、提升了预算执行刚性，对学校治理一体化形成倒逼机制，推动学校治理一体化更加注重预算管理、推进业财融合；另一方面，学校治理一体化为预算管理一体化治理效能的发挥夯实基础、提供保障，只有推动学校治理一体化同步加强，预算管理一体化的信息质量才能从根本上得到保障。因此，高职院校的一体化系统建设必须在学校层面通过机制建设和技术保障实现两个"一体化"协同联动，结合现代财务治理要求及未来治理方向实现校内预算与财政预算一体、预算编制与预算控制一体、项目预算与整体预算一体、预算编制与绩效编制一体、绩效申报与评估评价一体、预算控制与支出申报一体、申报审批与核算支付一体、横向控制与纵向控制一体，达到预算、绩效、财务、内控的纵向衔接化、横向对接化、业财协同化。①

---

① 黄勇：《高校"财务治理一体+"模式实践探究——以 X 高校"财务协同管理平台"为例》，《襄阳职业技术学院学报》2022 年第 3 期。

二　面临的挑战

虽然较多院校探索依托预算管理一体化系统去解决学校协同管理的问题，但该系统主要服务于财政管理，是针对所有事业单位而设置的，加上对数据安全的考虑，当前学校一体化系统与预算管理一体化系统不能直接对接，无法实现系统层面的"互联互通"。

（一）存在功能差异

1.管理级次差异

预算管理一体化系统将同级财政各个预算单位纳入管理，学校只是其中管理单位之一；学校一体化系统将学校内部各单位（部门）纳入预算管理，学校下属单位（部门）均是独立的预算控制单位。

2.控制目标差异

预算管理一体化系统对项目（如公用经费项目、专项项目等）、资金性质（如经费拨款补助、事业收入等）、资金渠道（如本级预算、上级专项等）、政府经济分类（如商品服务支出、工资福利支出、资本性支出等）各属性一体控制；学校一体化系统侧重于单位（部门）、项目预算额度和内部控制。

3.数据口径差异

预算管理一体化系统预算口径往往大于学校一体化系统口径，因为一方面学校财政预算存在上级转移支付、同级预算单位转拨等年度内不可预见情况，另一方面学校在内部预算分配上并不是将学校预算全口径分配到校内各单位（部门）。

预算管理一体化系统财政决算口径与学校会计核算系统决算口径是两种完全不同的决算口径，决算口径不同，差异较大。

4.项目内涵差异

学校一体化系统项目趋于精细化、部门化，学校报送预算管理一体化系统项目往往由学校一体化系统多个项目集合而成，内涵更为宽泛。

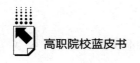

（二）存在协同障碍

1. 体系架构协同障碍

预算管理一体化系统预算架构为"项目（部门专项、政府专项、上级专项等）+资金性质（经费拨款补助、教育收费、政府性基金等）+政府经济分类（人员经费支出、商品服务支出、资本性支出等）+项目属性（一次性、延续性、常年性）"的统一体，如"中央质量提升计划专项"；学校一体化系统预算架构为"部门+经费支出方向"的组合体，如"建工学院产业学院建设"。

2. 预算模式协同障碍

学校一体化系统预算编制，由学校某一单位（部门）针对某一项目发起预算编制活动，其编制的主要路径为项目建设内容（干什么事）、经济业务（花什么钱）、经费额度（花多少钱）。以学校"提升校企合作水平"为例，"干什么事"体现在"三会办学体制""校企合作日常管理""校外一体化基地建设"等，"花什么钱"则既有商品与服务具体支出又有软硬件建设的具体资本性支出。学校一体化系统预算编制，收支各自独立编制，仅保证收支总体平衡，并不强调支出与资金来源的一一对应，二者编制口径存在交叉。

预算管理一体化系统预算编制，要求项目与资金渠道对应，而且要与政府经济分类对应。

3. 控制模式协同障碍

预算管理一体化系统以项目资金来源指标进行国库支付控制，学校一体化系统以项目预算批准额度进行报销和支付申请控制。预算管理一体化系统预算指标控制与学校一体化系统项目预算额度无明晰的对应关系，协同精准控制难度大。

4. 实时控制协同障碍

预算管理一体化系统数据接口基本不对外开放，只通过专网接入学校专用计算机独立运行，由专人管理。学校一体化系统与预算管理一体化系统数据无法实时同步与协同控制。如出纳支付环节，出纳人员须同时操作学校的会计核算系统和专网的预算管理一体化系统才能完成资金支付工作，会计人员更是无法实时精准掌握财政资金收支与运行情况。

三 主要做法及取得的成效

（一）实现六个同步

一是预算编制同步。学校校内单位（部门）预算编制与上报财政系统预算编制通过系统化手段和规则配置确保数据勾稽严密、完全同步。

二是指标管控同步。因财政不能开放接口，将财政指标、指标计划通过更新导入手段，在"财务协同管理平台"中实现了同步管控，"两张皮"和"信息孤岛"问题得到变通解决。

三是政府采购同步。政府采购申请数据来源于学校一体化系统预算编制，政府采购批复备案反馈学校一体化系统实施后续的内部控制，实现了预算、采购的一体化闭环管理。

四是支付口径同步。项目支出在预算编制时，将资金属性纳入配置规则，前连预算，后连决算，支付时自动关联。

五是财政决算同步。学校一体化系统完成了指标规则、支付规则、支出规则的系统配置，实现财政决算报表在学校一体化系统中一键生成。

（二）精准闭环管控

预算管理一体化的实施，有助于构建高效的财政管理体系，能够有效监控业务闭环管理，提升财政资金使用效率和会计工作运行效能，对全面反映政府的财务状况、预算运行效能，以及会计核算特别是财务管理工作带来较大转变。虽然预算管理一体化系统与学校一体化系统是由两个不同单位控制的系统，但通过"财务协同管理平台"的完善或对接，可以实现政校一体、业财一体、数据一体精准闭环管控。

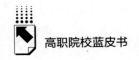

（三）便捷数据获取

实施预算管理一体化改革，标准化和规范化是核心。[1] 由于高职院校资金体量大、核算管理精细的特点，核算业务比较复杂，目前的财政预算管理一体化系统尚不能满足高职院校会计核算和财务管理的需求，高职院校的财务管理及会计核算与财政预算管理一体化系统之间在管理的维度、层次上还存在差距，两者之间要想标准和规范统一，可以通过现代化的信息技术手段实现。通过学校"财务协同管理平台"系统授权，系统间的数据可以自动交换，实现预算管理一体化。不同职能人员可以跨软件系统、跨部门（单位）、跨岗位直接查询关联数据。尤其是财政指标与计划，过去只有国库出纳可查询。

（四）显著提升效能

在深化"放管服"改革的背景下，学校"财务协同管理平台"可以提供多维度、个性化的财务数据服务。一方面可以根据业务需要选择合适的预测、决策、统计模型对数据平台中的数据进行定量分析加工。另一方面可以通过财务数字平台实现部门和项目的细化分组和个性化定制，实现报表的多样化选择和个性化定制，为二级单位管理者的决策提供多角度、动态化的财务数据支持。[2]

四　推进高职院校协同管理的对策建议

基于上述挑战，课题组基于业务与财务融通的角度，建议通过"二设计、一规划、四协同"的实施路径，实现学校治理与财政管理的"项目管理协同、预算编制协同、采购管理协同、预算执行协同"的建设目标。

---

[1] 王荣林、李雄平：《预算管理一体化改革对高校财务管理的影响及对策分析》，《商业会计》2022 年第 19 期。

[2] 骆芫：《数字化平台助力高校财务管理转型》，《国际商务财会》2022 年第 9 期。

（一）项目设计

项目设计的目的是在"财务协同管理平台"系统中进行双项目库设计，即进行学校校内项目库和学校财政项目库的同步设计。项目衔接设计是预算编制协同、预算执行协同、决算协同的根基。

项目库设计应全面统筹学校日常运行管理、教育主管部门常规考核管理、重大项目建设和预算管理一体化系统项目管理要求。项目库设计应遵循精准对应、相对细化原则，达到符合校内运行管理、主管部门考核管理、重大项目建设管理要求。财政项目库设计宜少而精，综合统筹基本支出和项目支出，确保每一个校内项目库能精准对应财政项目库。这种设计既能保证校内精细化管理所需，又能保证财政宏观化管理所需，同时大大减少学校财政绩效评价工作量。

项目库与财政项目库在"财务协同管理平台"对应规则来配置，由预算主管在系统内建立项目匹配关系，匹配关系一旦建立，项目库自动转换成财政项目库相关子库，无须进行人工干预。

项目库设计既要考虑日常运行管理规律，又要考虑重大（要）建设所需及管理部门相关考核要求，且在一定时期内尽量保持相对固定，如"双高建设""校区扩建"等。

（二）接口设计

"财务协同管理平台"接口设计包括预算接口设计、指标接口设计、决算接口设计三部分。接口设计目的是打通学校一体化与预算管理一体化循环链条，创造协同保障条件。

预算接口设计："财务协同管理平台"中的预算接口设计目的是按照预算管理一体化系统的预算编制或导入数据要求，在"财务协同管理平台"中建立标准化财政预算模板，通过规则配置，系统将校内预算自动转换为财政预算标准数据，便于向预算管理一体化系统中导入预算数据或通过接口对接写入数据。

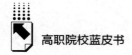

指标接口设计："财务协同管理平台"中的指标接口设计目的是按照预算管理一体化系统的指标和计划管理模式，在"财务协同管理平台"中建立指标与计划管理模块，在学校一体化系统中同步实施指标与计划的管理。学校可以随时将国库指标更新导入"财务协同管理平台"，随时将"财务协同管理平台"用款计划同步导出到预算管理一体化系统。若财政开放一体化接口，就可以通过系统对接直接写入。

决算接口设计："财务协同管理平台"中的决算接口设计目的是按照预算管理一体化系统决算要求，在"财务协同管理平台"中建立财政决算模块，通过规则配置或系统设置，学校决算数据自动转换为财政决算数据而形成模板，后期直接导入预算管理一体化系统。财政开放学校一体化接口，学校可以通过系统对接直接写入。

（三）资金规划

资金犹如血液，前连财政预算，中对指标支付，后接财政决算，在"财务协同管理平台"中做好项目的资金规划是学校一体化与预算管理一体化高度协同的至关重要因素。

校内项目规划较为精细，项目支出方向也较为明确，部分校内项目也是重大项目建设的组成部分，根据建设要求和单位管理便利需要，被审定列入的校内项目库在"财务协同管理平台"内直接进行资金来源规划配置，如上级转移支付、本级财政补助、学校自筹资金等。

校内一体化系统应根据经费支出规律、建设任务书资金配置要求，对学校所有审定项目库结合支出经济业务类别进行资金属性归类，设置项目资金支出来源属性。基本支出人员经费项目一般以本级财政经常性补助为主，资本性支出尽可能配置上级转移支付资金项目和本级财政专项资金项目，部门自筹资金一般用于基本支出公用经费预算或人员经费补差。这种配置的好处是资金尤其是重要资金使用方向明确，确保上级转移支付资金来源和本级财政补助资金应用尽用。

（四）编制协同

虽然校内项目库通过项目的预先设计可自动转换为财政项目库子库，但实现两类项目库预算编制的高度协同仍有较大难度。难度主要在于财政项目库预算编制集资金渠道预算、经济业务预算、政府采购预算、资产配置预算于一体。为解决这一痛点、实现预算编制的高度协同，"财务协同管理平台"中项目库预算编制模式以经济业务预算编制为落脚点，经济业务预算编制同步穿插政府采购预算、资产配置预算，充分保证了两类项目库预算编制中经济业务预算、政府采购预算、资产配置预算高度协同。校内预算编制一旦完成，系统自动完成财政预算数据转换，操作人员可以随时将转换数据导入预算管理一体化系统中，完成预算编制相关工作。

（五）指标协同

通过指标接口功能，"财务协同管理平台"可直接导入预算管理一体化系统中国库支付指标，"财务协同管理平台"生成的用款计划也可被导入预算管理一体化系统，"财务协同管理平台"中无论是指标还是计划均可与预算管理一体化系统高度协同。此外，"财务协同管理平台"可以通过凭证生成功能，自动生成核算系统资金收入与零余额账户凭证，实现了资金从预算管理一体化系统到"财务协同管理平台"再到会计核算系统的联动协同。

（六）执行协同

预算管理一体化系统中的指标与计划通过接口功能在"财务协同管理平台"高度协同后，也给预算执行协同带来了高度便利。

"财务协同管理平台"在校内项目预算编制中已与资金渠道指标直接关联，项目在具体执行过程中，直接自动扣减项目对应指标与计划，实现指标与计划收支余的实时动态监控，充分保证无指标不开支、无计划不开支。凭借"财务协同管理平台"的凭证生成功能，相关支付直接在核算系统中生成相关凭证，保证了资金支付在预算管理一体化系统、"财务协同管理平

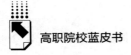

台"、会计核算系统的联动协同。

执行协同主要解决了过去预算会计、财务会计、出纳在资金监管方面的信息不对等、"两张皮"问题，"财务协同管理平台"将预算管理一体化系统与学校核算系统进行了完美对接。

（七）决算协同

高校财务决算报表有两种形式：一是行政事业单位财务会计报表和预算会计报表，这种报表均能通过财务软件实现；二是财政决算报表，口径和维度较为复杂，很难在现行会计核算系统实现。

"财务协同管理平台"设立"财政决算管理"模块，相关财政决算在此模块中自动转化实现，此模块主要有两大功能。

第一大功能是规则配置，既包含收入规则配置，也包含支出规则配置，规则配置目的是完成项目收入与支出的资金分类、经济业务分类和功能分类等关联匹配。

第二大功能是报表转换，根据财政决算要求完成多维报表转换。"财务协同管理平台"完成收入分类决算报表、支出经济分类（商品服务支出、资本性支出等）决算报表、支出功能分类（基本支出、项目支出）决算报表、收支余决算总表及各种分类明细表设置与配置。

年终决算时，会计人员在"财务协同管理平台"一键生成各种财政决算报表，会计人员可以直接将之导入预算管理一体化系统中，会计人员不用通过会计核算系统数据另行分析转换来填列财政决算报表。

B.3
高职院校业财融合管理研究

重庆电力高等专科学校

摘　要： 随着管理会计思想的推广应用，业财融合理念不断加强。源于企业的业财融合观念被引入高职院校，并迅速成为改变高职院校传统财务模式的新趋势，高职院校的业财融合逐步深入。但是从目前情况看，业财融合的理念还没有在高职院校扎根，高职院校业财融合发展的进程比较缓慢。业财融合的实施需要大数据平台，但是由于内部职能部门职责分工不同，对数据管理有不同的要求，数据接口、数据应用所需要的环境也存在差异，高职院校的大多业务管理系统独立于财务系统。很多高职院校都在尝试建立智能化校园，以先进信息技术的支撑重构业务流程，使财务信息和业务管理实现有效融合，从而提升学校的信息化管理水平，进一步提高各项工作效率。

关键词： 高职院校　业财融合　业财一体化

一　现状分析

2014年10月27日，财政部发布的《关于全面推进管理会计体系建设的指导意见》指出"管理会计是会计的重要分支，主要服务于单位（包括企业和行政事业单位）内部管理需要，是通过利用相关信息，有机融合财务与业务活动，在单位规划、决策、控制和评价等方面发挥重要作用的管理活动"。2016年6月22日，财政部发布的《管理会计基本指引》进一步明

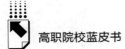

确：单位应用管理会计，应遵循融合性原则。"管理会计应嵌入单位相关领域、层次、环节，以业务流程为基础，利用管理会计工具方法，将财务和业务等有机融合"。业财融合通常指的是财务与业务活动的有机融合。从总体上看，任何单位的财务和业务都是融合的：业务需要遵守财务规范、为财务提供应用，财务需要依托业务存在、为业务提供支撑保障。但财务与业务如何融合、什么环节融合等问题，不同单位差异很大，直接影响财务管理和监督职能发挥。在传统的财务管理模式中，专门的财务部门以及财务人员在业务后端为业务部门提供报销服务、进行会计核算，不利于财务更好发挥辅助决策和防控风险的功能作用。在业财融合模式下，财务通过财务部门主动嵌入、项目制等模式融入组织战略、经营计划、业务运营等核心领域，由事后监督转为事前预测与事中控制，全程参与单位的业务处理，更有效地配置资源，加强内部控制，提高财务信息价值，实现精益管理。[①] 业财融合的内涵不仅仅是业务和财务融合，还要以信息技术为支撑，即通过运用信息技术实现业务流、资金流、信息流等财务资源的共享，达到提高单位经济效益的目的。

随着管理会计思想的推广应用，业财融合理念不断加强。源于企业的业财融合观念被引入高校，并迅速成为改变高校传统财务模式的新趋势，高校业财融合逐步深入。但是高校提出业财融合的时间并不长，传统观念认为高校财务部门就是提供财务报账服务的部门，财务人员的重点工作是规范会计核算，无须了解各部门的业务情况。很多人对业财融合工作不理解，部分人甚至认为财务部门不应当介入业务活动，会阻碍或限制业务活动的顺利开展。业财融合的实施需要大数据平台，而当前高校大多业务管理系统独立于财务系统，导致财务数据无法最大限度地发挥其管理职能，带来了诸多的业财融合问题。学校的信息一体化建设主要由网络与信息中心负责，财务部门提出的业财融合很难得到学校层面的支持与协调，财务部门提出的需求也很难被各业务部门接受，经常以数据安全、数据保密、

---

① 舒杰：《高校业财融合财务管理模式改革思考》，《合作经济与科技》2023 年第 23 期。

系统不对外开放等理由被拒绝。多年来，很多高校都在尝试建立智能化校园，进一步提高各项工作效率，但是由于内部职能部门职责分工不同，对数据管理有不同的要求，数据接口、数据应用所需要的环境也存在差异，形成了"校园信息孤岛"。

二　面临的挑战

业务部门与财务部门的合作与沟通是学校管理的重要手段，沟通的效率和效果影响着学校整体的管理水平和预算绩效目标的实现。在现实的学校管理过程中，往往会出现预算管理与绩效评价或内部控制各自为战的问题，财务部门无法与具体业务对接，进而无法实现业财的深度融合。主要存在以下问题。

第一，内控制度执行难。缺少信息化手段的支撑，各项业务线下流程的管理要求和控制要点不同，导致内控制度规定与实际执行存在一定偏差。

第二，财务工作效率低。缺少信息化手段的赋能，传统报账方式导致报账签字难，工作效率低，职工抱怨多。

第三，财务管理职能难以有效发挥。受软件功能影响，预算管理精细化程度不够，预算绩效管理功能弱，财政项目预算与校内项目预算不能有效衔接；银行来款数据的管理比较粗放，往来台账管理不规范，收入确认无法及时处理，信息不对称导致往来款项中的不明来款认领周期长且清理困难。

第四，部分领域风险积聚。缺少信息化手段保障，发票查重验真没有与财务系统有效衔接，产成发票失真或重复报销风险。

导致上述问题的主要原因是相关部门对各自业务的关注点和需求不同，在选择系统的时候会倾向于考虑各自的个性化需求，没有从学校的整体层面进行规划和考虑，导致跨系统的数据来源无法被追溯，相关业务的共通数据得不到有效应用。

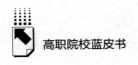

三 主要做法及成效

预算绩效内控一体化旨在将学校预算管理、绩效管理、内部控制管理与学校各项经济业务充分衔接，形成以绩效为导向、预算（业务的货币表现）为主线、内控为保障的全过程、全方位、标准化、信息化管控体系。

（一）主要做法

1. 流程再造

业财融合最容易反映会计的价值。原有的会计流程存在许多问题，其中最重要的问题是由传统的"劳动分工"导致的，这就要求重新构建原有的会计流程。

流程再造包括输入环节、加工环节、输出环节三个层面的再造。

输入环节再造的是企业在经验活动中生成原始凭证的过程及会计凭证编制的过程。一方面，无纸化传递，另一方面，尽可能地从各行业的前端根据特定的数据规范进行统一的信息采集，而不必再由人工或者从业务端再加工后进行处理。在这一过程中，录入的标准必须统一，以避免重复输入，往往会采用信息技术的事件生成法来实现。

加工环节再造的是从会计凭证到账簿、报表自动生成的流程。采用智能技术可以极大地提高财务工作的效率，节省财务工作的时间。但是，这并非其首要目标，最关键的是要给业务处理的经济事项提供线索，从而使对接的商务流程更具可视性和还原性。

输出环节的目标是利用多种数据挖掘与显示技术，根据用户的需要，对其进行数据化仪表盘的可视化处理。这些信息不仅是会计信息，还有高职院校经费使用情况以及产生的相关效果，能为绩效评价提供支持。

2. 信息化系统建设

流程再造为信息化提供了重要的基础。信息化是实现和固化这个流程的技术条件。信息技术有利于改变信息"孤岛"的问题，实现财务与业务信息的集成。集成有利于实现预算、采购、合同、资产、支付等业务的互联互通及深度融合。

信息化系统主要包括以下模块。

预算模块：学校进行预算项目双体系的建设，使预算体系更加精细化，校内预算项目体系和财政预算项目体系适度分离，可以确保财务会计和预算会计在预算执行过程中的数据准确性，能够同时满足权责发生制和收付实现制适度分离的制度要求。

网报模块：在系统中嵌入规章制度、规则标准、表单要素、附件依据、审核要求、审批节点风险等，保障业务运行与制度要求的一致性和简化控制。与预算模块互联互通，实现无预算不支出、支出不超标等控制。

采购模块：内嵌采购标准、规范采购过程，形成采购台账，执行采购验收，实现采购模块与合同模块、资产模块相互衔接，满足采购业务的一体化运行。

合同模块：将采购模块的中标明细数据直接应用到合同模块，实现业务数据闭环管理。同时规范合同签订及审批等。

资产模块：通过获取采购模块中涉及资产的明细数据，系统可追溯资产信息的预算来源和取得途径，形成资产全过程管理。同时可分类定制资产基础信息，对资产的变动进行实时处理，加强资产的管控，实现资产责任到人、全员参与、动态管理。

核算模块：通过调取各项业务的审批流程，核算模块能根据制度要求，自动生成财务单据，形成财务处理的台账数据，由财务人员审核后自动生成预算、财务双分录凭证。财务报表可基于业务需求进行配置，通过对财务数据的应用，系统可实现决算报表和预算报表自动生成数据。

来款管理模块：通过对银行来款数据的处理，满足学校对来款数据的认领需求，实现收入、往来业务的准确分类和凭证的自动生成。

往来管理模块：主要用于学校通过开票、借款、报销、来款等业务形成的往来明细数据的台账管理，满足学校对往来款项的账龄分析和核销流程的管控。

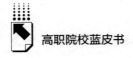

3. 培育新型高端复合型人才队伍

业财融合是预算绩效内控一体化建设的关键环节，这需要财务等相关人员来推进，高端复合型的财务人才队伍建设和培育尤为重要。

将财务人员的能力分为专业能力和综合能力，专业能力可通过加强内部业务学习与培训来提升，同时可以建立轮岗制度，让每个财务人员都能胜任多个岗位。综合能力的提升通过建立财务联络人制度来实现，每个财务人员需要负责几个学院和部门的所有跟财务有关的工作。同时，所有学院和部门在申请重大项目时，至少要将一名财务人员作为项目组成员，让财务人员参与业务，促进业财融合。

4. 加强财务与业务协作

业财融合首先要克服部门之间的业务壁垒，从组织职能上进行变革。财务人员要一改以往只坐办公室办公的模式，积极了解并深入参与业务部门的建设项目，对业务部门建设项目资金预算与支出提出专业指导，从而提升预算资金使用效益；业务部门在项目筹划初期要主动征求财务部门意见，合理申报项目年度预算资金，在项目实施工程中遇到突发状况导致项目进展受阻时，要积极与财务部门沟通，以寻求最佳解决方案，实现部门之间的协同。

（二）取得的成效

1. 通过数据共享共用推动业财深度融合

横向集成、纵向贯通、信息共享的内控集成系统，与学校数据中心大平台进行数据交互，推进了跨部门跨领域跨层级联动，实现学校从事业规划、项目储备到事中控制、风险防范，再到财务决算、事后分析的无缝衔接，推动了学校各项经济业务的业财深度融合及协同治理。

2. 通过系统互联互通实现了预算闭环管理

流程再造以及信息系统的建设打破了数据壁垒，实现了预算、采购、合同、资产、支付等业务的互联互通及深度融合，真正确保了无预算不支出、预算执行闭环管理。

四　推进高职院校业财融合的对策建议

业财融合是财务部门和业务部门在专业分工的基础上，通过业务流程再造和信息化手段应用，实现以共同创造价值为目标的深度融合、数据共享、协同发展。这就需要高职院校从体制机制、流程再造、系统平台、数据标准等方面统筹考虑，全面推进业财融合。

（一）树立"大财务观"，推动财务管理向财务治理转型

思维是行动的先导，没有先进开放的思维就没有高质量的发展举措。财务部门作为高校重要的内部职能部门，要树立"大财务观"[①]，拓展财务管理职能，摒弃对业务单向管理的狭隘思维，以业务与财务协同发展、高效联动为导向，跳出会计看会计，注重业务与财务的融合共建、信息共享、价值共创。财务部门要主动融入学校的发展大局，积极满足业务活动需求，在提供好财务基本服务的基础上，将财务治理的关口前移，主动融入业务活动的事前、事中和事后全过程，适时收集业务开展过程中在每个环节生成的财务信息，并及时进行处理和反馈，加快业务流转速度，提高资源配置效率，加强财会监督和内部控制。同时，高职院校业务部门要站在学校整体发展的高度，打破部门间的壁垒和界限，实现高效联动、统筹协作，对于财务融合发展持开放的态度，积极创新工作模式、优化业务流程，为业财融合提供条件，共同努力实现学校整体发展目标。

（二）做好顶层设计，优化业务流程

高职院校要紧紧围绕发展规划，聚焦教育教学业务活动，全面系统地梳理学校各类业务流程，归纳经济业务活动的控制点与财务关联点，将提高工作效率和控制风险作为各部门的共同目标，对内部经济业务流程进行优化和

---

① 刘艳妮：《高校业财融合框架体系的构建》，《教育财会研究》2020年第4期。

再造，消除"堵塞"，畅通业务和财务贯通的"大动脉"①。以业务驱动为导向替代以部门职权为导向，建立基于业务全流程的贯通系统，同时将业务系统和财务系统有效对接，实现从经济业务事项的发起，到职能部门的配合跟进，再到财务收支、数据核算、财会监督、绩效评价等流程的闭环管理。业财融合下的业务流程优化再造要注意两点：一是要根据高职院校自身规模、内部体制、业务特点等实际情况，因校制宜，不可盲目搞通用式、"一刀切"流程；二是流程优化再造的前提条件是有利于业务与财务之间的"化学"融合，以形成强大合力，共同创造更大的价值。高职院校要避免走入"为合而合"的误区，切勿将不相容、不相干甚至相互排斥的业务流程进行人为的融合，否则不仅无法发挥业财融合的优势，还会适得其反，给业务活动的开展添乱。

（三）构建业财融合一体化平台

高职院校要想实现业务与财务的融合，除了要加强各业务部门间的协同配合，还要依靠内部各业务系统的整合集成，努力克服各部门系统相互孤立、信息跨系统流通性差、系统间耦合性弱等弊端，建立集业务开展与财务处理于一体的平台。② 首先，要对业务部门原有体系进行优化，并在根源上对业务数据进行信息化管理，对其实施标准化采集，为业务系统与财务系统数据共享做好准备。其次，财务部门应以更安全的方法打开部分接口实现数据的共享。例如，允许业务系统收集经费的信息、财务部门的反馈信息等，业财双方通过信息的互通互联，让数据流动起来。再次，通过信息化技术，可以建立自助报销平台，把原来在线下解决的问题统一搬到线上，逐步解决师生报账慢、报账难的问题，条件许可的单位还可以引入商旅服务平台，利用服务商自身的资源，将商旅服务平台与学校报销系统对接，为师生提供一站式解决方案，真正实现一键报销。最后，利用一体化平台所提供的大数

---

① 王正君：《高校推进业财融合的思考》，《中国管理信息化》2022 年第 18 期。
② 丁忠梅：《业财融合背景下高校财务管理转型升级的思考》，《商讯》2022 年第 1 期。

据，财务与业务部门可对数据进行综合分析，提出合理化的建议，为学校管理层进行科学决策提供更精准的解决方案。

（四）统一数据标准，实现信息互联互通

建立基于业财融合的一体化平台，只是从外在形式上有了技术支撑，高职院校要想真正实现业务信息与财务信息的互联互通，建立标准化、格式化的数据规范是关键。高职院校要借助人工智能、大数据等技术，对不同业务系统推送的专业信息"去专业化"，将它智能转换成具有统一标准或格式、能够被财务系统和其他系统识别和使用的信息，使不同业务信息基于统一的数据标准在系统间进行流通。比如，针对某二级学院购买教学设备这一经济业务，该二级学院首先在教务系统中录入该事项的原始信息，通过大数据技术将这些信息进行标准化转化，形成系统之间可以流通的数据，然后按照业务职能归口系统对数据进行分别推送，把设备的名称、专业分类、规格型号、主要用途、单价总价、使用年限、责任人等数据信息传递给后勤部门，把合同金额、付款方式、折旧年限、涉及税金等数据信息传递给财务部门。原始状态的数据始终保存在业务承办部门，确保数据源头清晰可追溯，数据在传递到不同部门时，须按统一标准进行转换，这确保各部门能够直接使用，以及实现跨部门无障碍流通和共享。同时，在确保数据精准的前提下要注意数据收集来源的唯一性，做到"一数一源、一源多用"，避免重复收集或数据同质化，减少资源浪费、数据冗余甚至误判的情况，提高数据规范程度和系统处理效率。①

---

① 涂淑娟：《"双一流"建设背景下高校实施业财融合的思考》，《教育财会研究》2021 年第 5 期。

B.4
高职院校国有资产管理研究

广东轻工职业技术学院

摘　要： "双高计划"的全面实施，对高职院校国有资产的规模、经营模式及管理方法等都提出了更高要求，自 2006 年财政部颁布"两令"以来，教育部对于规范高校国有资产管理的要求不断加强。面对高校发展新形势新要求，高职院校推动国有资产管理改革已成大势所趋。近年来，各地高职院校纷纷响应号召，掀起了国有资产管理改革的热潮，比如广东轻工职业技术学院在国有资产管理的改革上颇具成效，它立足学校实际，针对职能部门的设置、制度流程的规范、预算绩效的申报等采取一系列措施，强化资产与预算之间的联系，完善了高职院校国有资产管理的制度，为其他院校提供宝贵的借鉴经验。目前，高职院校普遍存在的问题是预算管理与资产管理脱节导致资金使用效率低、资产浪费严重，同时高职院校的资产管理信息系统落后，资产管理的信息化程度弱，资产管理效率低。我国仍需要继续探索推动高职院校管理转型之路，加强资产管理与预算管理、财务管理、业务管理、绩效管理等其他业务管理的联系，通过信息化建设实现各部门的有机联合，全面提高高职院校国有资产管理效率。

关键词： 高职院校　国有资产　资产管理

一　现状分析

资产是各类组织推动事业发展的基础，资产的有效管理和高效使用是高质量发展的内在要求。"双高计划"的全面实施促进我国高职院校资产规模迅猛增长，对高职院校资产的管理和经营模式转型提出了更高要求。自 2006 年财政部"两令"——《行政单位国有资产管理暂行办法》《事业单位国有资产管理暂行办法》颁布以来，教育部制定并颁布了有关资产配置、资产使用及收益、资产处置等方面的规章制度和工作准则，对规范高校国有资产管理、提高资产使用效率和保证国有资产安全完整提出明确要求，进一步加强了对国有资产的管理力度。在主管部门严格要求和高校自身发展压力的双重推动下，高校纷纷建立健全国有资产管理的专职机构，国有资产管理逐步系统化、规范化。然而，在新形势下，高校国有资产仍然面临很大的挑战，改革发展仍是时代主旋律。

高职院校资产是指除校办企业国有资产之外的国有资产，即学校占有和使用的，依法确认为国家所有，主要用于高等教育事业（教学和科研）发展的资金、实物或无形的可以被计量的经济资源的总和。随着高校产学研越发地紧密结合，高校自主投资额在整体上不断扩大，丰富了高校资产的种类，增加了高校资产的数量，拓宽了高校办学科研经费的来源。因此，高校国有资产的种类与数量越来越成为衡量高校自身办学层次、办学规模、科研实力的重要指标。根据中国教育经济信息网对外公布的 2022 年教育统计数据，① 2017~2021 年，我国高等院校（含高职院校）的图书影像、计算机设备等的数量逐年增长，但相较于其他类型的资产，固定资产的增长幅度更大，其增幅差距显著体现在 2018 年，2019 年、2020 年、2021 年高等院校的资产除教室增幅明显外，其余类型的资产整体保持趋平状态（如图 1 所示）。截至 2022 年底，高等院校（含高职院校）的固定资产已经达到2220732.20 百万元，其中高职院校固定资产达到 704459.58 百万元（见图2），具体的资产状况如下。

---

① 在中国教育经济信息网对外公布的教育数据中，各资产项目分为学校产权内项目和非学校产权内独立使用项目，图 1 与图 2 的数据主要为学校产权内项目的资产数据。截至 2021 年底，高等院校的资产统计没有细分为成人本科、民办学校、普通本科以及高职院校，2022 年正式细分；同时，我国高等教育院校的资产统计数据主要为占地面积、图书音像、计算机设备、教室、固定资产，2022 年才在此基础上增加足球场、职业教育仿真实训、数字终端等，且各资产项目的二级分类与之前也存在差异。

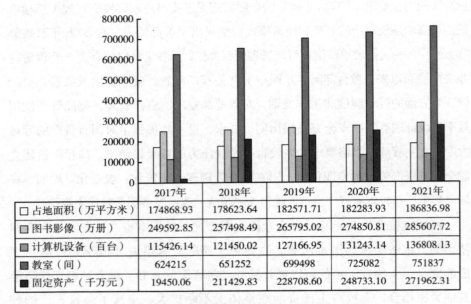

	2017年	2018年	2019年	2020年	2021年
□ 占地面积（万平方米）	174868.93	178623.64	182571.71	182283.93	186836.98
□ 图书影像（万册）	249592.85	257498.49	265795.02	274850.81	285607.72
▨ 计算机设备（百台）	115426.14	121450.02	127166.95	131243.14	136808.13
▨ 教室（间）	624215	651252	699498	725082	751837
■ 固定资产（千万元）	19450.06	211429.83	228708.60	248733.10	271962.31

图 1　2017~2021 年高等院校（高职院校）的资产变化

资料来源：中国教育经济信息网发布相关年份的教育数据。

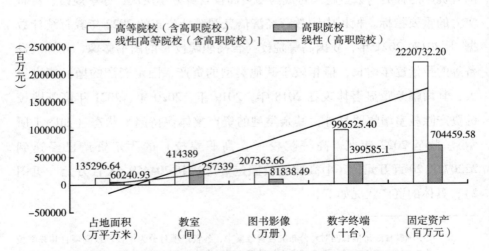

图 2　2022 年高等院校（含高职院校）与高职院校资产对比

资料来源：中国教育经济信息网发布相关年份的教育数据。

在校舍建设方面，2022 年属于学校产权的校舍建筑面积共计 242180593.68 平方米，其中教学及辅助用房占用 121157022.65 平方米、行政办公用房占用 13065118.48 平方米、生活用房占用 92352587.92 平方米、教工住宅占用 10524954.65 平方米、其他用房占用 5080909.98 平方米；属于独立使用非学校产权的校舍建筑面积共计 86558086.23 平方米，其中教学及辅助用房 45328080.97 平方米、行政办公用房 4630950.59 平方米、生活用房 35152620.38 平方米、其他用房 1446434.29 平方米。高职院校的校舍总面积较 2021 年增加 4313.26 万平方米，增长幅度约 3.97%，学生人均校舍建筑面积约 25.21 平方米。

在除校舍外的资产类型方面，高职院校的占地面积含绿化及运动场地面积，属于学校产权的共计 602409328.98 平方米，非产权独立使用的共计 130260976.94 平方米，学生人均占地面积约 51.63 平方米；校园足球场属于学校产权的共计 5099 个，非学校产权独立使用的共计 277 个；图书影像含纸质、电子版属于学校产权的共计 818384933 册，非学校产权独立使用的共计 14140916 册；仿真实训资源属于学校产权的共计 1516498 套，非学校产权独立使用共计 378 套；固定资产含教学、科研设备属于学校产权的总值为 70445958.31 万元，非学校产权独立使用的总值为 5051784.78 万元，学生人均教学科研实习仪器设备值约为 17527.82 元。

二　面临的挑战

基于上述调研的情况，课题组认为目前高职院校资产管理仍面临如下挑战。

（一）预算管理与资产管理脱节

在对国有资产进行采购和经营时，由于预算管理与资产管理结合不够紧密，企业的资金分配和企业的资金利用效率不高，[①] 主要体现在：各部门和学院对资

---

① 李砚超：《高校国有资产管理问题研究》，《行政事业资产与财务》2021 年第 22 期。

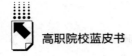

产购置缺乏必要的可行性论证，有钱就买，特别是对财政资金的利用，仅仅是为了完成财政拨款的绩效评估；在选购时，要"高大上"，存在盲目购买现象，结果是钱花出去了，也完成了国库资金使用进度目标，但资金效益低下。

（二）缺乏科学的资产管理机制

由于高职院校的办学特点，教学资产占资产的比重较大，很多资产的后期保管和处理难以得到科学的保障。同时，大部分高职院校资产部门对资产的管理倾向于账面式的管理，即对资产的管理仅仅是停留在账面数字上，而对具体的使用情况缺乏深入细致的了解。究其原因在于：没有建立资产管理、财务管理，以及预算管理三者相互结合、相互勾稽的管理机制，普遍存在轻实物管理，重数字核算的现象，从而导致决算报表中资产数据信息质量不高。

三　主要做法及经验

针对上述问题，通过加强资产内控管理来探索资产使用绩效评价，逐步形成了适应自身办学需要的资产管理之路。这是解决资产管理问题的基本思路。根据调研，本文主要推介广东轻工职业技术学院的解决思路。

（一）主要做法

1. 科学设置职能部门，加强不相容业务控制

从内控要求出发，独立设置了资产部、教务部、物资招标采购中心、财务部、审计部等管理部门，资产部负责统筹资产立项总体工作、公共保障项目立项管理和资产类合同验收；教务部负责教学、实训资产购置的立项、论证组织管理工作；物资招标采购中心负责集中采购；财务部负责资产购置款项支付；审计部负责资产购置管理全过程监督审计。部门设置符合内控管理立项、采购、验收、付款、监督等不相容职务相分离原则，从机制上保证了资产购置管理的合规性，有效降低了学校资产购置风险。

2. 健全制度流程，加强资产购置管理

基于多年办学管理实践，分别制定了《项目立项及实施管理办法》《采购管理办法》《合同管理办法》《验收管理办法》《报销管理办法》等系列制度，规范了办理相关业务的实施流程，完备的制度流程为资产科学购置提供了合理保证。

一是进行立项管理。以预算申请为起点，资产购置进行项目库管理。10万元以上项目必须经以下程序立项。首先是立项申报。各单位根据实际需要，提出资产购置项目需求，经本单位党政联席会审议通过后，按学校规定进行立项申报。然后是立项论证。归口管理部门负责组织专家对申报项目的必要性、可行性及预期绩效进行立项论证。最后必须通过听证。对于通过立项论证的项目，管理部门分批集中组织校领导、财务、审计、资产及归口管理部门负责人进行听证。听证合并、删减了大量非急需购置，在保证教学需要的同时缓解了资金压力，促进资金使用节约高效。听证后项目由归口管理部门按"三重一大"要求提交学校决策审批后正式立项。

二是实施方案论证。归口管理部门请专家对项目实施方案进行全面论证，针对实施细节进行具体指导，减少项目实施中争议事项的发生概率。

三是采购。实施方案论证后，由项目建设单位向学校物资招标采购中心提交采购需求书，采购中心根据采购金额，按规定选择招标、政府采购或集中竞价等采购方式进行采购。100万元以上的采购项目，需由学校招标领导小组集中审议招标文件，各领导小组成员从本部门、本专业的角度出发，提出对招标文件的修改意见，使招标文件内容更加全面，有利于招标活动的公平、透明，从而保护学校利益。

四是验收。项目建设完成后，资产部根据建设单位申请，组织专家根据合同对项目进行验收。学校规定，10万元以上的采购项目，专家组成员在3人以上，其中必须有1位相关专业副高级以上专家；50万元以上的验收项目，必须请1位以上校外专家进行验收。严格的验收管理，保障了资产的质量。

五是付款。经验收合格的资产，在办完资产入库手续后方可申请付尾款。中标项目需要先向学校交付合同款3%以上的质量保证金，未交保证金

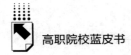

的项目，合同款不能支付，这进一步加强了资产质量保障。

3. 预算绩效同步申报，确保购置成效

高度重视资产购置的绩效情况，强调花钱必问效、无效必问责，实施资产购置预算与预期绩效一同申报，一同评审，有力提高花钱的针对性和有效性，减少了铺张浪费。在预期绩效申报时，关注利用人群、利用率和标志性成果等指标，以合理评价建设的必要性；在实训室建设绩效申报时，必须列出具体使用的课程名称、依靠本项目支撑的团队、预期获得的项目数和经费数等内容，在专家评审和校领导听证时，事、钱、效结合，很快能够发现项目建设存在的问题，有利于钱、事合理匹配，提高预算的科学性。

（二）取得成效

1. 预算与资产管理之间的联系得到强化

通过健全制度流程，学校能够对资产管理从立项到付款的全生命周期流程进行梳理，保证了每笔资产购置的有效性，避免盲目购买情况的发生。

2. 资产管理制度体系进一步健全完善

通过科学设置职能部门、加强不相容业务控制，学校完善了内部控制相关建设。通过对资产购置流程的梳理，学校能够找到资产购置中的薄弱点，制定相关政策，完善相应短板。

四　进一步完善国有资产管理的政策建议

（一）建立健全国有资产管理制度体系，加强资产预算一体化管理

根据资产的全生命周期流程健全国有资产管理制度，首先从预算资产开始，优化资产的购置、入库入账到调拨、保养维修、处置、回收等生命周期管理流程，[①] 实现资产管理有法可依、有据可查。其次，国有资产的管理过

---

① 周海民、程光：《行政事业单位国有资产管理与预算管理融合实践》，《财务与会计》2021年第16期。

程应信息透明化，如实现资产管理、财务管理、人事管理的数据共享，形成资产的闭环管理，以便更好接受各方的监督和评价，一旦出现问题，能够及时反馈至相关部门进行纠正，降低资产损失，杜绝资产浪费、重复购置、非正常报废等问题的发生。同时，高职院校应该按照财政部在 2020 年提出的有关资产预算管理的要求加快推进预算管理一体化建设，实现资产的日常管理同预算管理、政府采购等业务有效贯通，资产管理与预算管理有效闭环，这不仅能准确核算学校资产，更能盘活资产存量，提高资产的使用效率，减少资产的浪费，减少闲置资产和重复购置资产，实现按需按质购置、管理资产。[①]

（二）加强国有资产信息化建设，实现业财融合

实训基地建设、校企合作以及"双高"建设，使我国高等职业教育事业蓬勃发展，高职院校的建设达到前所未有的高度，高职院校的资产规模迅速扩大，传统的国有资产管理方法与制度逐渐暴露弊端，尤其体现为人财物力的浪费以及效益低下，为提高固定资产管理效率，优化固定资产管理流程，管理模式的转型与创新是必然的。一方面，将业财融合引入固定资产全生命周期管理已成为高职院校资产管理的必然趋势，高职院校应紧追高校进一步加强信息化建设，朝着业财融合的方向，搭建资产与财务信息共享平台，依托大数据与网络管理中心，实现资产管理系统与后勤系统、教务系统、学务系统、科研系统、财务系统等有机融合，推动数据信息的标准化与规范化，实现资源共享。[②] 另一方面，不断升级更新资产管理系统，充分利用大数据对学校资产进行统筹分析，精准把控，通过搭建资产共享平台，及时将闲置资产信息向各部门公布，减少资产闲置，避免资产浪费，提高资产使用效率。

[①] 孙延寿、高大伟：《"双高"建设背景下高职院校国有资产管理问题与策略》，《行政事业资产与财务》2023 年第 5 期。

[②] 刘威：《基于 TOPSIS 法的高校固定资产管理绩效评价》，《财会月刊》（中）2017 年第 6 期。

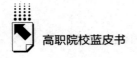

（三）建立健全资产管理绩效考核制度，培养高素质的专业人才

高职院校应按照相关规定和内控相关要求，立足学校的发展，根据实际构建科学的国有资产管理专职机构，明确机构职责，科学分配工作任务，合理设置资产管理岗位，根据学校资产规模和管理工作需要，配备相应数量的具备相应知识和工作背景的专职国有资产管理人员，建立健全一套完整有效的资产管理绩效考核制度与方法，明确绩效考核的主体，完善绩效考核过程，制定合理的考核指标；绩效考核工作也应与预算管理、资产管理、财务管理等紧密结合，考核资产管理制度是否被有效执行，资产的管理效率是否提高，资产的效益是否下降，相关人员是否恪尽职守等，以考核结果为依据，为优秀的管理人员提供相应的职务或职称评聘与晋升通道，优胜劣汰，培养一群高素质资产管理的后备军。① 只有这样才能充分发挥绩效考核的作用，避免绩效评价工作流于形式。

---

① 宁春：《提升高职院校国有资产管理绩效的对策探析》，《行政事业资产与财务》2022年第8期。

B.5
高职院校在途数据管理研究

襄阳职业技术学院

摘 要： 随着《中共中央　国务院关于全面实施预算绩效管理的意见》等一系列政策文件的出台，高职院校预算绩效管理信息化、一体化改革进程加速。"在途数据"管理已成为亟待被破解的重大课题，强化"在途数据"管理不仅是预算绩效管理的内在要求，也是高职院校高质量发展的重要动力。近年来，受预算管理一体化系统不够完善等因素的影响，高职院校面临预算管理和风险管控问题，高职院校无法通过一体化系统对预算执行情况进行精准、适时、有效的管控。鉴于此，部分学校采取了数据反取、预算双控、超期提醒、数据冻结、数据清理、在途结转应用等一系列基于预算管理一体化系统的措施，并取得了卓越的成效。接下来，高职院校需要以"一体化"为指引，从健全完善相关制度标准、升级信息化系统、提升一体化系统中员工的能力三方面完善"在途数据"管理，提高预算绩效管理效能，为高职院校的持续发展提供支持和保障。

关键词： 高职院校　在途数据　预算绩效管理　预算管理一体化

一　现状分析

中共中央、国务院于 2018 年 9 月联合印发《关于全面实施预算绩效管理的意见》，做出了加快建成全方位、全过程、全覆盖的预算绩效管理体系的重大部署。2020 年，财政部发布了《预算管理一体化规范（试行）》和《预算管理一体化系统技术标准 V1.0》，初步建立了各级预算管理的统一业务规范和技术标准，全面整合了预算管理各业务环节，深化预算绩效管理改革应紧扣预算与绩效深度融合这一主线。2019 年 4 月，教育部、财政部发布《关于实施中国特色高水平高职学校和专业建设计划的意见》，对加强项目实施管理做出了重点部署，提出"要加强项目实施管理，建立信息采集与绩效管理系统，实行年度评价项目建设绩效，中期调整项目经费支持额度；依据周期绩效评价结果，调整项目建设单位"。2021 年预算管理一体化系统在地方预算单位上线，之后在中央预算单位逐步推广。预算管理一体化系统将"信息技术"与"制度规范"有机结合，推动了预算制度改革的全面深化，整合了各类数据信息系统，为"数字财政"建设奠定了基础。① 综上所述，高职院校加强预算绩效管理、建设学校预算绩效一体化既是政策要求，也是推动高职院校财务治理体系建设和治理能力的必然要求，其中提升"在途数据"管理水平是高职院校预算绩效管理的内在要求及必要途径。

"在途数据"指仅停留在预算绩效内控一体化系统中且尚未形成会计核算的系统支出数据，即指申报提交至生成会计凭证前的财务支出数据。学校预算绩效内控一体化系统中"在途数据"类型主要有采购在途、报销在途、薪酬在途、往来在途（包括借支在途和往来领款在途）四种。学校预算绩效内控一体化要求强化"在途数据"闭环管理，防范管控不严导致的超预算、挤占预算的风险行为发生。具体包括：一是将"在途数据"纳入预算管控范围，精准控制预算；二是建立"在途数据管理"模块，对长期"在途数据"进行提醒、冻结、清理、鉴定、结转特色管理。强化"在途数据"管理的现实意义集中体现在以下方面。

---

① 李秀玲、侯婷婷、罗福凯：《深化主题教育　推进高校预算管理一体化建设》，《会计之友》2023 年第 12 期。

（一）"在途数据"管理促进预算实时精准管控

高职院校预算绩效内控一体化系统与会计核算系统大多是由两个或多个独立的系统组成，系统对接采用接口形式实现，缺乏有效衔接。从预算角度来看，支出报销数据自提交起占用了预算额度，采购类型数据自完成招标签订合同便占用预算额度。从会计核算角度来看，支出报销业务经会计制证付款后便执行了预算额度。由此看来，实际占用预算额度和会计核算执行预算额度在预算年度内并不完全同步，只有将"在途数据"纳入一体化系统中进行闭环管理，才能实现预算的实时精准管控。

（二）"在途数据"管理有利于加强财务风险防范

随着"双高计划"的实施，高职院校项目的种类和数量都得到了提升，因此系统在运行一定时期后，会累积较多"在途数据"，既有正常在途流转数据，也有非正常流转"在途数据"，如重复提交数据、非合规提交数据、实际无效数据等。既有当期提交数据，也有非当期甚至跨年提交数据等。"在途数据"在系统中过多、过久累积，既加大了预算管控难度，又加大了内控管理风险。存在的主要风险有：电子发票报销管控不严密重复违规报销风险、网上申报单与纸质申报单比对不严密违规报销风险、审核不通过再次提交风险等。加强"在途资金"管理，有针对性地在相关指标中关注该因素，能够对该类风险进行有效应对。

（三）"在途数据"在年终结转中被科学应用

学校一体化系统预算管制基本规则：项目"在途数据"+项目"会计凭证数据"≤项目"预算数据"，一旦超过警戒线则禁止新的提交。这表明，因审批迟缓、资金不足、国库系统过早关闭等形成的一体化系统中"在途数据"均是当期预算内应执行未执行的数据，系统年终结转时若存在"在途数据"，理应将之结转至下年继续执行，且不应占据下年预算指标。有必要针对该类指标做数据调整。

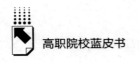

二　面临的挑战

（一）预算管控问题

学校一体化系统与财务核算系统虽然实现了对接，但两个系统仍相对独立，一体化系统侧重于审批和内控管理，财务核算系统侧重于核算管理，两个系统在预算执行时，并不完全契合，但在预算编制过程中往往要参考核算和决算数据，核算支出需要预算数据进行控制执行，决算也需要预算数据支撑财务分析。[1]

以预算支出为例，存在以下几种情况：一是同一时期内，在途未报数据的存在将导致一体化系统中支出申报数据并非在会计核算系统中得到全部体现；二是当一体化系统生成会计凭证时，会计审核可能会对部分数据在会计核算系统中再次予以修正；三是在会计核算系统中，并非所有凭证数据都来源于一体化系统，如计提支出、内部单位结算划转等手工凭证。

上述问题的存在导致学校无法通过一体化系统对预算执行实施精准、适时、有效的管控。

（二）风险管控问题

一体化系统存在重复申报数据风险。因为申报人操作不熟练，同一事项在系统中重复申报。

存在违规报销风险。一体化系统中申报单据因票据不规范、附件不齐全、流程不合规，既未作废也没有被退回，长期沉淀在系统中。

---

[1]　沙劲竹、陈文莎：《高校预算、核算、决算一体化流程构建研究》，《教育财会研究》2021年第4期。

三 主要做法及取得成效

（一）基于预算管理一体化系统的主要做法

高校预算管理一体化系统随着近年来不断实践探索，在一些高校已成熟建立并稳定运行，财政预算管理一体化系统自 2021 年开始在相关省份陆续开发或试运行，系统尚处于完善阶段。高校内部预算与财政预算、高校核算与财政决算的管理主体、受控主体、治理形式、管理目标、系统架构不同，高校预算管理一体化系统与财政预算管理一体化系统的数据对接和协同存在较大障碍。部分高校对此做出有针对性的系统设计，取得了较好的实施效果。

1. 数据反取措施

通过预算管理一体化系统反取会计核算系统执行数据和自身"在途数据"预算控制确保预算执行得到精准管理。

2. 预算双控措施

预算控制的关键在于预算执行风险控制。预算执行的合规性没有得到有效监控，可能导致预算执行出现违规现象，不仅预算目标难以实现，而且会受到审计部门、上级主管部门的处罚。[①] 学校可采用预算双控措施来确保预算执行永远控制在预算范围内。

3. 超期提醒措施

系统内置期限参数，超过一定期限的"在途数据"强制进行流程提醒，从而提高工作效率，防止数据长期沉淀。

4. 数据冻结措施

系统建立数据"冻结"功能，一是采购"在途数据"预算额度冻结，二是预付占用预算额度冻结，三是超期异常数据系统自动冻结，四是人工鉴

[①] 冯斌：《高校预算管理内部控制研究》，《会计之友》2019 年第 14 期。

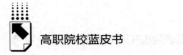

别异常数据冻结。申报发起人若对冻结数据有异议，可通过系统申请取消冻结，相关流程通过后，即可恢复正常。

数据冻结根据不同情况分为系统自动冻结（根据定义规则达到规则条件则自动冻结数据）、人工鉴别临时冻结（审批审核过程中存在不确定风险因素，一时无法准确鉴别，则采取人工鉴别临时冻结）、人工鉴别永久冻结（审批审核过程中发现违规支出，则直接人工鉴别永久冻结）。

系统建立"冻结恢复申请"功能，原申报人补传附件证据，提交"冻结恢复申请"，经过相关复审流程后，审核人对已冻结数据进行恢复。

5. 数据清理措施

一体化系统在长久运行后，系统累积的"在途数据"并不都是有效、合规数据，如重复申报、附件不全、超范围、超标准、超期限等导致的"在途数据"，年底务必开展"在途数据"大清理，由"在途数据"系统向原申报人发起确认是否正常数据，若为非正常数据，则由原申报人作废处理。另外，学校应重视项目存量资金的清理，健全存量资金动态管理机制和定期清理机制。对于预算结余资金按期进行清理，这项工作涉及面广，关乎部分教师的直接利益，要取得相关职能部门和学校领导的支持。[1]

6. 在途结转应用

合规流程"在途数据"在一体化系统中已被纳入上一年度预算管理，只是审批程序或资金等原因，未能在上一年度被及时执行，被清理鉴定后的"在途数据"连同预算自动转到下一年度，不占用下一年度预算指标。

（二）取得的成效

1. 精准管控

"在途数据"在一体化系统中真正做到精准管控，因为一体化系统全面

---

① 毛建荣、彭松波：《高校内部预算管理中的预算松弛及其控制研究》，《会计之友》2018 年第 9 期。

考虑了采购预算占用、预付预算占用、报销在途预算占用、会计核算系统数据变化及时反取预算占用，统计精准，控制精准。

2. 及时管控

"在途数据"在一体化系统中真正做到及时管控，学校预算管控模式为：项目"在途数据" +项目"会计凭证数据" ≤项目"预算数据"，一旦超过警戒线则新的数据无法提交。

流程实时跟控，提高"在途数据"在一体化系统中的处理效率，当前处理人登录一体化系统，系统中首页显示待处理数据，长期数据增加醒目提示标志。

3. 风险管控

"在途数据"在一体化系统中真正做到风险管控，系统增加冻结、清理、鉴定、审核程序，系统通过规则判定、人工判定，对存在风险的"在途数据"进行冻结处理，年终还对所有"在途数据"行使清理再鉴定程序，"在途数据"的冻结恢复也须履行程序。

4. 结转应用

"在途数据"在一体化系统中结转应用，年终只有经过清理鉴定的"在途数据"方可在一体化系统中连同预算一并结转至下一年，确保预算管理的科学性。

四 进一步完善在途数据管理的政策建议

（一）健全完善相关制度标准

"在途数据"作为一个在大数据环境下衍生出来的新概念，对它的管理研究还不够深入，相关的制度标准也不够完善。高职院校应结合学校自身情况和预算绩效目标，健全完善相关制度标准，确保"在途数据"的准确性和合规性，避免因"在途数据"的滞后影响预算绩效目标的实现，进而保障预算绩效管理有章可循、有据可依，每个参与者都职责明确，每项工作

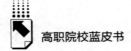
任务都能落到实处，每个环节都不重复、不遗漏，保证预算绩效管理工作的科学性、合理性和可操作性。①

（二）升级信息化系统，加强预算控制

针对学校一体化系统与财务核算系统衔接不当这一情况，学校应加强财务信息系统的建设，统一核算软件。对财务软件中的会计科目、报表模板、查询功能等功能进行精细化设置，尽可能做到全方位、多维度核算、查询及统计，并与国库集中支付系统有效对接，打通会计预算、核算和决算的管理、资金收付、政府采购、合同管理、资产管理等信息化业务模块数据的连接，实现会计科目、报表格式、财务软件、财政性资金管理的"统一"。②

（三）提升一体化系统中员工的能力

学校在选拔财务、业务人员时，应关注求职者是否具备基本理论知识、沟通协调能力，以及信息技术能力。同时要定期开展培训，尤其要加强信息技术培训，使一体化系统中的员工清楚申报、报销等活动的所需资料和程序，尽量避免操作失误，减少"在途数据"对预算绩效管理的影响。

---

① 李玲、李敏：《高校实施预算绩效管理路径探析》，《会计之友》2022年第24期。
② 王莹：《政府会计制度下高校预算、核算和决算的协同研究》，《会计之友》2021年第12期。

高职院校政府采购管理研究

青岛职业技术学院

摘　要： 政府采购是现代财政制度的重要组成部分，是国家宏观调控的重要手段以及建设法治政府、廉洁政府的重要内容，高职院校政府采购管理工作在不到十年的发展历程中经历了从迷茫到认识、从分散到集中的发展，政府采购工作面临有效集中的考验，高校的政府采购机制运行也处于探索阶段，在探索中不断前行。目前大部分学校财务部门和采购部门积极配合，做好采购政策和流程的宣传指导工作，全面加深对采购预算重要性的认识。随着"双高"计划的正式启动，高职院校的政府采购业务量成倍增加，高职院校原有政府采购管理的模式、组织、机制及系统都面临严峻挑战。实现高校采购管理一体化、促进高校采购健康发展已成为当前的重要课题。

关键词： 高职院校　政府采购　现代财政制度

　　政府采购是现代财政制度的重要组成部分，是国家宏观调控的重要手段以及建设法治政府、廉洁政府的重要内容。近年来，全国人大、国务院、财政部及各级地方政府和财政部门出台了大量政策法规及管控机制，如设置公共资源交易中心推动政府集中采购，建立并不断完善各类采购目录及采购平台等。

　　高职院校发生的政府采购行为，指的是使用学校资金（包括年度预算资金、财政专项资金、科研经费及其他资金）有偿取得工程、货物和服务的行为。工程、货物和服务是采购的三种类型，各自包含丰富的内容及多样的形态，在不到十年中，高校政府采购管理工作经历了从迷茫到认识、从分散到集中的发展历程，政府采购工作面临有效集中的考验，高校的政府采购机制运行也处于探索阶段，在探索中不断前行。

随着"双高"计划的正式启动，高职院校的政府采购业务量成倍增加，高职院校原有政府采购管理的模式、组织、机制及系统都面临严峻挑战。实现高校采购管理一体化、促进高校采购健康发展已成为当前的重要课题。

一　高职院校政府采购管理现状

在本次调研过程中，大部分学校财务部门和采购部门积极配合，做好采购政策和流程的宣传指导工作，全面加深对采购预算重要性的认识，并加强对二级院系预算编报人员的宣传教育和培训，使其在提高认识的同时，逐步了解和掌握高校采购预算编制过程，高度重视预算编制工作。财务部门相关人员深入了解政府采购知识，重点学习政府采购制度，掌握采购预算编制流程，高度重视采购预算管理。财务部门通过绩效考核，提高预算编制质量，调整采购过程中一些不合理或不科学的指标分配方案，并根据实际情况合理修改分配方案，从而避免或者消除各种不合理、不科学、低效率的预算编制。

如部分学校①在 2021 年通过公开招标采购采招综合业务信息系统。建立采招综合业务信息系统，该系统集预算安排和审核、经费冻结解冻支付结算同步、采购计划审核、采购意向公示、项目立项审核、采购方式审核及执行、合同线上修订和审核、合同款支付进度管理、合同异动管理等线上服务于一体，形成一站式、大闭环、全流程数字化综合业务信息系统。采招综合业务信息系统与学校财务系统对接，实现预算信息共享和审核、履约保证金和合同款收支进度等财务数据的获取和审核；与学校资产系统深度对接，可在立项阶段获取资产配置信息；履约验收后，可自动将入库单信息及时推送

---

① 具体做法来自江苏农林职业技术学院。

至国资管理系统，打通采购与预算、财务、资产管理流程，实现资产配置、采购预算、招标采购、财务收支、验收入库全流程管理，真正实现对学校采购工作的规范化、便利化和监管全覆盖。利用信息化手段，构建高校政府采购招标新业态，规范采购流程，着力用流程驱动业务，用数据驱动决策，缩短采购周期，提高预算执行力，实现阳光采购。

虽然取得了一些成果，但必须清醒地意识到，我国政府采购制度改革尚未达到预期，与党中央、国务院、财政部以及社会公众的期望仍存在较大的距离，主要表现在政府采购的管理和执行机制还不够完善，采购代理机构和评审专家的专业支撑作用有待加强，采购单位对"贵慢差"的反映仍然较多等。根据中央纪委国家监委和各地方纪委监委披露的典型案例及统计数据，采购和招投标领域成为学校腐败和作风问题频发的高危领域。

二 高职院校政府采购管理的主要经验

（一）内部控制得到完善

制度建设、对流程的梳理以及信息系统的一体化建设，加强了学校对政府采购管理的内部控制，特别是内控信息化系统的建成为学校管理决策提供系统数据支持，全面支撑学校内部控制，形成事前、事中、事后有效管理体系，并与现有业务系统融合、互联互通，建立整合预算内控绩效管理全流程，构建集中应用的一体化系统平台，促使学校治理能力跃升，为学校领导决策提供全面、科学、有力的支持。

（二）数据不再"孤岛化"

得益于合同管理系统建设、流程嵌入以及系统对接，采购过程中的四个环节，如招标方案论证、招标方案审批、招标文件审批、开评标及合同签订等都在信息化平台上完成。将预算、采购、资产及合同等业务分属部门连接起来，实现了数据的流通，这大大提高了工作效率。

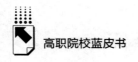
（三）预算编制准确度大幅提高

得益于对流程的梳理以及信息一体化的实施，学校能对采购的全过程进行全程监控。现在预算的编制受到更加严格的监管，事后的评价会影响事前的预算编制，形成一个闭环管理。上一次事后的评价能充分影响下一次预算的编制，这使得预算编制的准确度不断提高。

（四）实现了全面预算绩效管理

通过对内控制度的建设完善以及对采购业务流程的梳理与落实，学校明确了采购过程中所涉及岗位人员的职责、加强了各部门之间的协同、统一了绩效评价时的参数，从而增强了绩效评价横向可比性。信息化的建设，除了让采购管理全过程一体化以外，也让历史数据保留在了系统内，让采购项目评价的纵向可比性得到了增强。

三 高职院校政府采购管理存在的问题分析

随着"双高"计划的正式启动，高职院校的政府采购业务量成倍增加，高职院校原有政府采购管理的模式、组织、机制及系统都面临严峻挑战。根据调研，主要存在以下问题。

（一）内部控制制度执行不到位

部分高职院校政府采购存在内控意识薄弱、内控机制不健全和内控执行不到位的现象。例如，部分学校采购管理的内控程序执行不到位，先采购后补申请、进入付款阶段再补合同的现象在高职院校政府采购过程中普遍存在，这不符合采购内控要求，无法发挥内控措施对采购领域风险进行有效管控的作用，容易滋生廉政风险。

（二）相关业务数据信息呈现"孤岛化"

目前，部分高职院校的预算、采购、资产及合同等业务分属不同部门，运用不同信息系统进行管理，甚至不同类型的采购归属不同部门。管理方式不尽相同，各项业务系统的数据信息基本处于相互封闭的状态，难以实现数据的自动提取和相互比对，数据"孤岛"情况还大量存在，导致预算、资产、合同等大量与采购业务高度关联的数据信息需要从各系统中手工提取，工作量烦琐、效率低下，且容易出现错漏。

（三）政府采购预算编制的准确度偏低

预算编制质量直接影响政府采购预算执行。目前，高职院校政府采购预算普遍存在编制口径偏大的问题，导致实际执行与预算偏差较大，预算执行率偏低。原因在于，部分学校项目库建设还处在初级阶段，项目支出的有关信息不够充分、政府采购等的信息有缺失；学校在组织部门开展编制预算时，各部门往往在没有确定项目或者不明确项目建设内容及支出范围的情况下，根据项目经费随意编制预算，导致预算资金执行困难，直接影响下一年度的预算执行。

（四）全面预算绩效管理难以有效实施

高职院校的实际采购使用部门与相应的归口管理部门以及财务和资产等相关部门的协同程度存在显著差异，采购行为各个环节分属不同部门承担，在形成权力制衡的同时使得采购行为的绩效责任被分散到多个不同部门，还存在各采购项目参数不统一，绩效评价结果相对孤立而缺乏横向可比性，由于多数学校还缺少历史数据沉淀，采购项目评价的纵向可比性也无法建立。

四　推进高职院校政府采购管理的对策建议

由于政府采购管理涉及高职院校的预算、采购、资产、合同及支付等业

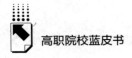

务环节，这些业务分属不同部门管理，解决政府采购管理的问题就需要通过预算绩效内控一体化的思路推动有关部门加强协同、形成合力。

部分高职院校在推进预算绩效内控一体化实施中关注到政府采购领域存在的问题，基于"一体化"理念提出了有针对性的解决方案，现以青岛职业技术学院为例进行阐释。该学校对此的总体思路是：全面管控与突出重点并举、分工制衡与提升效能并重、线上信息与线下业务并进、协同监督与依法问责并行。具体做法如下。

（一）加强内部控制机制建设，落实采购人主体责任

一是加强制度建设。与时俱进，不断完善或制定《招标采购管理办法》《竞价采购管理办法》《采购人代表管理办法》《采购质疑和投诉处理办法》《项目库管理暂行办法》等管理办法，重点加强对采购预算、采购需求、政策落实、信息公开、履约验收、资金支付、结果评价、质疑答复等的管理，明确各环节工作职责和工作流程，细化工作要求和执行标准，加强全过程内部管理和风险防控，履行好采购人的主体责任。

二是建立三层网格化内控机制，推动科学决策。学校以全面信息化建设为载体，健全优化内部决策流程，建立符合学校工作实际的三层网格化管理架构，实现纵向需求部门、业务归口管理部门、资产采购中心和横向审计部门、监察部门共同参与、各负其责、相互制衡的综合管理目标，实现"以内控强规范，以规范促效率"。

（二）加强信息化建设，提升履职效能

1. 上线合同采购管理系统

学校与第三方公司开展业务合作，上线合同采购管理系统。系统主要功能有：线上发起采购意向、自动调用财务项目预算信息开展采购申请、采购申请及合同会签线上审批、根据设定流程自动推送审批流至相关领导及操作节点、根据审批意见及采购方式自行推送代理机构等。

2. 流程与系统结合

将规范化流程嵌入合同采购管理系统，推进采购信息化建设。从招标方案论证、招标方案审批、招标文件审批、开评标及合同签订等四个过程进行网上审批流转，由线下签字审批转变为网上审批，实行线上全过程审批，实现采购全流程的信息化、程序化、规范化管理。在提高工作效率的同时全过程留痕，落实签字审批权限。

3. 系统对接

预算是采购的源头，采购时要明确有预算方可采购。因此在信息化系统建设中，学校需要将合同采购系统与财务部门预算管理系统进行对接，保证财务预算数据能共享。

（三）完善需求立项审批环节监管

树立具体采购需求部门负责人"花钱必问效，无效必问责"的责任担当意识，坚持无预算不采购的基本原则，重视采购资金使用效益，防止盲目申报采购项目。在前期各归口管理部门进行政府采购项目专家论证的基础上，要求各年初预算项目部门填报项目绩效目标表，分别从产出指标（数量指标、质量指标、时效指标）、效益指标和满意度指标等方面对各自负责实施的项目进行明确。

（四）优化全周期流程，实现重点管控

1. 开展合同履约风险审查

将履约风险审查作为实现采购目的、维护学校权益的重要举措，加强履约风险审查。履约风险审查应当着重于合同文本是否经法律顾问审核，合同文本的应用，以及在采购需要和合同执行中各方的权利和责任，以及对知识产权的界定，履约验收方案是否完整、标准是否明确。

2. 实施采购信息"六公开"的长效机制

要以最大的公开透明作为建立监督制约长效机制的抓手，在学校内网开设"采购公示"专栏，将采购项目预算、采购意向、采购文件、中标（成

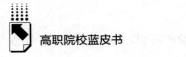

交）结果、专家评分表、政府采购合同的采购信息"六公开"，日常做好台
账登记，打造"阳光"采购。

3. 开展政府采购绩效评价

从政府采购预算、采购计划、采购意向、采购需求、组织采购、合同订
立、履约验收、资金支付、采购质量和采购内控管理 10 个环节的规范性、
时效性、完整性、准确性、科学性、政策落实性、公开透明性 7 个方面进行
评价，形成绩效评价结果对采购预算、采购需求及采购评审的有效反馈。

4. 加强资金执行的过程考核和结果考核

在学校年度考核中列入项目采购关键时间节点完成情况考核要求，包括
方案论证及上会审议、OA 提报招标方案的过程考核和支付合同款项的结果
考核，明确完成时间、完成标准、考核部门、减分项和计分标准，加快预算
项目执行进度。

高职院校科研经费管理研究

江西交通职业技术学院

摘　要： 科研经费是用于解决特定科学技术问题、支持科研活动开展与科技事业发展的必要资金投入。目前，高职院校在科研经费管理上以"任务驱动+服务支持"为牵引，充分整合学校人才、资金、成果、技术等创新要素、内外部资源，系统性构思、优化、推进全校科研工作，以全新的科研服务理念、优质的科研服务水平，提升师生科研能力，促进科研绩效产出。经过项目抽样问卷调查了解到，目前科研项目管理系统在各抽样高校信息化系统建设中有73.76%的覆盖率，说明当前全国高职院校较为重视科研项目与经费的信息化管理，并通过预算绩效管理一体化平台协同科研经费管理，提升资金使用效益。当前高职院校科研经费管理还存在"放管服"政策落实不到位、项目管理与经费管理脱节等问题，对此进行深入细致和系统化的梳理研究，提供基于一体化管理系统的解决方案，对于落实党中央、国务院有关决策部署，提升学校治理能力，具有显著的现实意义。

关键词： 高职院校　科研　经费管理

科研基金是指为解决某一特定的科学技术问题、支持科研活动的开展而进行的必要的资金投入。机构的科研资金，主要是指按照规定发放给从事科研工作人员的工资，用于研发活动的资金，以及与研究活动有关的管理费用、间接费以及其他费用。

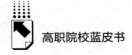
2016 年，党中央和国务院出台了一项"放管服"的政策，对科研资金进行了全面的改革。2016 年 7 月，中共中央办公厅、国务院办公厅联合印发了《关于进一步完善中央财政科研项目资金管理等政策的若干意见》（中办发〔2016〕50 号），提出要按照"放管服"的思路，"进一步推进简政放权、放管结合、优化服务，改革和创新科研经费使用和管理方式，促进形成充满活力的科技管理和运行机制，以深化改革更好地激发广大科研人员积极性"。2019 年，科技部等六部门联合发布了《关于扩大高校和科研院所科研相关自主权的若干意见》（国科发政〔2019〕260 号），进一步扩大了科研资金使用的自主权。2021 年 8 月，国务院办公厅印发了《关于改革完善中央财政科研经费管理的若干意见》（国办发〔2021〕32 号），从监督方式、职责、结果运用等多个角度，对中央财政科研经费的监管机制、合并科目进行了进一步的优化。

一 高职院校科研经费管理现状

目前在科研经费管理上，大部分高职院校以"任务驱动+服务支持"为牵引，以"人"为核心对象，以引领人、激励人、感染人、帮助人为有效路径，以板块为规划范围，充分整合学校人才、资金、成果、技术等创新要素、内外部资源，系统性构思、优化、推进全校科研工作，以全新的科研服务理念、优质的科研服务水平，提升师生科研能力，激发科研绩效产出。

通过本次对预算绩效内控一体化建设现状进行调查了解到，科研项目管理系统在各抽样高校信息化系统建设中有 73.76% 的覆盖率，说明当前全国高职院校较为重视科研项目与经费的信息化管理，并通过预算绩效管理一体化平台协同科研经费管理，提升资金使用效益。

科研经费使用及管理虽然在改革中取得了一定成效，但是依旧面临诸多问题，主要表现为科研经费使用与管理依然存在预算编制缺乏灵活性、政策制度缺乏执行力、多头管理、监管不到位等，科研人员经费使用自主权依旧维持在低水平。对这些问题进行深入细致和系统化的梳理研究，提供基于一体化管理系统的解决方案，对于落实党中央、国务院有关决策部署，提升学校治理能力，具有显著的现实意义。

二 高职院校科研经费管理的主要经验

（一）"放管服"政策得到全面落实

为贯彻落实《关于改革完善中央财政科研经费管理的若干意见》，我校对相关政策进行了修改。在"放权"的基础上，强化了对科研项目的监督，提高了科研资金的使用效率。

（二）项目与经费实现了协同管理

科研课题库具有科研业务的申报、立项、工作量分配、成果登记、结题等功能。并且，科研课题库通过与原来的财务管理系统进行对接，实现了预算、到账（收入、合同）、使用、绩效、决算等项目的功能，在一定程度上实现了两个系统的实时连接，从而打破了项目和资金管理的"壁垒"。

（三）科研人员积极性得到充分调动

在相应物质、精神激励的基础上，合理设置考核体系，发挥了考核的杠杆作用。通过科研项目绩效评估机制的建立、绩效目标管理的完善、科研项目绩效运行和监控以及对项目绩效的评价，科研人员的积极性被充分调动起来。

（四）学校内控体系有效实施

通过财务内控信息化建设将流程与制度嵌入管理系统，针对科研的内控从"事后算账"转变为"事前管理"。并且随着监督机制的加入，学校实现了对科研项目整个生命周期的监督。

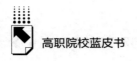

三　高职院校科研经费管理存在的问题

在"放管服"背景下，随着科研经费管理模式由监督管理向监督管理和规范服务转变、由项目负责人责任制向法人责任制转变、由过程控制向结果导向转变、由精细预算向包干预算转变，科研经费内部控制的重点也发生了变化，科研经费管理风险由以项目层面为主的风险转变为以单位层面为主的风险。因此，传统管理方式面临严峻挑战，主要表现如下。

（一）"放管服"政策落实不到位

当前，我国科技主管部门和科技工作者对"放管服"改革的认识还不够透彻、不够全面。目前，我国在科研资金自主放权方面，尚无明确的界限，即什么权力该"放"，什么权力该"管"，什么权力该"服"，尚无明确、完备的运作计划。高校内部治理缺乏与"放管服"改革相适应的能力与经验，致使高校内控体系的修订工作相对滞后。

（二）项目管理与经费管理脱节

随着我国财税制度的改革以及信息化的不断发展，企业财务管理中最大的风险就是财务报表与经营报表脱节，以经营报表代替财务报表。在高职院校科研经费管理中存在的最大风险是项目管理与经费管理脱节，主要原因是：缺乏有效的信息技术手段，无法有效地监控科研基金的全过程；信息化建设还不够深入，信息的交流和反馈不够及时，出现了项目流程的断裂。有三个主要问题。

一是科研项目的资金来源多种多样，有上级拨款、合作办学和自筹等多种方式，还面临收入的确认和分类登记，以及科研项目合同的登记和管理等问题。开发票、借发票的流程问题，到账金额由谁来输入并检查，在哪一个系统中输入，到账、开票由谁来通知，通知流程应该怎样进行确认，以及追款流程等。

二是要建立科学研究计划绩效指标体系、预算制度和数据共享机制，并将其作为研究的逻辑出发点。

三是研究体系与预算—绩效控制集成体系的衔接问题。科研项目的基本资料、总预算、明细预算、到账金额、使用金额、余额等信息都在科研系统中。数据没有真正对接和共享，要实现数据的及时、一致和全面的对接，实现数据的共享。

（三）经费使用绩效难以被客观评价

科研绩效评价指标不完全。绩效评价指标单一，激励机制不健全。对于科研绩效的评价，一般只注重可量化的科学成果，例如项目、专利、论文、奖项、专家职称等，很难对其进行综合评估，尤其是对其结果进行经济效益和社会效益评估，导致许多研究结果与市场需求不匹配、科研成果传播与转换的有效性不高。

（四）学校管理机制不健全不完善

一是管理人员内部控制意识不强。科研工作主要集中在业务活动层次，对课题资金的使用只局限在财政方面，缺乏对组织机构和人员配备的充分保障；多年来形成的科研项目管理思想导致了"事前控制少，事后算账多"的被动局面。

二是体制和监管体系的不健全。学校缺少对科研项目全生命周期的监控，对其进行的绩效评估并不明确，是否实现了设置的技术目标，质量是否满足了相应的要求，以及对单位或课程专业的发展贡献度大小等标准均尚未明确。

四 推进高职院校科研经费管理的对策建议

"放管服"政策的落地给了科研人员更高的自由度，但同时增加了高职院校的管理难度，科研项目经费管理和使用经常出现沟通衔接不畅、数据反馈不及时、系统不对接等问题。

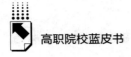

部分高职院校在推进预算绩效内控一体化中关注到科研经费管理领域存在的问题,基于"一体化"理念设计了有针对性的解决方案。以江西交通职业技术学院为例进行阐释,具体做法如下。

（一）完善制度,全面落实"放管服"相关政策要求

学校认真贯彻"放管服"改革,以《国务院办公厅关于改革完善中央财政科研经费管理的若干意见》为指导,在国家政策允许、风险可控的前提下,按照"能放开尽放开、尽量简化"的基本原则,对校内有关管理制度进行了全面修订和完善。学校有关单位了解到各部门之间互相推诿、不愿承担的现象,在主要领导的带领下,科研、人事、财务、设备、规划等各个部门进行了协调,形成了一股强大的力量。对各部门的职责进行了合理的划分,将工作的内容进行了细化,并制定了相应的实施细则。

（二）健全预算—绩效—内部控制整合体系,构建科研课题库

（1）将预算、绩效、内部控制整合构建作为核心和起点,找准前沿。从专业化、标准化、流程化、自动化、智能化五个维度来构建体系。

（2）加强对科研资金的跟踪管理。与科研管理系统的连接,实现了对科研项目的立项、预算、到账以及收入的确认、支出、决算和结题等过程的协调。

（3）创建一个综合的决策支援体系。在科研业务系统中进行申报、立项、分配工作量等。通过财务信息化系统,学校实现对项目资金的管理,包括项目库、预算、到账（收入、合同）、使用、绩效、决算等。将系统的数据进行连接,形成了业财一体化,从而实现了将科技研发和财务相结合的目的。

（三）健全预算绩效管理机制,强化约束监督机制

学校对科研项目应实施全过程预算绩效管理。

（1）构建科学研究课题的评价体系。从立项的必要性、经济性，目标的合理性，实施方案的可行性，资金筹措的合规性等方面进行分析。

（2）强化科研项目绩效目标管理。在此基础上，提出了一种新的思路，即提出科研项目计划，提高科学研究水平。

（3）做好科研项目执行情况监控工作。通过"双监控"，及时发现问题，及时更正，保证业绩目标按时、保质保量地完成。

（4）开展科研项目绩效评价和结果应用。对科研经费的使用进行绩效评估。构建科研项目绩效评估体系。完善科研项目业绩考核的反馈机制，建立考核发现问题整改责任制，强化考核结果的运用。

（四）建立全过程内控管理系统，加强信息共享

（1）项目库的对接。本课题采用开放式的管理模式，由项目主管不定时申报、定期审核入库、将财务系统与科研系统中的项目详细资料进行对接。

（2）对接预算。财务按照提取的项目库中的信息，将项目的收入种类、支出种类、预算控制额度、预算详细情况等数据输入到科研系统中。科研人员通过财务报销系统、科研管理系统，可以查到科研经费的相关信息。

（3）对接收入。完成科研项目的申请，将科研到账的数据进行录入，与项目库的具体来款单位和银行进行信息比对，并将科研收入、到账金额等数据录入平台。课题经费到位后可由科研人员核对、查询。这个模块可以实现对个人借款的管理，包括开票、借款、冲销等。

（4）对接支出。完成了科研经费的报销和结余查询，以及会计凭证的自动生成，并对预算限额、是否借贷以及其他一些特殊的问题进行管理。生成项目明细账、项目平衡表。经费、结余等信息要与科研管理系统实现实时信息共享，以方便科研人员查阅、核查。研究主管部门可以根据研究计划的进展情况，和研究结果进行对比，并对其实施过程进行控制。

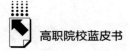

（5）对接预（决）算表。项目完工并提交验收材料时，项目负责人等必须提交项目实施情况报告、预（决）算审核表和资金使用报告。不同项目的表单和要求也各不相同。在此基础上，在科研系统中嵌入报表、报表模板，完成了对预算数据的抽样提取，以及费用报表的生成。再也不需要人力上传数据、人工填资料、财务稽核等。

典型案例

B.8

基于预算一体化的高校财务
治理机制创新实践

深圳职业技术大学

摘　要：　2019年2月，中共中央、国务院印发的《中国教育现代化2035》
聚焦教育发展的质量与效益，将"推进教育治理体系和治理能
力现代化"作为十大战略任务之一。2020年2月，财政部印发
《预算管理一体化规范（试行）》的通知，要求有序推进预算管
理一体化建设。近年来信息技术的飞速发展给高校财务治理带来
了机遇与挑战，目前，高职院校在财务治理建设上，仍处在探索
实施阶段，没有统一规划、统筹推进预算一体化建设，信息共享
机制不完善、"大财务""高校财经"治理机制未能协调运行等
成为信息化时代愈发凸显的财务治理困境。为有效推进学校全面
预算管理一体化、提升学校财务治理水平，深圳职业技术大学从
制度、管理、信息化等方面着手，构建了一套"以预算管理为
抓手，以绩效管理为目标，以智能管控为核心，以信息化、数字
化、智能化为支撑"的预算一体化协同机制，切实解决了财务

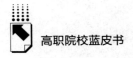
治理中存在的痛点及难点问题，经济业务智能管控效果提升显著。基于此，建议高职院校在实施预算一体化建设时，高度重视预算绩效内控管理工作，优化管理流程，升级业务系统，重视数据应用和分析。

关键词： 预算一体化 协同机制 财务治理

一 现状

2019 年 2 月，中共中央、国务院印发的《中国教育现代化 2035》聚焦教育发展的质量与效益，将"推进教育治理体系和治理能力现代化"作为十大战略任务之一。2021 年，"十四五"规划强调要深化教育改革，提高教育经费使用效率，优化高校治理结构。2022 年修订的《高等学校财务制度》把"提升财务治理能力和水平"作为制定制度的目的，体现了国家对高校财务治理的重视。

2018 年，《中共中央 国务院关于全面实施预算绩效管理的意见》提出要"力争用 3~5 年时间基本建成全方位、全过程、全覆盖的预算绩效管理体系，实现预算和绩效管理一体化"。为进一步提高预算管理一体化的落地性和实践指导意义，2020 年财政部印发的《预算管理一体化规范（试行）》（财办〔2020〕13 号）要求有序推进预算管理一体化建设，2022 年底实现地方预算管理一体化系统全面运行。近年来信息技术的飞速发展给高校财务治理带来了机遇与挑战，目前，高职院校在基于预算管理一体化的财务治理建设上，仍处在探索实施阶段，虽然部分高职院校已基本完成校级层面内部控制体系建设，但仍有相当比例的学校没有统一规划、统筹推进预算一体化建设，信息共享机制的不完善、"大财务""高校财经"治理机制未能协调运行等成为信息化时代愈发凸显的财务治理困境，具体体现为：财务管理体制不够完善，缺乏统一的规范和流程；财务管理信息化程度不高，没有从财务治理的整体角度进行统一的信息化规划建设，缺乏系统间的信息共享；财务预算编制缺乏科学性和合理性，资金使用效益低；绩效管理目标简单化、短期化，考核结果未能有效应用；财务风险管控不到位，缺乏有效的风险评估和预警机制；部门之间的职责分工不够清晰，财务工作的协调和推进存在困难。

为有效推进学校全面预算管理一体化，提升学校财务治理水平，深圳职业技术大学（以下简称"深职大"）以信息化手段为突破口，构建"制度+管理+技术"的管理机制，形成一套"以预算管理为抓手，以绩效管理为目标，以智能管控为核心，以信息化、数字化、智能化为支撑"的预算一体化协同机制，将服务学校高质量发展理念贯穿始终，着力解决好制约预算一体化目标实现的突出问题，切实解决财务治理中存在的痛点及难点问题，不断深化协同管理机制，在提升财务智能管控效果方面取得积极成效。

二　高职院校财务治理面临的挑战

（一）预算绩效管理意识薄弱

部分高职院校对预算绩效管理重视程度不够，偏重教学、科研等业务工作，缺乏预算管理观念，绩效意识不强；在管理提升方面投入资源不足，预算管控更多体现在文件中或流于形式，预算编制的计划性和预见性偏低，预算执行过程缺乏实时监控预警、频繁出现申请调整调剂情况；绩效考核评价体系不健全，评价结果难以应用。预算管理一体化工作缺乏方向和指引，未能形成全方位、上下联动的预算管理一体化体系。

（二）业务管控水平较低

采购预算随意性大、变更频繁，未按规定程序实施采购；收入未实行统一管理、归口责任不明确，经费支出约束性不强，各项费用的开支范围和标准不明确；办公设备的购置、使用、保管、报废等各环节管控不严，资产长期不盘点，车辆、办公用品管理不善，浪费现象时有发生；基建项目立项评

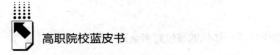

审环节流于形式，工程变更频繁随意，项目资金存在挤占挪用现象，基建工程在完成后决算、结算不及时。

（三）项目库管理不完善，流程未形成完整闭环

学校的项目管理存在"重前期建设、轻后期管理"的现象，只关注项目前期申报，项目过程监管不到位，项目管理信息割裂，财务部门及项目归口部门只掌握项目预算及资金执行情况，无法掌握项目完成进度；① 项目的绩效监控、评价及结果应用不完善；项目人员职责不清晰，项目跨部门协作不畅，未能实现从项目申报、论证、立项、预算到项目实施、项目验收的全生命周期管理。

（四）业务信息分散，数据未实现协同共享

学校信息系统较多，学校内部结构层级较多，信息沟通难以实时共享、互联互通，导致信息"孤岛"现象严重，信息系统碎片化问题比较突出，经济业务数据互联互通和业财融合很难实现，管理决策也缺少系统数据支撑。②

三　深职大实施预算一体化的主要做法及经验

（一）以内控建设为契机，构建制度协同体系

学校于 2017 年底开始启动全校内控体系建设工作，依据《行政事业单位内部控制规范（试行）》《教育部直属高校经济活动内部控制指南（试行）》等相关文件要求，从核心业务全流程风险管控的角度出发，对学校

---

① 唐伟：《高校预算绩效管理一体化系统应用研究——以辽宁工程技术大学为例》，《财政监督》2023 年第 9 期。
② 易智敏、赵夏璐：《内部控制信息一体化赋能高校预算管理的构建研究——以 A 高校为例》，《会计师》2022 年第 7 期。

各项经济业务活动的业务流程和规章制度等进行深入梳理和优化，有效健全学校管理规范体系，形成管理制度、操作指南、执行标准、职责流程有机结合的一体化协同管理机制。

（二）以业财融合为导向，创新管理协同机制

通过内控体系建设，学校管理制度日趋完善，为管理机制创新、业务模式协同管控奠定了基础。从全局角度审视经济业务，结合财政部对"预算一体化"管控的要求，学校逐步建立起多部门联动的一体化协同管理机制，强调经济业务"一体化管理"和"全链条管控"，财务部门、采购部门、资产部门、基建部门等部门互相协同配合，在业务管理上，实现收支、项目、人员、资产、资金信息全覆盖，形成了以项目为源头的全生命周期管理机制和"无项目不预算""无预算不支出"等顺向环环相扣的控制机制和逆向动态可溯的反馈机制，做到管好国有资产、用好财政资金、实现绩效目标。在预算管理上，学校将财政预算和校内预算编制工作有机结合，改变以往学校内外部预算"两张皮"的现象，有力推动了学校年度工作计划、重点项目决策、年度资金预算等的有序开展和业务融合。财政预算和校内预算的一体化协同管理，深化了学校全面预算管理，各业务部门主动参与全面预算管理的意识明显增强。

（三）以系统建设为抓手，实现信息化协同管理

为推动管理自动化、规范化、标准化，有效规避或降低风险，提高内部管理工作的效率和质量，在前期一体化协同管理机制建立的基础上，学校从2019年开始全面推进智能财务管控平台建设，将各项经济运营活动的标准、流程、表单及控制措施固化在信息系统中，实现各项业务活动的标准化、程序化、精细化作业和全过程留痕。[①] 2020年，项目管理、资金管理、预算管理、财务管理一体化智能管控平台建成，学校重要经济业务领域基本实现信息系统全覆盖，数据实现互联互通，全校教职工在平台上有序办理各项经济

---

① 俞宏龙：《基于A医院内部控制信息化建设实践的研究》，《中国总会计师》2021年第9期。

业务，根据权限可随时查询业务办理进度、工作完成情况、预算资金状况、文档信息数据等，这打破了传统管理模式下不同部门（单位）业务分割、切块所造成的信息壁垒，显著提升了各部门协同办公的效率。

（四）以大数据为驱动，全量数据分析应用支持决策

为进一步实现"科技强校、智慧高效"的目标，有效解决传统监督管理中"无法打通系统信息壁垒、不能全量数据分析、数据分析深度不够"[①] 的问题，有效拓宽管理人员视野，丰富监督检查的技术手段，提高全量分析能力，实现审查监督智能化，以数字化驱动提高学校监督检查的效率，学校于2022 年开始设计学校财务大数据智能监控分析模块，希望通过搭建统一标准、集中治理、全面覆盖的学校数据仓库，构建大数据分析模型，对项目、预算、绩效管理全过程开展跟踪、分析和监控，对项目管理、预算资金、重点经费、往来账款、采购招标、合同管控、资产管理等重点管控环节科学设置预警监控指标，积极开展业务对标及进行数据的关联性、重要性、必要性分析，实现学校日常经济业务活动风险管控的可视化、智能化，通过风险预警和监控分析为学校重大事项决策提供科学依据。

四 深职大实施预算一体化的主要成效

（一）业务管理机制协同，确保全业务链条闭环管理

通过业务管理一体化协同机制及信息化建设，学校基本建立了一套"项目立项—预算资金—项目执行—绩效评价—结项归档"的全业务链条闭环管理体系，实现了对各类经济业务从前期申报到立项审批、计划编制、过程跟踪、阶段审查、成果验收的全生命周期管理。对业务全过程的记录和跟踪，

[①] 楚文光、胡为民、雷年：《大数据智能审计助推企业高质量发展》，《中国内部审计》2021年第 6 期。

并在项目立项审批、项目计划制订及实施等环节实现与预算、采购、合同、支出等模块的相互关联，有效确保业务管理的规范性和成本管控的高效性。

（二）业财一体化，显著提升财务管理综合效能

一体化协同管控通过信息化平台最大限度发挥作用，同时随着平台的智能化升级，学校各类经济业务的信息和数据实现了标准统一和记录完整。一方面，为各部门以及学校的精细化管理工作夯实了基础；另一方面，业务信息数据不断积累、总结、沉淀，使得学校数据资产愈加丰厚。基础管理工作不断加强，再加上智能化管理工具和手段，才能保证在资源有限的前提下迅速提升财务管理综合效能。

在业务协同、融合方面，一是通过项目库实现项目不同阶段的分类管控，紧抓预算管理的难点，夯实项目全生命周期管理；二是专项项目的预算编制数据由项目库一键生成，打通了项目、预算、执行、跟踪、核算等关键环节，预算一体化管理及业财融合得到充分体现；三是推动预算执行监控分析细化到各部门、各项目，执行进度从每月跟踪变为实时查询，执行不力的责任清晰到具体部门和岗位，工作完成情况一目了然。

在风险预警、监控方面，一是将支出标准和支出范围提前界定并嵌入系统，严防违规支出的发生，改变以往"合规靠财务"的现象，帮助业务部门从经济业务源头防范违规风险；二是确保经费支出所需的必要单据附件随业务流转程序及时上传，减少单据遗漏、纸质单据重复复印、手工传递效率低下等问题；三是支持经费支出根据学校管理要求进行多维度的统计、分析、监控，使财务资金监管力度和效率大幅提升。

（三）信息化协同，有效督促人员合规履职

统一的协同管理机制以及管理体系，能够帮助明确学校各经济业务运行过程中涉及的决策、部门、岗位、职责和权限，清晰角色及权限分配，固化审核审批流程，实现管理标准和要求的统一。

建立财务智能管控平台并将之与其他重要关联系统集成后，各职能部门

协调管理联动机制发挥作用，将制度流程、管理标准、业务表单细化分解并嵌入信息系统，实现了经济业务全链条线上执行和全过程执行留痕，各部门与经济业务关联的工作可实现实时查询，重要单据及时进行电子归档，高效协同和一体化管控有效保证了各部门工作人员合规履职，智能监控分析手段的应用使不作为、慢作为有迹可寻，业务督办更加顺畅。

（四）数据信息协同，实现经济业务精细化管控

一体化协同管理平台打通项目管理、预算编制、指标管理、采购执行、合同签订、经费管理、资产管理全过程，全景展现一笔业务从"萌芽发起"到"完成归档"的整个生命周期。先进技术手段推动学校财务部门不断加强与其他业务部门的联动，业财融合具备了管理基础和技术条件，协同管控充分发挥学校各职能部门的联动管理效能，业务风险被更好管控，业务精细化管控成效突出。

（五）理念高度统一，风控融入日常管理发挥实效

学校通过现场培训、网络宣传、会议交流、检查沟通等多途径、多方式对管理制度流程进行宣传解读，使全校职工理解、认同、支持财务管理工作，把预算、绩效、内控理念融入日常业务管理，持续提升财务精细管理能力。财务智能管控平台上线，将内控理念融入项目、预算、执行、绩效、核算一体化管控系统，全面贯彻落实财政部"预算管理一体化"的相关要求，不断提升协同管控能力。随着学校各业务部门将线下业务切换至线上，归口控制、预算控制、授权控制、单据控制被刚性执行，随着管理习惯的改变，内控合规理念逐渐深入学校每个关键岗位，必将持续提升学校的精细化管理水平和风险防控能力。

五　高职院校实施预算管理一体化建设的优化建议

（一）领导重视，统一思想

项目、预算、绩效、内控管理工作均是"一把手"工程，一体化协同

管控机制的有效运行更是对全校多部门提出高标准、严要求，这些管理思路的践行实施离不开学校领导的高度重视、大力支持和资源保证。学校领导要高度重视预算绩效内控管理工作，明确"一把手"是重要业务管理体系的"第一负责人"，成立"一把手"担任组长的预算绩效内控建设领导小组，充分发挥高层领导、中层领导在学校预算绩效、风险管控、协同治理、智能管控方面的表率作用，有力保障全面预算绩效内控管理的制度化、标准化、流程化，管理成果最终被植入财政智能管控平台，实现了业务管理的信息化、数字化、智能化。

（二）管理优化，系统升级

经济业务的综合治理不是一个部门或一个岗位的事情，需要学校全体人员的积极参与和配合。学校要明确牵头部门，统一组织预算、绩效、内控管理相关工作，包括管理对标对表、制度流程优化、系统升级集成、智能分析监控等，其他业务部门在职责范围内积极配合，确保管理要求能够与业务活动有效融合，避免出现"两张皮"的现象。学校各项经济业务的管控措施，要根据内外部控制环境的不断变化持续更新、优化和完善。同时，要及时将流程与制度中的标准、表单、关键控制措施等同步更新、固化在智能管控平台中，实现系统平台的不断升级和迭代更新。

1. 通过定期风险评估和管理诊断保证制度合规

按照财政部门要求，做深做实年度风险评估工作，组织各部门对涉及经济业务的相关制度、流程开展定期评价，查遗补漏并识别业务管控缺陷，制定优化管控措施和整改计划，按期完成整改和制度流程优化工作。比如，创新管理思维和理念，设计具有管理前瞻性、可量化、能落地、好执行等特征的全面预算绩效跟踪评价指标体系，把绩效管理深度融入学校项目、预算、业务管理，同时探索和部门、个人绩效考核挂钩的有效途径。

2. 开展系统测评，持续优化升级

监管政策、组织机构、人员职责、制度流程均已实现动态管理，因此，需要对学校的系统平台进行定期评估和检测，新增或调整功能，进行功能优

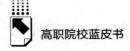

化设计。同时，根据学校其他业务系统建设及上线情况，拓展各业务系统和财务智能管控平台的集成范围，保证系统及时升级，以满足最新的监管要求。

（三）数据分析，智能监控

新一代信息技术的快速发展，驱动着信息化向更高阶段的数字化和智能化迈进。学校目前已经具备较好的数据和管理基础，也意识到数据应用和分析的重要性。未来，将通过全量数据分析、预警指标设置等手段拓宽财务管理视野，探索关于项目、预算、绩效、资金的跟踪分析和预警监控的新思路、新手段，制定财务智能监管新的方向和目标。学校将依托现有的财务智能管控平台，完善大数据分析和智能监控模块，采用全量数据收集、模型构建、监控指标设置等措施，为学校项目预算绩效的风险控制提供智能管控载体，为学校重大事项决策提供数据支撑。

1. 实现业务数据资产化

通过梳理各经济业务活动的基础数据，学校进一步将各应用系统的数据进行集成和整合，对数据进行统一存储和治理，实现数据的共享和应用，最终形成一批标准统一、覆盖全面的业务数据资产。

2. 实现跟踪分析、预警监控自动化

针对重点业务管控事项，设计监控和分析指标，对项目预算执行、资金收支管控及预测、绩效全过程管理和评价等开展多维度、多部门、多层级的跟踪、分析和监控，构建符合学校管理特点的大数据分析模型，输出符合学校领导、部门负责人、业务骨干等不同人员要求的监控数据、可视化图表、业务画像等，显著提升管理效能。

3. 及时纠偏、精准督办，确保风险可控

学校领导可以通过项目动态画像，随时了解重大项目各阶段工作的完成情况和时效性，异常项目将被及时预警和提醒。职能管理部门可以通过多维度分析图表，更直观地看到各部门、各项目负责人重点工作进度和完成情况，从而更好履行监管职责。及时、便捷、直观、精准的跟踪监控，能够确保学校重点业务在出现问题时被及时发现和纠正，学校重要风险得到有效控制。

B.9
基于"业—财—效—控"的"四阶魔方"财务治理模式

杭州职业技术学院

摘 要： 当前，职业教育从"示范时代"迈向"双高时代"，需要探索一套适应中国特色高水平高职院校和高水平专业建设的财务治理体系，实现战略层面遵循"事财相适协同化"、管理层面探索"预算管理一体化"、机制层面实施"财务共享服务高效化"、监管层面突出"财务监督管控实时化"、生态层面支撑"双高决策分析精准化"。杭州职业技术学院主动求变，探索了"四阶魔方"财务治理模式，努力打造"业—财—效—控"一体化，实现财务服务与管控方式的整体"智治"，达成"管理提效，方法提质，服务提速，监管提档"。

关键词： 数智财务 四阶魔方 治理模式

响应"加快数字中国建设""数字浙江""数字社会建设样板省"之号召，杭州职业技术学院主动求变，提出"数智杭职·工匠摇篮"建设目标。聚焦时代之需、职教之变、师生之盼，立足"小切口"，书写数智财务"大文章"，学校财务处提出"四阶魔方，打造'业—财—效—控'一体化"，为学校高质量发展激发活力、增添动力。财务领域流程再造、规则重塑、制度重构、整体优化，解决了学校治理中的热点难点问题，为高校治理提供新解法。

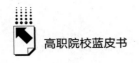

一　财务信息化建设现状

（一）业务规划与财务规划缺乏协调性

"双高计划"项目是一项系统、前瞻、持续、标志的战略工程，具有涉及建设任务面广、改革政策性强、项目资金体量大、动态监测评估严等诸多特点。围绕"1个引领、4个打造、5个提升"的建设内容，部分双高院校并未系统性规划建设任务，论证不及时、不充分现象突出，绩效目标设置缺乏明确的目标性、设置不完整、匹配性较差，预算编制缺乏科学性、前瞻性，导致业务规划与财务规划存在"两张皮"、业务规划与财务规划协调性差。对277所高职院校进行调研的数据显示，仅有23.83%院校已建财务信息系统，覆盖全校用户，能做到信息共享、业务联动和服务整合；高达76.17%院校未建立或正在建立财务信息系统。

（二）预算、绩效、内控绩效管理系统难以形成共享交换协同

综观当前国家"双高计划"，其建设任务繁多，表现各异，要实现"事财相适"，必须依靠"预算—绩效—内控"一体化平台支撑，并建立数据共享交换机制。但目前部分"双高计划"院校的信息系统各自为政，财政预算管理系统、校内预算管理系统、绩效管理系统、内控管理系统存在信息"孤岛"，难以形成共享交换协同，极易造成数据误差，跨系统、跨部门、跨平台的"一网通办"生态尚未形成。调研发现，各应用系统仍存在难以共享、标准不统一等问题。

（三）"双高计划"项目院校财务治理数字化生态①尚未形成

在"数字中国"战略的大背景下，以数字化、网络化、智能化为特征的

---

① 　数字化生态是美国著名经济学家穆尔（Moore）于1993年在《哈佛商业评论》上首次提出的概念。

现代信息技术飞速发展,财务治理数字化转型是必然趋势。为此,"双高计划"项目院校财务治理也正在持续变革,财务组织架构需要升级与创新,财务职能的重心正面临新的调整。但从目前情况分析,大部分双高院校未利用数字技术构建"数字神经网络","内外部协同"生态系统尚未形成。

(四)财务服务决策往往依赖经验主义

让财务数据"说话"、让财务数据赋能决策,已成为双高院校财务治理的重要举措,也是创造数字生命力的价值所在。但现行大多数双高院校依赖经验主义,难以满足双高计划改革的需求,导致预算编制不合理、业财"两张皮"、预算执行率低、数据简单搬运等现象突出。

二 总体建设思路

"更好发挥财政在国家治理中的基础和重要支柱作用"的践行路径有三条:一是把握"大财务观"的发展理念;二是树立"绩效引领"的战略思维;三是实施"精细管理"的建设目标。为此,学校提出"制度赋能是基础、机制激活是关键、数智生态是目标"的建设理念,立足数智财务"小切口",解决"财务治理"大问题,践行"一盘棋""一站式""一体化"的总体建设思路,积极构建"点上聚焦、线上贯通、面上拓展、一体推进"的工作格局,获得预期建设成效。

(一)"一盘棋"协同联动,优化数智财务治理体系

学校秉承"以'数智'提速'财智'"的理念,充分发挥大数据、大平台、大服务、大治理、大协同的优势,实现"财务治理一盘棋"。学校以内部控制为抓手全面推进数智财务治理体系建设,遵循"顺向可控,逆向可溯"的精细化管理闭环,做到既满足预算管理一体化的要求,又实现管理一体化、业务一体化和技术一体化。学校财务处提出"一个聚集,二个融合,三个支撑,四个协同"的财务治理理念,一个

聚集是指聚集预算绩效管理；二个融合是指业务规划与财力规划并行，实现业财融合；三个支撑是指搭建"财务是学校治理之'基'，预算是财务管理之'柱'，绩效是业财融合之'梁'"的支撑体系；四个协同是指实现"管理会计、预算会计、财务会计与成本会计之间有效协同"。为实现这一理念，财务处提出"七个库"建设思路，即制度规则库、标准指标库、风险识别库、采集表单库、控制流程库、成本监测库、收入执行库。

（二）"一站式"需求衔接，搭建数智财务治理中台

数据中台不是简单的技术与平台堆砌，而是一套和数据治理相匹配的支撑运行体系，以业务提质增效为目标，以业务价值释放为驱动，以"先融合、再统一"的思路，探索数字时代高校新型业务发展的"数据能力中心"。通过搭建数智财务治理中台，实施"两个加强""两个助推"，实现"一站式"需求无缝衔接的目标。两个加强，即加强业务系统与财务系统无缝对接；加强财务系统自行研发与外购应用系统的数据流、业务流、信息流、工作流、单据流无缝对接。两个助推，即聚焦学校数字化转型中的基础要素，研制通用基础、数据基座、支撑能力、数字安全、数字信任等标准，助推数据治理标准化建设；设计业务模块流程树，目的是分模块建立业务流程编制清单，明确各个流程层级之间、横向之间的关系，打破部门"壁垒"，打破平台"围墙"，确保流程上下左右关系顺畅。

（三）"一体化"系统建设，提升数智财务治理效果

"业—财—效—控"一体化的大数据平台着重从统筹管理、数据目录、数据资源、共享交换、数据服务、算力设施、标准规范、安全保障 8 个方面稳步推进，从业务、技术、数据、资金、人才等方面进行全方位、立体化赋能，实现数据汇聚融合、共享开放和开发利用、一网统揽式监管赋能。通过一体化系统建设与打造，形成了 29 个应用模块、4 个 RPA 应用场景、4 个 AI 人工智能交互应用，逐步实现"四个一"，即财务服务重在

"一网通办"、财务治理重在"一网统管"、财务运行重在"一网协同"、数据资源重在"一网共享"。数智财务治理新生态的打造,帮助实现"财经行为一本账""财务监督一张网""诚信监控一码通""数据画像一张图"。

三　实现路径

学校探索了"聚焦'四阶魔方'财务治理模式,实现'业—财—效—控'一体化"的实现路径。"四阶魔方"财务治理模式是在模块化管理模式的基础上,充分借鉴四阶魔方的结构和运转模式,将预算、绩效、内控与项目单位战略目标有机连接,以预算目标、绩效目标、内控目标构建3条互相垂直的轨道,以预算经济指标、预算功能指标、绩效投入指标、绩效产出指标、单位层面内控、业务层面内控构建6个弧形转盘,管理模块通过在3条轨道和6个转盘上的滑动完成各管理模块之间的衔接和对预算、绩效、内控、目标的匹配,并通过魔方复原验证项目单位战略目标的实现程度。"轨道"和"转盘"是"数字化""智能化"信息技术应用。

四　主要做法[①]

(一)顶层设计:注重"点—线—面"精准发力,助力"横向协同,纵向一体"

"点"是"职业院校","线"是"职业教育互联网应用平台","面"是"职业教育治理大脑和标志性教育链"。围绕"横向一体化,纵向一体化"建设思路,打造"数智财务:'业—财—效—控'一体化"综合应用平台。横向一体化是打破预算、报账、采购、合同、资产、基建、财务核

---

① 金徐伟、赵文君、林春树:《"双高计划"财务治理现代化路径研究——以某双高项目建设为例》,《新理财》2023年 Z1期。

算、决算以及绩效之间的信息壁垒，实现数据自动流转、信息共享。纵向一体化是打破学校层面与业务部门的信息壁垒，实现管理要求、数据标准、规则标准的落地执行等。对经济活动进行"数智画像"，对行为进行"互联网+"线上管控，实现财务服务与管控方式的整体"智治"，实现"既无事不扰，又无处不在"，努力实现"服务做加法，流程做减法，活力做乘法"。

聚焦"战略、预算、绩效、内控"协同化。国家"双高计划"项目建设院校面对复杂的建设任务、全面绩效评价，其财务管理面临前所未有的挑战。在理念上，需要树立"业务关联、信息网状、随需而应"的三大协同管理理念。在管理上，需要建立基于项目库管理的全生命周期项目管理系统，实现"一源多用""顺向可控、逆向可溯"的精细化管理闭环。在机制上，需要实现多维度、多层次、多元主体协同共建。

打造"共建—共治—共享"的一体化治理机制。国家"双高计划"是一项系统性工程。在绩效管理上，执行"立项定目标、拨款带目标、过程扣目标、验收查目标"预算绩效闭环管理。在预算管理上，突出"任务相关性、经济合理性、政策相符性"。在内部控制上，关注"业—财—效—控"一体化综合管理平台建设。

（二）逻辑重构：聚焦"业—财—效—控"一体化，打通数智财务"经络"

新技术、新方法的应用为财务治理能力的提升赋予新的动能。以基础通信网络、数据算力、网络中台等为重点，加速夯实新型信息网络基础，打造"连接+算力+能力+应用"的数智信息服务体系，为促进数智财务互联互通提供坚实支撑。全面梳理"业务规划""财务规划""绩效管理""内部控制"的运行机制与内部逻辑，依托现代化信息技术，将内部规则、审批流程、业务表单、数据口径、绩效指标等信息嵌入一体化管理平台，形成多维度、多层次大数据，实现业务、财务、绩效、决策的协同分析。

（三）数字驱动：打造大数据共享体系，激活数智财务"细胞"

构建高职院校大数据共享体系，突出数据治理，促进财务与业务数据高效共享和科学开发利用，集成大数据平台，形成数据按需归集、高效共享、合规利用的赋能格局，为数智财务综合应用提供坚实支撑。通过对预算绩效一体化与"双高计划"绩效评价研究，学校以"业—财—效—控"一体化协同治理机制为主线，聚焦数字技术这一关键驱动力量，紧扣国家"双高计划"项目绩效评价改革重点，探索预算绩效管理一体化"新范式"。在此基础上，利用数字化关键驱动因素，构建国家"双高计划"绩效评价的"指标标准规范、运行标准规范、内控标准规范、技术标准规范"，形成数字化绩效评价规范标准，助推国家"双高计划"项目高质量发展。

（四）整体智治：搭建"驾驶仓"运行平台，建强数智财务的"大脑"

建立健全财务数据治理制度和标准体系，坚持标准化和信息化同步开展，标准化促进信息化、信息化贯彻标准化，加强数据汇聚融合、共享开放和开发利用，提高学校决策科学化水平和财务管理服务效率。"数智财务：'业—财—效—控'一体化"综合应用平台是业务数据化和财务数据化融合互促的平台，具有全层级、全流程、全场景、全环节和全系统融数字赋能的财务整体智治特征，着重把握纵向与横向治理一体化、分层与协同治理一体化等要求，加强财务整体性数字制度规则建设；把握财务治理主体数字化、财务治理工具数字化、财务治理模型数字化、财务治理资源数字化、财务治理对象数字化等要求，加强整体性数字基础设施建设；把握"责任体系重在事财相适，标准体系重在动态调整，绩效体系重在遵循规律，监管体系重在综合施策"等要求，加强财务整体性数字技术系统建设。对预算绩效数据进行标准化、集成化、自动化处理，应用 FDP 模型如 Merton DD 模型、Hazard 模型及 Logit 模型进行实证，帮助实现数据共享，强化数据应用，为

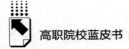

"双高计划"项目绩效评价持续改进提供全面、准确、及时的数据支撑，实现管理决策科学化与智能化。

（五）应用为王：创新跨平台场景应用，延伸数智财务的"触角"

统筹推进各业务应用系统互联互通、协同联动，创新管理和服务方式，全面提升服务效能，创新"业—财—效—控"一体运行、协同互补的综合应用体系，为提升学校治理能力与治理水平、更好服务全校师生提供坚强支撑。特别是推动"双高计划"项目院校绩效监督管控实时化。通过构建"全业务、跨层级、端到端"的内控体系，构建"绩效评价估计模型"，实现"信息实时反映、过程实时控制和结果实时监督"。

五　建设成效

（一）管理提效

牵住预算"牛鼻子"，实现双高建设发展战略与财务战略相匹配。在探索"发展战略与财务战略"并行的财务治理现代化前提下，重点关注以下四个方面：一是高职院校发展战略与财务战略是否相符；二是财务资金投入能否实现预期的绩效目标；三是财务治理过程与项目建设结果是否有效；四是评价"业—财—效—控"一体化是否有效。

（二）方法提质

牵住绩效"牛鼻子"，以链条化、模块化推进项目全生命周期管理。一是组织。建立分层的项目管理组织。二是机制。建立贯穿项目全生命周期的动态项目库管理机制。三是方法。采取 ABC 项目分类管理方法。A 类属政策类项目资金，实行全生命周期绩效管理；B 类属日常运行项目资金，实行一般性全过程绩效管理；C 类属其他项目资金，实行简化绩效管理。

（三）服务提速

牵住内控"牛鼻子"，实现信息互联互通、资源共享。建立"制度+技术+服务"的财务管理机制，实现了"业—财—效—控"一体化管理，探索了"四阶魔方"财务治理新模式，形成预算绩效全流程闭环管理体系，把预算管理向业务前端延伸。业务部门与财务部门分工把关，形成合力，实现业务管理、项目管理和预算管理有效衔接，实现了预算指标和绩效目标"顺向可控、逆向可溯"，各层级数据"严丝合缝，动态追踪"，业务数据"环环相扣，自动生成"，从而提高了各层级预算绩效规范化、标准化、自动化水平。

（四）监管提档

牵住信息化"牛鼻子"，打造数智"云卫士"。持续创新监管模式，将数智监管平台的触角深入全校各个经费监管领域。数智"云卫士"具有"一体四翼"，即一个"大脑"加上"千里眼""顺风耳""照妖镜""紧箍咒"，它可以24个小时在线监测经费执行情况，自动生成预警信息，引导监管人员进行现场核查。

六 对策建议

随着大数据时代新技术、新方法的应用，财务治理呈现数字化、信息化、自动化、智能化的协同发展。以国家"双高计划"项目建设为契机，聚焦数智赋能，努力打造符合高质量发展要求的指标体系、责任体系、政策体系、标准体系、统计平台、绩效体系、监管体系等，提高制度执行力，加快推进"双高计划"项目建设院校财务治理现代化。

（一）资源上重"整合"

财务系统掌握着学校从业务运行到管理决策的大量核心数据，是连接学

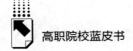

校各个层级的枢纽。财务系统通过 API 接口打造"数据层+应用层"模式，打造业财"数据湖"，实现数据汇聚融通、自动归集，形成数据"驾驶仓""导航仪"。通过"人+机"协同思路，运用财务 AI、跨平台财务 RPA 机器人自主研发，支撑数智财务应用研、产、控一体化，自动出具全生命周期管理的诊断报告。通过拓展数据获取维度、深化新技术应用，风险管理由被动向主动、由事后向全流程转变。通过事前规则内嵌系统、事中新技术智能稽核、事后大数据自动检查，学校财务治理实现了全流程风控数智化转型，推动风险管理水平提升，实现财务管理提速增效。

（二）技术上重"联合"

以技术驱动为动力，"业务+技术+数据"的数字财务平台应运而生。该平台借助"数据分析+人工智能"，运用高级分析技术对海量数据进行分析，并结合可视化分析和数据挖掘结果做出预测性的判断，从而引导学校做出正确决策；利用"智能辅助"工具收集、整理、分析信息，采用流程自动化、智能协同、OCR 识别、移动应用、规则引擎、数据建模、数据处理与数据预测等多种数字化技术，实现智能辅助决策。该平台通过搭建"中台架构+微服务"，提升财务服务水平。通过建立规则转换和算法中心，该平台将"业务语言"转换为"财务语言"，进而实现业务系统和后台系统之间的数据对接和传递，对数据实现从加工到服务输出的全链条管理，最终实现"看得清、用得上、管得好、防得严、控得稳"的管理目标。

（三）思路上重"结合"

杭州职业技术学院探索了"六个全"相结合的方法，即"全组织贯通+全体系联动+全闭环管理+全周期覆盖+全要素驱动+全数据贯通"，突出"深融合、稳过渡、强底座、全覆盖"，实现"实时、智能、精细、多维、可视、生态"的管控目标。

聚焦"三纵四横"的建设思路，"三纵"是集中化管理（运行与监管）、专业化服务（配置与运作）、数智化赋能（提质与协同）；"四横"是规划、预算、绩效、内控,简称"业—财—效—控"一体化;实现"支撑战略、支持决策、服务业务、提质增效、防控风险"的目标。结合数字化时代学校管理转型需要,探索推动财务运行机制从金字塔模式向前中后台模式转变,从以流程驱动为主向流程驱动与数据驱动并重转变,实现管理层级扁平化、管理颗粒精细化、管理视角多维化、管理场景动态化、管理信息实时化,确保反应敏捷、运转高效。

(四)效果上重"融合"

长期以来在业务和财务之间形成的机构定位、管理职责、KPI、核心流程、数据标准、制度规范、信息系统、知识体系,乃至管理文化等方面的差异在短时间内难以弥合。在数字时代背景下,数字技术与财务领域的融合对传统财务管理模式带来的冲击,主要体现在业务流程、组织架构与运营模式上。为此,学校提出"点上聚焦、线上贯通、面上拓展、一体推进"工作思路,按下数智财务治理"加速度"键。一是点上聚力,实现从流程驱动到数据驱动的转变,意味着学校各组织以相同的规则、相同的语言进行工作,提升工作效率,便于流程的管理和优化。二是线上贯通,实现从传统的多层级管理变为平台级的扁平化管理。三是面上拓展,引入量化管理工具和手段,全程记录,涉及敏感控制自动预警,风险管理能力得到有效提升,从而实现决策支撑的实时、动态管理。四是一体推进,依托数智赋能,实现财务人员从价值记录者向价值创造者转变。

信息时代的到来,催生了财务治理的变革和数智化。在新格局下,财务工作须抓住时代带来的"新、变、智"的机遇,紧扣初心,服务财务数智变革,为高职院校高质量发展护航。

B.10
基于"1+5+N"内控框架的治理体系建设实践

四川财经职业学院

摘　要： 为提高防风险、提绩效、强管理的水平，学校对内控、预算、绩效管理存在的难点、堵点进行分析，采取研究与实践并重的方式，找准业财融合、业信融合逻辑。四川财经职业学院在原有财务信息化基础上，推进内部控制、预算、绩效与财务基本业务系统一体化互联互通，形成"1+5+N"内控与"三全"预算绩效管理的川财一体化平台，加速了学校现代治理体系构建，助推学校高质量发展。

关键词： 内控体系　预算绩效管理　数字化转型

　　四川财经职业学院秉承"理财至诚、精业致能"校训精神，聚焦立德树人根本任务，扎根财经沃土，服务行业发展，为党育人、为国育才，办人民满意的教育。学院是四川省"双高计划""教育部数字校园建设试点学院"单位，并被纳入四川省"十四五"职业教育本科院校设置规划。近三年，学校的总收入增长强劲，发展势头迅猛，办学实力显著提升。在学校党委坚强领导下，四川财经预算绩效内控一体化管理平台（以下简称"川财一体化平台"）分期建设实施，初见成效。

一 高职院校预算绩效内控一体化建设现状及存在问题

（一）预算绩效内控一体化建设现状

机制建设方面，学校建立了预算委员会、内部控制委员会，并以此为依托推动预算、绩效、内控建设工作。制度建设方面，学校建立了预算、内控、绩效、信息化相关制度，加强了预算项目库、项目绩效编报、事前绩效评估、全面预算绩效、内部控制管理及财务信息化建设。财务信息化建设方面，学校较重视信息系统建设，制定了学校信息化建设规划，建设了财务核算、网报、收费、资产和一卡通等信息系统。

（二）预算绩效内控一体化建设存在的问题

高职院校预算绩效内控一体化项目起步较晚，学校对预算绩效内控一体化建设认识相对不足。[①] 学校内部控制存在形式大于实质，内部控制分散化、制度部门化、控制措施非标准化的堵点；学校预算绩效管理水平较低，存在与财政预算管理一体化系统不衔接的痛点；学校业财融合、业信（业务与信息化）融合一体化程度不高，存在数字化尚不能支撑管理决策的难点。学校构建川财一体化平台，以预算绩效内控一体化为内涵建设，驱动学校系统性改革，构建现代治理体系，助推学校加快建成财经特色鲜明、全国一流、最具活力的高等职业学校。

二 主要做法及经验

建设目标：研究与实践并重，找准业财融合、业信融合逻辑，做好整体

---

① 刘宇：《基于全面预算的高校预算、内控、绩效一体化的实践与思考》，《会计师》2022年第1期。

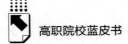

规划、结构设计。在学校原有财务信息化基础上，重构"1+5+N"内控体系，贯通以"三全"预算绩效管理为主线的一体化方案顶层设计与实践，推进内部控制、预算绩效与财务基本业务系统互联互通，形成"1+5+N"内控与"三全"预算绩效管理的川财一体化平台。

（一）党建引领，打造"三好"财务党建品牌

学校财务管理坚持党的领导，围绕财务治理在学校管理和资源配置中的基础性作用，以师生为本，预算绩效管理研究中心、会计学院、信息学院、信息中心协同努力。学校激励财务人员不断精益求精、追求完美。努力打造规范好、执行好、服务好的"三好"财务党建品牌。

（二）自我革命，重构内控体系，下好学校现代化治理"一盘棋"

1. 核心思路

重构内控体系，梳理核心业务流程，识别管理缺陷与风险，构建"1+5+N"内控体系，建立制度谱系，促进管理制度化、制度流程化、流程岗位化、岗位职责化、职责表单化、表单信息化、信息数字化、数字智能化，优化核心业务流程、再造协同工作流程，打通业务卡点，解决协同效率低下的问题，为平台落地做保障。

2. 实施步骤

（1）建立学校内控建设由党委书记亲自抓的机制。学校敢于自我革命，对内控建设常抓不懈，将学校内控对象从经济活动层面拓展到非经济活动层面，使内控建设往深里走、往实里走。

（2）学校借力第三方专业力量助推学校内控建设。聘请会计师事务所对学校内控进行全面评价，请会计师事务所出具内控评价报告、提出管理建议。

（3）由财务处牵头重构学校"1+5+N"内控体系。学校内控由学校财务处牵头，梳理构建"1+5+N"内控体系，强有力推进学校内控一体化3.0建设，构建基于大财务、大管理、大监督的"1+5+N"川财一体化平台。

"1"即1个内控基本制度、"5"即5个专项内控管理、"N"即N个重点领域内控管理,建立制度谱系,实现制度制定与执行纵向上下贯通,横向协同一致。

(4)制定制度谱系,全面健全完善制度。学校制定制度废改立计划,将学校层面和业务层面发现的风险点及其防范措施,转化为业务部门人员的办事指引。制定完善学校内部控制基本制度、内部控制3.0建设实施方案、经济责任制度、财务制度、预算管理办法、收费管理办法、省"双高计划"经费资金管理办法、学校校企合作管理办法、学校社会服务管理办法、学校科研经费管理办法等系列制度。

(5)强化业务分类归口管理,系统梳理优化流程。对学校的内部控制流程全面梳理,并优化流程,如收入、支出内控流程。

(6)内控内嵌于一体化管理系统设计与建设。将学校内控制度、风险控制规则内嵌于以项目库管理为基础、以绩效为导向、以预算为主线的一体化信息系统,将内控预算绩效一体化从而实现前端管控,防范风险,为推进学校高质量发展保驾护航,彰显学校财务管理特色,促进学校整体治理能力的提升。

一是将支出标准、审批流程、负面清单、数字化签名等内嵌于一体化信息系统;二是在预约报销系统中嵌入制度、业务指南、控制支出标准和附件材料要求等控制元素;三是分类完善在线审批流程,解决流程控制问题;四是建立三级稽核规则,将财务智能稽核监控平台纳入一体化建设。

(三)以研究成果引领学校内控预算绩效一体化建设,提高预算管理质效

(1)研究与实践并重,以研究成果引领内控预算绩效一体化建设。学校全面实施预算绩效管理,设置预算绩效管理研究中心,实施中国教育学会重点课题"高职院校预算绩效内控一体化现状研究",撰写完成《高职院校预算绩效内控一体化研究报告》等成果。

(2)依托项目库管理,实施全方位、全过程、全覆盖的"三全"预算

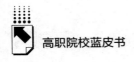

绩效管理。①

全方位。形成包含学校预算、校内部门预算、项目预算以及政策绩效的全方位绩效管理格局，注重支出、收入、政策绩效。遵照成本效益原则，改变"碎片化、部门化"绩效管理模式，更具有科学性、完整性、全面性。

全过程。将绩效理念和方法深度融入预算编制、执行和监督各环节，实现预算和绩效管理一体化。做好重大项目事前绩效评估，强化预算绩效目标设定与管理，做好绩效运行监控，开展绩效评价，加强评价结果应用，将预算、绩效由"两张皮"变成"一张皮"。

全覆盖。将绩效管理覆盖一般公共预算、财政专户资金、单位自有资金，并延伸至学校投融资以及所有经济活动。

（四）"领、统、创、融"，业财信系统融合建设，学校强有力推进校园数字化转型

1. 深入贯彻落实国家化数字化战略

学校委托广东邮电职业技术学院组织承办了"数字赋能、活力财经，教师数字化能力提升培训班"，培训识变，主动谋变。在整体性治理框架下，推动"引领、统筹、创新、融合"学校数字化转型，推进业财信系统融合建设，务实高效节约推进数字校园建设。

2. 一体化建设引领提升学校治理水平

以川财一体化平台建设为抓手引领学校数字校园管理建设，根据"1+5+N"的内控制度和专项内控要求，结合重点业务领域业务部门的实际需求，整体规划设计一体化平台应用架构，通过信息化手段再造协同工作流程，分步实施应用模块，有序打通事前（校内项目申报、立项论证、项目评审、预算批复等），事中（对预算、收支、采购、合同、资产、建设项目等执行动态监控，采取通报、约谈等措施，保证绩效目标不偏离），事后（绩效跟踪、绩效评价、结果应用等）的全生命周期业务流程和"数据孤

---

① 王晴：《全面预算绩效管理视域下高校内部控制体系的构建》，《财政监督》2022 年第 4 期。

岛",持续提升学校治理的工作效率。

3. 教培研用融合联动，聚焦应用于财务重复规则化工作

学校财务处与会计学院组建数字财务项目研发与人才孵化基地、与信息学院联合申报四川省财政厅财务档案电子化试点，教培研用融合，开发推出财务机器人，将之应用于大量的、重复规则化的财务工作，已在发票处理、自动对账清账、凭证打印中得到应用。

4. 大数据决策支持系统推进学校"三全"一体化协同治理

学校信息中心持续迭代大数据决策支持系统，通过数字化和智能化分析工具，对学校治理过程中产生的各类信息和数据进行多维度分析，在治理目标、治理结构、治理过程及治理结果等方面真正实现学校层面和业务层面"三全"一体化协同治理，提高学校职业教育办学的适应性。

三 取得的成效

（一）形成"数治精财，奋竞至臻"的"三好"财务党建品牌，取得教培研用联动1+3>4的协同效应

通过对标奋进，学校提升预算绩效管理成效，激励财务人员精益求精、追求完美；打造规范好、执行好、服务好的"三好"财务党建品牌。

通过财务处与会计学院、信息学院、信息中心协同，学校内控预算绩效一体化数字治理研究与实践并重，推动实施学校资源配置优化工程，学校以预算绩效管理研究中心申报成功四川省高校人文社科基地，2022 年承接预算绩效管理课题及社会服务项目数十项，到账金额 450 余万元，取得 1+3>4 的效应。

（二）"1+5+N"内控体系与制度谱系在一体化管理系统的融合内嵌，使学校有效防范风险

学校敢于自我革命，常抓不懈内控建设，全面评估识别风险点；构建

内控 3.0 体系，建立内部控制规范，建立制度谱系，健全完善制度，梳理优化流程，实现办理业务时有章可循、风险可控。内控管理得到实质性推进，有效解决内部控制分散化、制度部门化、控制措施非标准化的问题，将学校内控对象从经济活动层面拓展到非经济活动层面，促进内控体系建设往深里走、往实里走。

（三）形成"三全"预算绩效管理一体化平台全生命周期管理，学校管理质效明显提升

一是学校建立"三全"预算绩效管理机制，预算绩效管理取得良好效果。学校将项目库作为全面预算绩效管理的载体，分别建立备选项目库、预算项目库、实施项目库、完工项目库。备选项目库是建立年度预算项目库的基础。以绩效目标引领，开展预算项目入库管理、预算绩效事前评估管理，建立预算执行监控机制，通过通报、约谈、纳入目标考核等多种财务监督与"三重一大"党办督办，2022 年学校财政拨款预算执行率达 94%，"三全"预算绩效管理取得进步。

二是从信息一体化管理系统设计上将"三全"预算绩效管理贯穿项目库全生命周期，业财融合、业信（业务与信息化）融合，将大幅提升学校一体化程度，将预算、绩效由"两张皮"变成"一张皮"。

三是研究开发财务机器人聚焦应用于财务重复规则化工作，以人为本，大幅提高工作质效，切实提升学校治理水平。

四　进一步改进的措施建议

（一）面临的挑战

一是学校业财数据信息一体化还存在壁垒，内控绩效管理一体化建设耗时耗力；二是财政预算一体化系统接口未对外开放还不能实现对接；三是预算绩效目标设置质量不高，绩效评价结果应用还不充分。

（二）下一步打算

下一步在学校党委坚强领导下，防风险，提绩效，强管理。一是将内控基本要求固化在一体化信息系统之内，建立业财融合型内控系统，促进内部控制标准对各项经济业务约束的"自动"实现。二是融入数字化校园总体建设，涵盖更多业务领域和业务场景，通过"业务场景化、场景智能化"实现基于一体化流程的业务智能办理，让数据多跑路、人员少走路，全面留痕、全面内控。三是运用移动办公和智能化新技术，如 OCR、RPA、智能稽核、智能分单等，将相关信息和数据全部整合至一体化平台。

B.11
"多校区"高职院校预算管理
一体化分步建设实践

北京交通运输职业学院

摘　要:　随着国家职业教育进入高质量发展阶段,高职院校在提档升级、高质量发展的过程中,部分学校出现了"多校区"的情况,这进一步加大了各项业务管理的深度、广度和难度。北京交通运输职业学院现有校区 11 个,通过全力推动智慧校园建设,运用预算绩效内控大数据,促使财务管理工作从"重核算、轻管理"逐步转变成对财务预算事项全生命流程的管理和监督,最终通过信息化手段实现业财深度融合的现代化财务治理,为"多校区"高职院校高质量发展提供了借鉴。

关键词:　谋划实施　预算绩效　内部控制　一体化系统

中共中央办公厅、国务院办公厅印发的《关于推动现代职业教育高质量发展的意见》《中共中央 国务院关于全面实施预算绩效管理的意见》《国务院关于进一步深化预算管理制度改革的意见》等文件提出了现代职业教育未来的主要发展目标:到 2025 年,职业教育类型特色更加鲜明,现代职业教育体系基本建成,技能型社会建设全面推进。到 2035 年,职业教育整体水平进入世界前列,技能型社会基本建成。为实现这一发展目标,实施全面预算绩效管理成为当前及未来一段时间内财政治理的重要举措,同时,处理好内部控制建设与预算绩效管理之间的关系,以一体化建设思路推进相关工作,对财务治理效能将会产生深远的影响。

一　高职院校信息化发展现状

职业教育信息化是实现职业教育现代化的重要途径，是推动职业教育均衡发展与深化改革的重要手段。目前我国职业教育信息化建设面临教师信息化素养有待提升、信息化保障机制不够完善、信息化内外部条件薄弱等问题。根据《职业教育信息化发展报告》（2021版）中对高职院校信息化管理系统建设与应用情况的调研，数据表明，普及水平高的信息化管理系统依次为：教务管理系统（95.5%）、教学资源管理系统（94.2%）、学生管理系统（94.2%）、一卡通服务系统（93.3%）、办公自动化系统（93.3%）、财务管理系统（93.2%）和资产设备管理系统（92.8%）。高职院校信息化管理系统基础数据主要用于工作总结、教学评价和绩效考核，高校信息化服务普及率虽然有明显提升，但仍旧缺乏。为了更好地发挥当前高职院校信息化管理系统对优化管理流程、管理制度的支撑作用，推动信息化管理与服务创新，高职院校建立"业、财、效、控"一体化管理平台、打破多平台与多校区壁垒、深化数据治理迫在眉睫。

本案例系统介绍了学院预算绩效内控管理信息一体化建设历程。鉴于多年来学院财务管理中出现的预算执行"两张皮"、绩效目标设置不科学、内部控制不健全等亟待解决的问题，学校通过分析和探究智慧校园预算绩效管理信息化发展今日面临的新问题、新形势，利用开展建设工作的契机，最终形成可供推广的工作方式和流程，形成以点带面的典型经验。

二　"多校区"高职院校[①]信息化系统建设面临的问题

学院自建校以来经历多次合并，具有"一校多址"、管理模式"条块结

---

① 本文中"多校区"建设相关数据提供方为北京交通运输职业学院。

合"等特点，现有校区 11 个。一是部门、二级学院、专业系室等的地点分散，"条块结合"管理要求一个资金业务需两位院领导签字审批，"寻人"过程较长，传统纸质单据手工填写错误率高，若填错还需要重填单据，耗费大量时间精力。二是报销审核业务量大，发票核验量大，验真验重难度大，纯人工审核效率不高；各类业务审核规则多，难以全面把控，审核质量不稳定。三是报销时间与教学时间冲突，报销等待时间长，容易引发报销人员与财务部门的摩擦，导致财务部门服务满意度低。

三 预算绩效内控管理信息一体化系统建设的主要经验及做法

学院预算绩效内控管理信息一体化系统建设采取"统筹谋划、分步实施"的方式，全部建设任务分步实施，包括三个阶段，阶段间既有同步推进建设时期，又有先后顺序。统筹谋划即坚持制度建设和信息化建设"两手抓、同步推"的指导思想，高标准落实"双高计划"建设任务，站在学院治理的高度，统筹推进财务信息化建设；分步实施即以信息化手段落地管理流程，同时以文件制度修订制定引领信息化建设。

第一阶段：扬帆启航——预算绩效内控管理制度建设（2021～2022 年）

（一）发挥财务治理在学院治理体系中的基础和支柱作用，完善制度建设，创新预算绩效管理机制①

财务部门会同相关职能部门梳理工作职责，完成了一系列内控管理制度修订，以期与新的预算绩效管理模式、预算绩效管理一体化实施要求相符。

1. 修订《学院预算资金管理办法》

重新定义学院整体预算编制、预算体系、预算内容、预算调整等，为学

---

① 刘亚平：《强化行政事业单位内部控制制度建设的思考》，《财会学习》2019 年第 23 期。

院全面预算管理体系奠定了伸展型的管理框架，引导职能部门逐步完善制定本部门职责范围内相应的经费管理制度。

2. 修订《学院资金报销管理办法》

重新梳理了各项资金的报销程序，添加了线上申请报销、财务审核前置（财务管理前移）、经过事前审批的事项在报销时院领导无须重复审批等功能，这旨在进一步保障财政资金使用安全，规范学院资金报销程序，加强预算监督与内控，提高资金使用效益。

3. 制定《学生收费管理办法》

将收费项目按性质分为行政事业性收费、代收性收费、服务性收费。梳理了收费审批程序，明确了收费责任，将所有收费行为纳入学院财务统一管理，为财务信息化线上审批奠定了基础。严防教育乱收费现象，降低学院收费风险，健全收费廉洁工作机制。

4. 修订完善《预算项目管理办法》

健全预算项目立项论证、实施管理等全生命周期管理体系，引入第三方机构建立校内项目评估评审机制，着力强化预算项目管理。

在各项制度文件修订制定过程中，时刻关注它们在信息化系统中如何落地，使每一个文件都附流程图，为信息化建设奠定基础，避免文件制度成为"空中楼阁"。

（二）创新经费预算管理体系，首次划拨归口履职经费，助推职能部门高效履职

在充分调研分析的基础上，对预算管理体系进行优化调整，形成学院公用经费四级保障机制，学院公用经费具体包括学院运转保障经费、部门日常管理经费、职能部门归口履职经费、学院发展改革经费，根据年度财政预算额度确定相关标准，采取零基预算编制形式安排年度预算。

1. 学院运转保障经费，由职能部门统筹安排责任部门使用

主要包括用于保障学院日常水、电、气、暖、小型维修等涉及校园正常运转的公用经费。

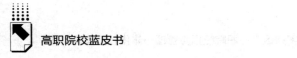

2. 部门日常管理经费，经年度测算标准后，下达各部门执行

办公经费适用于全体部门，以教职工数作为核心要素；教学经费适用于二级学院和专业系室，以学生数作为核心要素；管理经费适用于管理部门，以履行部门任务作为核心要素。

3. 职能部门归口履职经费，由各职能部门申请，经审批后纳入项目库管理

职能部门归口履职经费由各职能部门自己申请，经归口部门上报和学院批复后纳入项目库管理。

4. 学院发展改革经费

在学院改革发展过程中涉及校园安全、教育教学重点任务、教职工及学生突发状况等急需资金支持的事项，按一事一议原则，经学院批准后纳入相关类型预算经费。

（三）健全绩效管理制度，探索实施财政预算管理一体化标准

学校出台《预算绩效管理办法》，明确了以财政绩效目标管理、事前绩效评估管理、绩效运行监控管理、绩效评价管理、评价结果反馈及应用管理为参照的绩效管理评价运行机制，实现以绩效为导向，运用绩效评价程序、方法，科学合理设定评价指标，将评价结果与次年预算安排相挂钩，提高预算收支效益。[①]

第二阶段：初见成效——预算绩效内控一体化平台设计建设（2022年）

预算绩效一体化系统设计与实施是助推财务治理现代化的关键一步，在制度保驾护航下，结合业务实际需求，发挥预算的主线作用，学院预算绩效内控一体化平台设计并完成了内部控制涵盖的六大业务中的预算业务、收支业务、政府采购业务和合同管理业务建设。

预算管理主要建设内容包括财政预算编报、校内预算编报、预算指标分

[①] 董朝辉：《内控视角下行政事业单位预算绩效管理体系的构建探究》，《中国总会计师》2017年第2期。

解下达、预算调整、预算执行、报表分析、项目台账等。预算编报内容均采取项目管理形式，各部门上报按要求预制好的有关内容，各层级职能部门审核后，上报学院最高决策层，批复后形成项目台账，纳入项目库备选。

采购管理是院校资产配置方面的重要工作，建设过程中修订了《采购管理办法》，梳理采购流程。申报预算时已事先对采购事项进行申报，进行线上管控，对于临时性采购工作，由资产管理部门事先审核，采取"先调剂、再购置"的方式，未达报废条件的资产不予更新。采购活动发生时，资产管理责任即已落实到人。

合同管理建设是合同方责权利的重要保障，学院将合同分类管理，对合同立项、签审、变更、履约及跟踪、归档形成台账的全流程进行控制。支持合同与预算指标、采购审批、报销申请的关联衔接及交叉校验管理，充分发挥信息化对合同管理的规范性管理优势，有效防范合同管理的财务风险和法律风险。

收支管理建设内容主要包括收入管理和支出管理，全面覆盖收支各项基本运行过程。系统有助于确保收支事项分类准确，预算的控制作用在收支管理中得到全面应用，让各项经费额度使用精细化，严格控制预算执行额度，实时提供预警服务。在建设过程中明确人员职责配置，用系统关联各制度制约点，通过内控制度制约机制，确保各个流程规范、运行有效。

按经费类型设置支出专属审批流程及通知信息送达功能。特定事项须完成事前审批，再提交支付申请，强化事前管控。审批流程中设置院领导只签一次字，避免不必要的重复签批，加强财务在预算执行管理方面的专业作用。

绩效目标管理建设主要功能是将各类绩效管理目标内容嵌入全系统，职能部门从项目规划阶段即开始设定事前绩效目标、跟踪事中绩效进度，财务部门事后进行绩效评价，随时通过绩效结果调整预算资金使用范畴。

运行环境及系统应用。学院预算绩效内控一体化系统采取专属云方式部署，云平台按照等保二级要求建立学院专属的安全部署环境，将原钉钉工作台中办公用品采购、出差申请、合同申请、租车申请等经济业务流程整合进

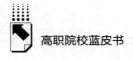

新平台，真正实现随时随地登录一次即可完成申请、实时查询、业务审批等事项，极大提高了用户体验。

第三阶段：决胜全面——实现业务与预算绩效互通（2022~2023年）

建立与相关部门的信息化建设传递机制，分析人事薪酬系统、科研系统、教务管理系统、学工系统、食堂管理系统、资产管理系统、审计评估系统等中的数据，在学院智慧数据建设中完成提取、交换、应用的信息流交互，实现各系统协同工作，提高管理效率和质量，避免学院各方面重复投入。[1]

四　解决对策及思路建议

（一）构建业财深度融合的信息化应用条件

以预算绩效内控一体化系统为核心，强化财务部门与业务部门协作机制，发挥财务在学院治理体系中的基础和支柱作用。定位于让财务治理引领带动学院各项经济业务活动锚定高质量发展要求的目标，继续深入构建业财深度融合的财务治理体系。

（二）构建以绩效为核心的预算管理体系

随着绩效考核工作稳步推进，利用信息化手段促进绩效目标向量化评价指标形式转化，建立与绩效评价配套的奖惩制度，最终实现绩效评价的结果与该部门的预算安排挂钩，确保绩效管理不流于形式。同时，推动预算执行效果纳入人事绩效考核，构建覆盖全面的绩效考核体系，职能部门深度参与考核，清晰建立教学院系、管理部门考核性人员绩效工资管理机制等。

（三）以平台大数据推动预算提质增效

随着高校成本核算工作引导的财政预算分配体制的逐渐形成，学院预算

---

①　金江：《事业单位内部控制研究》，《财会研究》2013年第6期。

分配必须以完整的成本核算为工作基础，由此产生的相关数据将为学院管理层精准化决策提供支撑。充分利用预算绩效内控一体化平台产生的海量大数据，结合《高等学校成本核算具体指引》，进一步加强成本核算管理，放大平台在数据分析方面的优势。

（四）实现财政预算一体化系统和单位系统的对接

目前北京市财政预算一体化系统仍处于不断完善过程中，预算绩效内控一体化平台已为与财政和银行系统的对接留出接口，待财政预算一体化系统建设成熟后进行对接。

（五）提高财务人员综合素质

提升财务人员专业素质和战略思维能力，从制度建设到流程梳理，再到系统运行，让每一名财务人员掌握的先进管理方法都应用到系统建设具体过程中，保障系统建设出最符合规定、最适合学院发展的管理工具。建议进一步加强培训指导，推动管理会计师与传统的财务专业技术人员职称并轨。

B.12
基于全生命周期管理的预算
一体化系统建设实践

重庆电力高等专科学校

摘　要： 近年来，国家财政财务管理改革持续深入，对预算内控管理提出了更高要求。高职院校囿于起步晚、底子薄、人手不足等，预算内控有效性普遍不高，建设基于全生命周期管理的预算内控一体化财务信息系统势在必行。重庆电力高等专科学校在检视自身预算内控工作情况的基础上，广泛调研，成立了基于预算全过程管理的财务信息化系统功能创新与实践项目科研项目组和基于全生命周期管理的预算内控一体化财务信息系统建设工作组，创新管理模式，贯通预算编报、采购执行、合同签署、资产验收、财务记账、绩效评价等管理关键节点，预算管控实效显著提升。系统由于应用时间较短，仍旧存在绩效管理深度不够、单位预算与财政预算未实现共享、传统的工作习惯尚待改变、系统功能存在疏漏等问题。鉴于此，加大绩效管理应用深度、推动数据共享、加强员工培训和优化系统功能将是提升预算内控管理水平的方向。

关键词： 全生命周期　预算　内控　一体化　信息系统

一　政策背景与现状分析

2015 年，《关于在公共服务领域推广政府和社会资本合作模式的指导意见》提出了项目全生命周期管理的概念；2018 年，《中共中央　国务院关于全面实施预算绩效管理的意见》提出要实现预算和绩效管理一体化的目标；2021年，《国务院关于进一步深化预算管理制度改革的意见》要求将项目作为部门和单位预算管理的基本单元，预算支出全部以项目形式纳入预算项目库，实施项目全生命周期管理。实践证明，实施预算项目全生命周期管理应依托完善的信息化平台。

（一）现状调研

为了解高职院校预算项目全生命周期管理信息平台建设现状，重庆电力高等专科学校（以下简称"学校"）于2019年开展了调研工作，收回有效调查问卷97份。基本情况如下。

1. 项目库管理方面

尚未建立项目库的高职院校占62.69%，已建立项目库的高职院校占37.31%。在已建立项目库的高职院校中，81%的高校项目库系统是独立系统，没有与财务系统进行数据对接，数据无法实现闭环管理；另外19%的高校项目库系统与财务系统实现了数据对接，数据能够实现单向传输。

2. 采购管理方面

尚未建立采购管理系统的高职院校占58.21%，已建立采购管理系统的高职院校占41.79%。在已建立项目库的高职院校中，91%高职院校的采购管理系统为独立系统，没有与财务系统进行数据对接，仅能完成采购业务的日常管理工作；9%的高职院校采购管理系统与财务系统进行了数据对接，数据能够实现单向传输。

3. 合同管理方面

所有高校均建立了合同管理系统，其中73.13%的高校合同管理系统与OA系统进行融合或独立运行，能满足合同业务的审签管理，但未与财务系统融通，无法实现合同支付及预算管控。

4. 资产管理方面

所有高校均建立了资产管理系统，其中26.87%的高校资产管理系统为

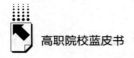

独立系统，没有与财务系统进行数据对接，仅能满足资产业务的日常管理；另外 73.13%的高校资产管理系统与财务系统进行了数据对接，数据能够实现单向传输，确保资产系统与财务系统的数据一致性。

（二）问题分析

从整体来看，高职院校财务信息系统建设缺少统筹规划和顶层设计，财务治理现代化水平不高，财务部门重点关注财务核算系统的建设和应用，核算系统与相关业务信息系统各自分离，弱化了预算约束有效性，内部控制刚性不足。主要表现为以下四点。

（1）信息孤岛，业财分离，无法实现预算项目全生命周期闭环管控。主要体现为财务核算、财务收支、合同管理、采购管理、资产管理等信息系统各自孤立，数据不融通，信息不同步。

（2）线下审批流程导致内部控制刚性不足。主要表现为报账、采购、资产等领域的线下审批流程中人为审核因素导致审核标准偏差。

（3）信息系统功能落后，财政预算项目管理与校内预算项目管理不能有效衔接。财政预算项目是扁平式、大口径的管理模式，而校内预算项目须按层级按资金渠道进行管理，普遍存在重校内预算项目管理，轻财政预算项目管理的情况。

（4）财务服务模式落后，工作效率低。由于各系统相对独立，相关业务的过程资料需要重复上传，冗余数据较多且工作量巨大。传统线下签字审批报账方式效率低，同时，存在发票失真或重复报销等风险。

二 系统建设的具体做法和经验

学校在财务治理方面树立了管理制度化、制度流程化、流程信息化的理念。2019~2020 年，学校开展了内部控制合规性和有效性的工作，全面梳理了内部控制制度、流程和表单，但财务信息系统建设滞后，财务治理现代化水平不高。由此，学校党委做出建设基于项目全生命周期管理的"预算内控一体化财务信息系统"的部署安排，并立项开展相关科学研究。

（一）建设目标

学校坚持问题导向和系统观念，将信息化、数字化作为预算项目全生命周期管理落地和解决内部控制建设痛点的抓手。综合运用大数据、人工智能等信息化手段融通财务系统和业务系统、促进业财融合。将制度、流程、表单植入信息系统，实现内部控制措施刚性落地。优化财务服务模式，创新财务治理机制，推动学校管理透明化、治理精准化、决策科学化，提升财务治理现代化水平。

（二）模式创新

（1）创新设计了预算双体系管理模式。按照政府会计制度中"单位会计核算应当具备财务会计和预算会计双重功能，实现财务会计与预算会计适度分离并相互衔接，全面、清晰反映单位财务信息和预算执行信息"的要求，以权责发生制与收付实现制的核算方式为基础，通过系统建设让学校预算项目和财政预算项目形成相互衔接又彼此独立的管理体系。

（2）创新预算项目全生命周期管理。依托系统中各种业务模块的应用场景，以业务单据为载体，通过单据流程关联预算项目来反映预算金额的占用，然后在预算执行环节，相关业务单据在被审批完成后自动生成待处理的记账凭证，记账凭证中财务会计科目和预算会计科目的项目辅助核算项分别记录预算双体系下各自的预算执行金额，会计人员核对记账凭证的准确性并完成记账，从而实现预算项目的全生命周期管理。

（三）基本原则[①]

（1）坚持问题导向。系统建设要坚持以问题为导向的原则，切实解决

---

① 王小龙、李敬辉：《预算管理一体化规范实用教程（上册）》，经济科学出版社，2020，第24~26页。

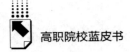

学校预算数据不闭环、日常管理手段落后、工作效率低、风险防控水平不高等问题。

（2）坚持制度规范。将制度规范与系统建设紧密结合，用系统化思维整合各业务环节的预算管理流程，通过将规则嵌入系统加强制度的执行力，这为加强预算精细化管理、实现财务电子档案数字化转型打下坚实基础。

（3）坚持一体化推进。系统建设旨在将预算管理、绩效管理、内部控制管理与采购管理、合同管理、资产管理、资金管理、核算管理、报表分析等各项经济业务相互融通，形成以绩效为导向、预算为主线、内控为保障的全过程、全方位、标准化、信息化管控体系，实现预算项目全生命周期管理。

（4）坚持分步实施。建立科学完善的制度、流程和规范是一体化建设的前提和基础。同时，一体化系统框架和功能既要考虑学校当前预算管理实际，又要立足财务治理能力现代化建设长远目标，为下一步拓展预留空间。通过分步实施、逐步优化完善系统功能，系统逐步提高学校内部管理的水平。

（四）具体做法

系统以预算管理为主线，把预算编报、采购执行、合同签署、资产验收、凭证生成等各种业务场景贯通关联，实现经济业务活动一体化运行、预算项目全生命周期管理。具体体现为预算管理、业务管理、财务管理三个板块。

1.预算管理板块

预算管理板块主要承担编报、下达预算项目和反映预算执行情况的任务。学校创新设计了预算双体系管理模式，即校内预算项目管理和财政预算项目管理相互衔接又彼此独立的模式。

校内预算项目管理体系涉及收入预算管理和支出预算管理。确认各类收入的开票业务和到款业务，从而实现收入类预算项目管理。校内支出预算项目依据学校事业发展规划设置项目名称，每个项目按建设任务和资金来源渠道进行多维度多层次管理，以业务单据为载体，依托系统中各种业务模块的应用场景，通过流程关联预算项目，反映预算金额占用和执行情况，基于权责发生制进行会计核算，这是单位财务报告数据的基础；财政预算项目管理体系是在将学校预算项目分类汇总后，按照财政预算一体化系统规则进行申报、下达和管理，在会计核算过程中基于收付实现制判断该笔业务是否涉及预算支出从而确认财政预算项目，最终反映财政预算项目的支出执行情况，这是单位决算报告数据的基础。

2. 业务管理板块

业务管理板块主要承担标准控制、流程控制和预算控制的任务。业务管理分为收入类业务和支出类业务。

收入类业务涉及收入管理和来款管理两类业务场景。收入管理适用于收入类合同、发票等业务的应用管理，通过业务单据关联收入预算项目。

支出类业务主要涉及工资管理、费用管理、采购管理、合同管理、资产管理、工程管理六类业务场景。

工资管理适用于工资计提和发放，社保计提和缴纳。通过工资和社保的计提环节执行校内预算，通过工资发放和社保缴纳环节执行财政预算。

费用管理适用于因公借款和学校规定限额下的费用报销管理，在系统中嵌入报销标准、制度规定条例，线上全流程审批，通过系统逻辑实现事前申请环节占用预算、报销环节执行和释放预算、凭证自动生成。

采购管理适用于货物、服务、工程的采购管理，通过采购需求提交、采购结果确认、采购单据验收来实现采购业务的全过程管理。通过系统逻辑实现需求提交即占用预算，采购结束释放多余预算，后续通过资产确认、在建工程确认或合同支付执行预算。

合同管理适用于全校所有合同分类别按属性管理。其中不涉及采购的支出合同，在合同签订时占用预算，合同支付完成时执行或释放预算；涉及采购的合同按照上述采购管理实现预算占用、释放和执行。

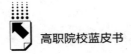

资产管理适用于资产入库、处置和日常管理。通过采购单据获取资产明细的基础数据，进行资产验收入库、标签打印、台账管理，资产确认后执行校内预算，合同支付时执行财政预算。

工程管理适用于基本建设业务的项目立项、物资入库、确认在建工程和工程转资等的财务管理。通过采购单据获取采购明细的基础数据，进行工程物资的出入库管理和工程建设的过程管理。确认在建工程时执行校内预算，合同支付时执行财政预算。

业务管理板块中采购、合同、资产、工程等业务场景之间相互融通和无缝衔接，完成了学校预算的占用、释放、执行全过程闭环管理。同时通过流程控制嵌入内控标准，系统实现了经济业务全流程线上审批，确保了学校内部控制的有效执行。

3. 财务管理板块

财务管理板块主要承担预算和核算执行结果处理、往来台账管理和各类报表展示。财务管理主要有预制凭证管理、往来管理、凭证管理三类业务场景。往来管理适用于应收应付款项的台账管理，是所有往来业务的单据台账和往来科目的明细台账。预制凭证管理是将涉及账务处理的业务单据形成待处理的凭证分录，通过前期的系统配置逻辑生成部分辅助核算项，只需要财务人员判断审核后就能生成完整的记账凭证，是财政预算项目的执行环节，也是业务管理板块与财务管理板块紧密衔接的关键。凭证管理是对在预制凭证处理完成后生成的正式记账凭证进行台账管理，是各类财务报表和台账数据的统计依据。

系统从预算管理、业务管理、财务管理三个板块进行了深度融合，实现了预算项目全生命周期的闭环管理，确保了所有经济业务活动的一体化稳定运行。

（五）经验及成效

通过对制度的全面解析、调研行业痛点及经验并结合学校实际，重庆电力高等专科学校对预算项目全生命周期管理的一体化信息系统建设进行顶层设计和统筹规划，充分研究学校经济业务内在逻辑、挖掘数字驱动管理的潜能，创造性提出并实践"预算项目全生命周期管理""预算双体系"等新机制，并取得以下成效。

（1）实现项目全生命周期管理，提高预算执行刚性约束能力。从预算编制、预算执行、采购管理、合同管理、资产管理、支出管理、核算管理、决算管理、数据分析，到管理决策，再到预算编制，形成一个闭环管理的链条，将预算到决算的每个环节都纳入系统管控，充分发挥系统管人、系统管事、系统留痕的功能，杜绝人为因素、人情因素。系统中所有涉及经济业务活动的事项都需要关联预算项目，真正实现了无预算不审批，无预算不支出，确保了预算的刚性约束。

（2）实现全业务线上审批，提高教职工工作效率。预算编制、采购审批、合同会签、报账审核等全流程业务通过系统的移动审批、消息提示、一键审核等人性化功能，方便了经办人随时查询审批流转情况，加快了审批人的审批进度，取得了"数据多跑路，师生少跑腿"的效果，极大提高了工作效率。同时，所有发票及凭证材料上传系统，为无纸化电子凭证档案管理打下基础。

（3）推动内部控制有效实施，加强财务风险防控能力。系统依据《预算法》《预算法实施条例》以及上级和学校各项规章制度，将财务制度的内控方法与风险防控措施嵌入系统，涉及人员控制关口、预算控制关口、合同控制关口、业务经办标准关口、经费支出合规关口、资产控制关口六大关口。系统控制关口只认规则不认人，所有经济活动实行分事行权、分岗设权、分级授权，按照固化的权限、流程和单据进行，杜绝了踩"红线"、闯"红灯"。通过一体化系统，使用者可以清楚地看到，每个预算项目被分解成了哪些经济业务活动，每个经济业务活动由哪些业务要素、审批要素构成，每个要素标准、依据和操作规程是什么，全程透明、可控、可监督，通过各项关口保证预算合规执行。

（4）贯彻政府会计制度要求，提升预算日常管理水平。预算从开始（编制）到结束（决算）的全流程、全过程管理，为科学编制预算提供了完整的基础数据，数据分析的时效性得到发挥，为预算编制的准确性、科学性奠定基础。预算细化到具体部门、资金来源、经济分类、具体事项、采购品目，确保每一笔支出需求都有责任部门、有资金来源、有支出依据，实现了预算编制的精细化管理。创新双预算体系的系统功能，将校内项目预算管理以权责发生制作为核算基础，其核算数据是财务报表的信息依据，能整体反映学校财务状况和资产配置情况，有利于分析学校办学成本，为决策层制定发展战略和决策做支撑，同时还能为上级财政制定拨款标准及收费标准提供信息依据；将财政项目预算管理以收付实现制作为核算基础，其核算数据是决算报表的信息依据，反映学校年度收支情况及年度预算完成情况。预算的双体系运行，能够完成财务会计和预算会计的精准确认和相互衔接，实现预算项目的精细化管理。

（5）数据共享和大数据应用，助推"双高"项目建设。一体化系统思维模式下的系统将原有的预算管理结构和信息传送方式进行全面升级，财务部门与归口管理部门之间、财务部门和二级学院之间纵向横向业务管理方式实现了迭代。财务部门与学校数据中心进行实时数据交互，实现数据一次治理、多次使用，大大提高数据利用和分析的权威性、准确性和时效性，切实发挥信息系统、大数据分析运用的优势，为提高财务管理水平和院校治理能力现代化打下坚实基础，为"双高"建设目标的实现提供强有力的保障。

三　面临的挑战

（一）预算绩效管理深度不够

当前通过一体化系统对预算绩效进行精细化管理，实现项目立项前的绩效目标设定、项目实施过程中的绩效目标监控、项目结束后的绩效评价，是一项全校全员性的复杂工程。一方面学校层面尚未形成完善的绩效指标体系，另一方面系统平台尚未作为载体对绩效指标进行控制。

（二）学校端与财政端的财务信息尚不能共享

学校采用的一体化系统实现了学校内部的预算项目全生命周期管理，尚未与财政预算内控一体化系统互联互通、数据共享，财务人员需要在财政预算内控一体化系统中手工录入数据，导致工作量增加，也降低了数据的准确性和及时性。

（三）改变传统工作习惯而带来的新问题

在一体化系统应用前，涉及采购、资产、报账的所有业务流程经办人在交由各级审核人审签后，将单据交给财资处即可，流程简单。系统应用后，所有流程均需要按业务类别在相应的入口提交附件，发起审核流程，需要经办人、各级审核人熟悉并掌握系统功能、页面、审核要点等。习惯的改变容易带来短时间的质疑。

（四）系统运行的新难点

系统复杂的一体化运算会出现意想不到的逻辑疏漏，比如在工资管理环节会涉及计提、发放、缴纳社保、代扣款、代收款等情况，从单纯的会计核算角度看，正确分录即可，但一体化系统需要把工资模块与往来模块、核算模块进行数据交互，逻辑关系比较复杂，系统底层开发工作量巨大。

四　优化和完善系统的对策建议

（一）加强预算绩效管理

进一步完善和细化学校预算绩效管理制度，制定预算绩效管理激励机制，做实和细化预算绩效的评价体系；在一体化系统中反映预算绩效目标、预算绩效执行及评价信息，使预算内控一体化财务系统中的信息能全方位展现学校财务状况和事业发展状况。

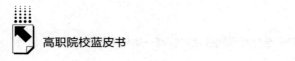

（二）推动数据共享

积极与上级主管部门沟通，尽早实现财政预算内控一体化系统的数据对接，建立健全上下级间预算管理的衔接机制。在数据对接实现前，学校可以考虑使用财务机器人将两个系统的相关数据进行对照分析并形成其底层逻辑用于数据交互，实现学校端与财政端的信息系统互联互通和数据共享，提高财务人员工作效率，确保财务数据的一致性、准确性和时效性。

（三）加强全员培训

积极引导学校老师尽快转变观念和熟悉系统，财务部门根据实际业务场景编制详细的系统操作手册，通过组织全校老师进行实操培训，基本做到培训全覆盖。同时可以梳理每个业务场景的审批要点，明确各审批人在当前审批环节的具体职责，将审批要点内嵌到系统中以便审核人履行审核职责。

（四）优化系统功能

梳理政府会计制度中的主要业务和事项账务处理的具体举例说明，不断加强各业务模块的规范性和合规性。同时根据系统一体化运行的实际要求，不断优化提升系统各模块的功能细节，分别从业务执行者、业务审批者、信息使用者、数据分析者等不同角度优化可视化界面及统计维度，不断提高系统的适配性和可操作性。

B.13
以高质量发展为核心的高职院校财务治理体系构建

顺德职业技术学院

摘　要： 为解决传统预算编制不科学、资源配置脱离学校发展规划、业财"两张皮"、绩效评价流于形式等问题，顺德职业技术学院以高质量发展为核心，从设立组织机制、构建制度体系、搭建信息化管理系统、牢筑评估关口、建立长效机制等具体举措构建预算绩效管理体系。在取得一定成效后，进一步从建立部门整体绩效管理机制、完善预算绩效指标体系、加快信息化建设进程等方面深入推动学校预算绩效管理提质增效，助力学校高质量发展。

关键词： 高职院校　预算绩效管理　绩效评价　信息化

高质量发展是"十四五"时期乃至更长时期我国经济社会发展、教育强国建设等国家战略任务的主题，关系我国社会主义现代化建设全局。习近平总书记在二十届中央政治局第五次集体学习时提到，"当前，我国教育已由规模扩张阶段转向高质量发展阶段。要坚持把高质量发展作为各级各类教育的生命线，加快建设高质量教育体系，以教育高质量发展赋能经济社会可持续发展"[①]。为贯彻落实习近平总书记有关教育强国精神，实现现代职业教育高质量发展，学校加快形成推动高质量发展的指标体系、

[①] 习近平：《扎实推动教育强国建设》，《求是》2023年第18期。

政策体系、标准体系、统计体系、绩效评价、政绩考核，创建和完善制度环境，推动学校在实现高质量发展上不断取得新进展。预算绩效管理是其中重要的一环。学校紧紧围绕统筹推进现代财务治理体系改革的总体布局，坚持以深化预算绩效管理改革为主线，聚焦解决当前预算绩效管理中存在的突出问题，对全面实施预算绩效管理进行统筹谋划和顶层设计，通过组织机构设立、制度建设、流程梳理、信息化等举措搭建以高质量发展为核心的预算绩效管理体系，进一步提高学校治理能力现代化水平，为高质量教育体系建设和教育现代化发展提供坚实的保障。

一　学校预算绩效管理现状

（一）预算编制方式不科学，预算管理理念落后

以往学校在预算管理时还是运用传统的预算编制模式，即"基数+增长"的增量预算法。[①] 同时，传统的"重分配、轻管理，重支出、轻绩效"的预算管理理念还占据主导位置。[②] 这使得学校的一些部门在预算编制时具有很大的随意性和盲目性，把预算编制的重心放在了扩大盘子、扩张预算上，存在"拿到钱再说"的心态以及"先要钱，再找具体项目分钱"的做法。项目容易多头申报，预算容易重复交叉，影响预算编制的真实性和准确性，也影响预算管理的严肃性和计划性。学校以往更多关注的是预算执行进度，没有形成预算编制、预算执行、预算监督的有效管理机制，对预算执行效果更是缺乏关注。[③]因此，学校亟须进行预算绩效管理，将绩效关口前移，转变不适时的传统预算编制方式，深化预算管理改革。

① 王艳花：《高校全面预算管理体系的构建思路研究》，《财会学习》2019 年第 16 期。
② 石建辉：《深化预算绩效管理，提升政府治理现代化水平》，《财政监督》2020 年第 21 期。
③ 高磊、张妮妮：《高等学校实施预算绩效管理的难点和对策研究》，《财会学习》2023 年第 3 期。

（二）资源配置脱离学校发展规划，预算分配"撒胡椒面"

学校以往的预算编制由学校各部门申报，申报内容往往以项目申报依据、当年预算金额、当年计划支出明细为主，未反映项目的总预算、建设期内分年度预算、项目建成后的效果等情况，使各部门在预算申报和项目建设过程中容易产生短期行为。另外，财务部门根据各部门申报的预算，结合学校当年财力和以前年度资金使用进度对预算进行简单初审后上报学校领导班子审议，熟知甚至是编制学校中长期发展规划或战略目标的发展规划部门没有参与学校整体预算的编制或审核，容易导致预算偏离学校发展规划，预算分配存在"撒胡椒面"的现象，资源配置无法体现学校发展的方向和特色。因此，实施预算绩效管理，可以将学校发展规划细化成一系列可衡量的绩效指标，杜绝预算分配"撒胡椒面"。

（三）业务与财务存在信息"孤岛"，业财"两张皮"

过去学校财务活动局限于财务本身，很少向业务前端延伸，业务活动与财务管理脱节，业务系统与财务系统存在信息"孤岛"的问题。项目在实施过程中，常常出现项目建设进度与支出进度不匹配的情况，部分项目预算执行率很高，产出却很小，部分项目预算执行率低，但对关键绩效指标贡献率高。因此，实施预算绩效一体化，以预算为主线、绩效为导向，可以将财务系统与业务系统进行互通互联，促进业财深度融合。

（四）存在口号式的绩效管理，绩效评价流于形式

学校过去在绩效管理方面基本都在应付上级部门的绩效评价要求，倾向于将绩效目标申报、绩效评价等工作视为财政布置的额外任务，缺乏内在动力和积极性。各部门、各项目在上报绩效目标时各自为政，相互之间未能有效衔接，缺乏整体性和系统性。① 另外，学校以往缺乏信息化系统，采用表

---

① 李玲、李敏：《高校实施预算绩效管理路径探析》，《会计之友》2022年第24期。

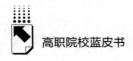

单的形式开展绩效管理，不利于预算执行过程中对照绩效目标对项目建设进行有效监控，也不利于在绩效评价时对照年初设定的绩效目标进行评价，导致绩效评价效果大打折扣，绩效管理没有落到实处。因此，学校应多措并举，改革过去口号式的绩效管理，推动预算绩效管理有效落地。

二 学校构建预算绩效管理体系的主要做法和经验

顺德职业技术学院于 2019 年入选中国特色高水平高职学校。学校基于教育部对"双高计划"建设任务的管理要求，近年来，坚持绩效导向，强调成本效益，推进预算绩效管理制度化、规范化、标准化、信息化，构建以高质量发展为核心的预算绩效管理体系，形成事前、事中、事后预算绩效管理闭环，取得了一定成效，对优化资源配置、提高资金使用效益、助力学校高质量发展具有深刻的意义。

（一）主要做法

1. 建立预算绩效管理组织机制

只有建立了自上而下、目标统一、职责分明、相互协作、科学高效的预算绩效管理组织架构，才能提升学校各部门各岗位人员对预算绩效的认识高度，促使相关人员更加积极、主动地投入预算绩效管理工作。这成为学校全面实施预算绩效管理的首要工作、基础工作。

（1）设立预算绩效决策机构。学校设立了预算绩效管理领导小组，小组成员为学校主要领导。领导小组主要负责审议学校预算绩效方面的规章制度、重大管理措施，协调解决重大事项，督促指导工作的开展，还负责审议学校年度预算方案（含绩效目标编制）、年度绩效评价实施方案和年度决算报告（含绩效评价报告）等。

（2）设立预算绩效工作小组。学校设立了预算绩效工作小组，由财务处牵头，主要负责贯彻实施预算管理、绩效管理等规章制度规定的具体工作，包括组织开展学校年度预算编制、执行分析和监督、调整、决算、绩效评价等工作，同时负责学校全面预算及绩效管理系统的建设工作。

（3）设立预算绩效评价小组。学校设立了预算绩效评价小组，成员由财务处负责人、发展规划部门负责人、校内专家、校外专家等组成，主要负责年初预算绩效目标的审核、重点项目事前绩效评估、项目预算绩效评价等工作。

2. 构建预算绩效管理相关制度体系

学校制订涵盖预算绩效管理各环节的全面预算绩效管理制度，将预算绩效管理工作规范化、常态化，包括制订和修订预算管理办法、预算支出绩效评价管理办法、各类建设项目的事前评审管理规定、预算项目库管理办法等。将绩效目标管理、事前绩效评估评审、事中绩效运行监控、事后绩效评价、绩效结果应用等有效融入预算管理相关环节，实现绩效管理和预算管理的深度融合，确保预算绩效管理各项工作有据可依、有章可循，夯实全面实施预算绩效管理制度的基础。其中，预算支出绩效评价管理办法应包含绩效评价的范围、评价主体的职责、评价遵循的原则、评价的主要依据、评价的对象和内容、评价标准和方法、评价的组织管理和实施、评价结果应用和公开等内容。

3. 搭建预算绩效信息化管理系统

学校在全面梳理信息化系统现状的基础上，根据长期战略规划，统筹设计了一套智慧化财务信息管理平台，其中包括全面预算及绩效管理系统，将预算管理和绩效管理相关规章制度植入系统，提升了预算管理与绩效管理信息化融合水平。同时，学校使智慧化财务信息管理平台与其他信息化系统进行互联互通，形成以绩效为导向、预算为主线、内控为保障的标准化、信息化管控体系，使预算绩效管理贯穿重点经济业务领域的各个环节，促进学校财务和业务最大限度地实现数据共享，形成从业务到财务的全链条闭环管理，较大程度地实现业财融合。

4. 筑牢事前绩效评估关口，分类开展绩效评审

事前绩效评估作为预算绩效管理的"第一关口"，在预算项目入库阶段决定着项目能否立项、入库是否成功的问题，是绩效管理与预算管理深度融合的重要环节，也是业财融合的深度体现。学校各部门在申请100万元及以

上的新增支出项目时或执行到期拟继续执行的项目经费前，须开展事前绩效评估，填写《预算项目事前绩效评估表》，充分论证项目申报必要性、投入经济性、目标合理性、实施可行性等，同时提交相应的佐证材料，评估结果将作为申请预算的必要条件。学校从涉及教育事业发展重要领域和关键环节的重点项目，以及没有明确支出标准且金额较大的重大支出项目中选取部分项目开展绩效评审。绩效评审结果作为预算安排的重要依据，预算安排金额不得超过绩效评审结果。各部门需要根据绩效评审结果完善项目实施方案、调整预算申请和改进相关管理工作。绩效评审不通过的项目不得被列入预算安排，真正实现无评估、不入库，不入库、无预算。

5. 建立全面预算绩效管理的长效机制

学校利用智慧化财务信息管理平台，对校内所有项目实行全面预算绩效管理，从绩效目标设置与审核、实施过程监控与调整，到项目结束绩效评价与结果应用，逐步建成全方位、全过程、全覆盖的预算绩效管理系统，有效提高经费"投入产出"效果，形成"预算安排—资金支出—绩效评价"的责任链和闭环管理。

（1）事前预算编制有目标。学校按照"绩效先行"的原则，将绩效目标设置作为预算安排的前置条件，推动绩效目标与预算同步布置、同步申报、同步审核、同步批复、同步公开。

学校组织各部门登录全面预算及绩效管理系统进行预算编制和绩效目标申报。预算绩效评价小组根据学校发展规划或战略目标，对绩效目标设置的科学性、合理性进行审核，并随预算"一下"将绩效目标审核意见下达各部门。各部门对绩效目标进行修改完善后随预算"二上"提交至学校。预算方案经过既定程序审议通过后，项目年初预算及绩效目标通过管理系统"二下"至各部门，由各部门遵照执行。

（2）事中预算执行有监控、有预警。学校利用全面预算及绩效管理系统定期监控和预警项目预算执行进度和绩效目标实现程度，按照"时间过半、任务过半"的要求，各部门查找异常原因、制定解决方案、列明纠偏所需时间，解决方案等经学校预算绩效管理领导小组审议后，按照意见整改，不整改或整改不到位的，收回预算资金供学校调配。同时，利用系统实时监控和预警支出超标准超预算、报销业务不符合规定经济分类、虚假或重复报销电子发票等现象。此外，通过合同系统实时监控和预警经办人是否超合同约定进度付款，以及支出是否落后于合同约定进度等。学校依托智慧化财务信息管理平台开展的一系列监控预算执行过程的工作，既能在预算绩效层面发挥引领指向作用，又能在内部控制层面发挥纠偏预警等作用。

（3）事后执行结果有评价。学校通过全面预算及绩效管理系统采用绩效自评和学校评价相结合的方式开展支出预算绩效评价工作。首先，各部门成立以部门负责人为组长的部门绩效自评小组，对照预算编制时设定的绩效目标，填报绩效指标的实际完成情况、自评得分、未完成的原因分析等，并上传佐证材料。填报完成后提交部门负责人审核、分管校领导审批。其次，学校预算绩效评价小组对照各部门的绩效目标，认真审阅各部门提交上来的指标完成情况、佐证材料等评价材料，核实各部门的自评工作是否按要求完成等。最后，实地开展绩效评价，采取分小组、分专业的方式，抽样对经费项目进行实地评价。实地评价采取听汇报、查资料、找数据、核收支、看现场、访谈追踪、询问解释等多种方式，完成项目现场资料审阅、采集评价数据、现场踏勘、公众问卷调查、评价打分等。重点评价项目实施过程的合规性，以及经费使用效果是否达到预期的绩效目标，是否获得预期的效益。[①]同时，对评价初步结果进行集体讨论和交叉复核，并将初评分数和初步评价意见下达各部门。各部门对初评结果进行意见反馈。学校预算绩效评价小组参考各部门的反馈意见，下达绩效评价最终得分和最终意见。

（4）评价结果有应用。学校预算绩效评价小组将绩效评价结果统一向学校预算绩效管理领导小组和学校党政领导班子汇报，由他们统一研究和处理评价工作中反映出来的问题，提出可行的改善建议，为学校提高资金使用效益、提升办学质量提供有价值的决策参考，同时，督促责任部门对评价结

---

① 杨晓伟：《第三方机构参与财政支出绩效评价研究——以 TJ 事务所为例》，云南财经大学，硕士学位论文，2004，第 31~32 页。

果中所提出的问题进行整改落实。此外，绩效评价结果将作为下一年度预算安排和学校机构绩效考核的重要依据。

（5）绩效信息有公开。学校加强预算绩效信息公开工作，加大力度推进预算绩效信息公开。学校将预算项目事前绩效评审结果、绩效目标、预算执行情况、绩效管理措施、绩效评价结果和整改落实情况等随学校预决算公开，自觉接受广大师生监督和意见反馈，着力提升师生参与预算绩效管理的积极性，共同为提高学校财务治理水平和助力学校高质量发展出力。

（二）推广价值

学校在智慧校园建设的大前提下，根据顶层设计和规划，从财务业务的全生命周期管理入手，搭建智慧化财务信息管理平台，并与其他业务系统进行对接和数据共享交换，逐步形成了一套涵盖重点经济业务，能够实现业财数据融合，并具备智能分析、监控、预警功能的以绩效为导向、预算为主线、内控为保障的信息化管控体系。经过近三年的上线运行，管理成效显著。

1.以绩效为导向，资源配置得到优化

预算绩效管理促进绩效管理与预算编制、执行、监督相融合，坚持目标—效果导向，强调成本效益、强化责任约束，做到花钱必问效、无效必问责。同时，帮助学校把有限的资金合理安排到符合学校发展规划、高产出、高效益的项目上，使学校资源配置得到优化、资金效益有效提高，促进了学校整体发展目标的最佳实现，助力学校高质量发展。

2.项目管理精细化，业财深度融合

以项目为核心进行预算及绩效目标的申报和执行，有效实现了学校预算项目的精细化管理。同时，将智慧化财务信息管理平台与资产管理系统、人事系统、学生 ERP 管理系统、科研管理系统、合同管理系统等深度对接，进一步扩展了财务边界，有效提升了学校业务支撑能力、工作效率和便利化程度，实现了业财深度融合。

3.以评促管，提高学校财务治理水平

将绩效评价结果作为下一年度预算安排和学校机构考核的重要依据，同

时强化绩效结果在预算编制、执行、监督各环节的应用，包括绩效评审不通过的预算项目原则上不安排资金，预算执行和绩效运行存在较大问题的项目调整资金安排，督促责任部门整改绩效评价发现的问题等，督促学校各部门增强自我约束，实现"以评促管"，提升各部门预算绩效管理水平和履职效能，提高学校财务治理水平。

4. 智能管理，财务服务效率显著提升

通过全面预算及绩效管理系统的逐步实施，预算及绩效目标"二上二下"、执行数据分析和监控预警、绩效评价等直接通过系统完成，这种方式完整、直观、可追溯。另外，线上填报、由智能终端自动处理重复性工作，以及标准化的预算编制和绩效评价流程，替代了完全的手工填报、数据汇总计算、手工将绩效实现情况与年初绩效目标对比等大量繁杂的基础工作，服务效率显著提升。同时，改善了数据漏算、材料丢失、来回版本过多等，使财务人员和老师们的体验感得到改善。

三　学校构建预算绩效管理体系面临的挑战

为优化资源配置、提高资金使用效益、助力学校高质量发展，学校采取了一系列强有力的预算绩效管理措施，同时面临诸多挑战，如尚未实施部门整体绩效管理、预算绩效指标体系还处在起步阶段、部分与财务紧密结合的业务信息化系统尚未建立等，学校需要采取有效措施，进一步完善学校预算绩效管理体系。

（一）缺乏部门整体绩效管理机制

目前，学校仅对项目支出进行绩效评价，以项目论项目，没有上升至学校整体发展层面，导致预算安排缺乏顶层设计。

（二）预算绩效评价指标体系不够科学完整

目前，学校的绩效评价指标体系还处于初步阶段，覆盖范围比较小，指

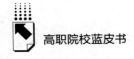

标设置比较简单。绩效评价指标主要选择财政部门评价报告中的指标，这些指标以财务指标为主，没有考虑到项目业务的实际情况。

（三）部分与财务紧密结合的业务信息化系统缺失

目前，学校采购管理系统、工程项目管理系统处于调研阶段，未搭建或未上线运行。因此，学校现有信息化系统未能与采购管理、工程建设项目管理相衔接，采购和工程建设方面的预算绩效信息未能通过系统同步至财务终端，因此，与之相关的绩效管理、风险防范和内控措施不能通过信息化手段落到实处。

四 学校进一步推进构建预算绩效 管理体系的对策建议

学校针对在预算绩效管理过程中存在的问题，举全校之力，以高质量发展为核心，进一步推进预算绩效管理体系的建设，充分发挥财务支撑、助力和引导作用，提高学校治理能力现代化水平。

（一）提高站位，建立部门整体绩效管理机制

学校将进一步开展部门整体绩效评价，在对资金支出绩效进行综合测量的基础上，确定部门整体资金绩效水平，诊断问题，分析原因，提出改善对策，使绩效评价更能一针见血，资金使用更能提质增效。学校在组织部门绩效目标编制时，组织各部门结合学校中长期发展规划，以及本年度部门应完成的重大建设任务来编制，保证绩效目标具有全局性和宏观性。此外，要仔细梳理部门总体绩效目标与各预算项目绩效指标的逻辑关系。部门总体绩效目标应当高度概括各校内预算支出项目的建设内容及绩效指标，应提炼部门本年度最核心的重点建设内容。

（二）对标分析，完善预算绩效指标体系

学校将按照"科学合理、细化量化、可比可测、动态调整、共建共享"

的原则，结合各部门工作职责和实际情况建立完善"共性+个性"的绩效指标体系，提升绩效管理的标准化和规范化水平。利用全面预算及绩效管理系统将运行以来的绩效目标申报和绩效评价结果情况归集起来，并对历史数据进行统计分析，发现各核心目标的指标值及实现值的变化趋势，利用历史标准逐步建立预算绩效指标标准体系，解决绩效指标设置中时常出现的指标值主观设置过低从而被轻易完成的问题，以标准作"门槛"，科学评判产出和效果的"高"或"低"，让绩效指标说出"公道话"。

同时，参照升本的标准，寻找对标学校，结合学校发展规划，归纳整理出一套预算绩效指标体系，并针对指标体系广泛征求意见，不断修订，形成一套全面的、可操作的、能引领学校教育事业高质量发展的预算绩效指标体系。

（三）完善信息化生态，加快信息化建设进程

学校将以预算、绩效为主线，推进部门预算以及重大专项相关业务、财务、资产等数据资源整合，同时，以内部控制规范列明的重点经济业务领域为基础，查漏补缺，加快构建采购管理、工程项目管理等信息化系统，完善信息化生态。业务部门在申报工程项目和采购项目时，能通过信息化系统在每个项目申报材料中建立与工作任务、中期规划、年度预算、绩效目标等的关联，切实促进学校预算、执行、核算、绩效方面的资金和业务管理大循环，实现预算绩效内控一体的智慧化管理，提升学校整体内控管理水平和财务治理能力，提高财政资金的综合使用效率。

B.14
"强预算、防风险、抓绩效" 预算管理一体化实践

广东水利电力职业技术学院

摘　要： 随着职业教育的迅猛发展，财政监管力度的不断加强，为满足全面预算绩效管理和内部控制建设需求，精细化推进预算绩效管理一体化建设势在必行。基于此，各高职院校以国家政策为依据，以"预算绩效建设"和"信息化建设"为切点，探索具有行业特色、满足学校治理需求的一体化建设，现已初具成效。存在的问题主要是预算、内控、绩效尚未达到深度有效融合，同时一体化建设精细化程度有待提升。后续仍需以"强预算、防风险、抓绩效"为主线，打通关键节点，优化分配方式，深化业财融合，增强效果应用，逐步推进高职院校预算管理一体化建设。

关键词： 全面预算管理　绩效管理　预算绩效一体化建设

一　学校预算绩效管理现状

在党中央国务院全面实施预算绩效管理、财政部积极推进预算管理一体化改革的背景下，高职院校高度重视学校预算绩效管理，积极探索既能满足国家、省级财政管理需求，又能满足内部精细化管理需求的管理模式。本课题组通过对多所高职院校的走访，组织专题调研，深入调研高职院校预算绩效精细化管理的现状，全面梳理问题并分析原因。经研究分析，高职院校预算绩效管理现状大致表现为以下几点。

（一）建章立制，加强顶层设计

随着财政监管力度的不断加强，预算绩效管理和内控建设作为提升学校治理能力的重要手段，越来越受到学校领导层的认可。一些学校开始重构组织机构，明晰部门职能；优化管理机制，成立了内控领导小组及工作组、绩效领导小组及工作组。同时，以预算绩效管理为依托，制定和完善预算、收支、采购、资产等经济业务环节的管理制度（见图1）。

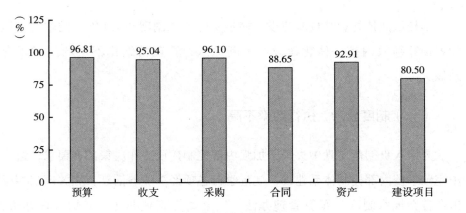

图1　高校制度完善情况

资料来源：《高职院校预算绩效内控一体化现状研究白皮书》。

注：《高职院校预算绩效内控一体化现状研究蓝皮书》，基于8大区域高职会计分会会员，300份有效调查问卷，近100所高职院校专题调研，近200个高职院校的应用案例的研究。

（二）加强信息化，广泛应用信息系统

随着信息技术的不断完善，高校信息化程度明显提升，各种信息系统、软件模块被应用于高校业务管理中，例如学生管理系统、教务系统、财务核算系统、预算管理系统、合同管理系统、采购管理系统、后勤管理系统等。据统计，高职院校建立使用的信息系统数量众多，个别学校甚至超过了25个。

（三）深入挖掘，稳步推进预算绩效管理

在预算绩效管理方面，多数学校尚处于起步阶段，信息化建设、实施方

式、组织机制、制度建设等方面尚处于摸索阶段，事前、事中绩效管理、事后绩效应用不够到位，绩效结果导向成效不够显著；当然也有少数佼佼者在该领域成效显著，将"立项有依据、绩效有目标、计算有标准"落到了实处。

二　存在的问题及原因

学校虽然依托智慧校园建设，初步实现了"制度+信息化"的融合，但随着预算绩效内控一体化建设的不断深入，管理精细化不足的问题逐渐凸显。

（一）制度繁杂，执行效率不高

为深入贯彻落实党中央关于加强内部控制建设工作决策部署要求，进一步完善学校内部控制体系建设，规范学校各项经济业务活动，相关部门相继出台各类规章制度（预算管理办法、资金核算管理办法、采购管理办法、合同管理办法、验收管理办法等，见图2）。各项制度相互勾稽配合，却又自成体系，繁杂的制度和内控稽核流程使得业务人员望而却步，业务人员因不熟悉招标、采购、报账、合同、验收等办事流程和规则，造成工作进度反复、迟缓，影响预算执行效率。

（二）系统多样，对接程度单一

随着学校智慧校园建设的日趋完善，各职能部门逐步实现办公信息化。然而各系统相互独立或局部对接（见图3），数据联通不畅，无法实现资源共享，致使管理成本增加。以采购业务为例，业务人员须在采购系统发起采购申请，完成采购各环节的流程；推送合同管理系统，进行合同签订的审批流程；达到验收标准，归口部门组织验收；完成验收，业务人员在智能网报系统发起报账申请，完成审批；推送核算系统，完成最终核算。纵观整个流

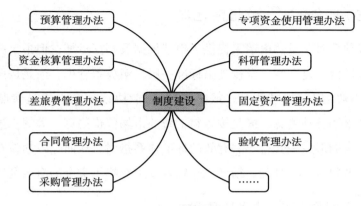

图2 制度建设

资料来源：顺德职业技术学院内部资料。

程，各个环节归属部门的不同，采购、合同、核算等管理系统也不尽相同。因此，如何使各项系统相互串联，满足当前资源共享和一体化管理需求，是我们亟须解决的一个问题。

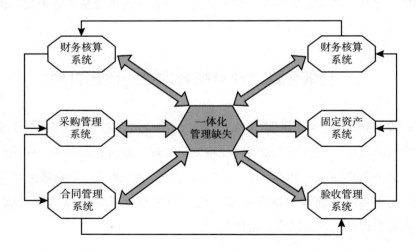

图3 多系统对接

资料来源：顺德职业技术学院内部资料。

（三）标准缺失，合理配置困难

申报预算时，虽然申请人提供了申请依据及测算标准，但由于高校业务活动的多样性、复杂性，学校支出标准一般呈粗放型管理，或是按照部门人数/学生人数×定额标准测算，或是按照合同/协议测算，或是参照历史数据、考虑市场波动测算，或是按照料工费的市场价格测算，等等。虽形式多样，但却未能形成一套科学、有效的标准体系指引，从而导致学校在分配资金时难以做到科学、合理、精准，一定程度上影响了资金的有效利用。

（四）资源分散，决策难度较大

因各职能部门管理系统分散，大量信息碎片化分布，没有形成集合式一体化管理，从而造成同一项目的执行资料需要找不同职能部门获取，给领导决策造成极大的不便。决策层只能通过会议、座谈、部门汇报的方式了解学校预算的执行状态、难点及待解决的问题。由于信息滞后，较难及时精准反映学校年度预算绩效完成情况，财务部门在学校治理上无法很好地发挥决策支撑作用。

三　精细化推进预算绩效内控一体化管理

2022~2023 年，学校围绕建成"全方位、全过程、全覆盖"预算绩效管理体系的目标，加快预算绩效内控精细化管理，创新管理技术，优化管理手段，借助预算绩效一体化平台（以下简称平台）建设，全面推进精细化管理，力求实现"预算编制有目标，预算分配有标准，预算执行有监控，预算效果有评价，评价结果有运用"。

（一）强预算，立体化推进预算管理

学校以项目管理为切入点，严格贯彻"先有项目后有预算，先有预算再有执行，无预算不得执行"管理理念，利用信息化手段和人工智能技术，

切实做到"两个严格"，实现项目管理和预算管理的无缝衔接和有效联动，推动预算编制的标准化、精细化。

1. 完善顶层设计，夯实管理基础

近年来，学校紧扣政策指引，关注财务信息化智能化建设实况，逐步建立了"制度+管理小组+系统"的精细化预算管理机制，引导有关部门梳理制度、流程，打通系统壁垒，即以制度为依据，明确各部门在预算编制、执行、评价等环节的职责；以管理小组为指导机构，对预算、内控、绩效评价等环节进行监管；以信息化系统为载体，将学校的管理制度、审核流程、编制和稽核规则等内嵌系统，为预算绩效精细化管理提供技术支持。

2. 紧扣规划发展，动态管理项目

为实现预算绩效精细化管理，2022年学校依托"制度+信息化"建设，对项目库管理进行升级改造。

首先，将学校战略规划与精细化申报项目相融合。明确项目库管理两大理念：一是明确入库原则，即所有申报入库项目均需明确是否关联学校的事业发展规划，是否契合部门的发展需求；二是以规划为起点，依托系统科学化、精细化申报项目，形成申报有规划、事前有论证、入库有标准、执行有计划的项目库管理方式。

其次，重新梳理项目入库流程、明确有关部门职责，形成"申报部门论证必要性、可行性、经济合理性—归口部门组织校级审核论证—预算绩效管理工作组负责项目轻重缓急排序"的项目入库流程，初步实现预算安排向上有发展规划指引、向下有项目储备支撑。

最后，项目库实行"三动态"管理。动态储备，业务部门按照"成熟一个、录入一个"的原则，动态申报项目，提前评审论证，提前明确计划，切实做好项目前期准备工作。动态调整，归口部门依据学校规划动态调整项目，对已申报入库项目进行整合或重组。动态清理，超期未安排预算、超期未完成项目、考核不合格项目等，财务部门定期清理出库，初步实现项目管理的线上、线下联动。

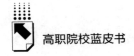

3. 明确支出标准，科学编制预算

为进一步规范预算编制标准，规范绩效指标设置，实现科学化、精细化编制预算，学校着重加强了标准建设及重点支出管理。

首先，制定支出预算标准。2022 年学校财务部门牵头，联合相关部门，对支出标准、绩效指标进行了梳理、整合。借助"平台"将有关支出标准、绩效指标、填报规则、审核流程等内嵌系统，设定多类型个性化预算申报模板，引导申报部门规范申报预算，提高了预算编制的精细化和标准化程度，为预算执行统计、分析提供便利。

其次，项目式管理重点支出。将基本支出中的重点支出如人员经费、学生活动经费、大型修缮等均以项目管理的形式申报，明确测算标准和依据。

最后，强化预算绩效审核。预算编制实行"双审核"机制。初审为系统稽核，预算管控系统依据内置规则，对绩效目标的规范性进行审核，对项目前期佐证材料的完备性进行审核。部门负责人、归口部门负责人对申报预算的可行性、必要性、绩效目标设定的合理性和可行性进行二次审核。

（二）防风险，智能化实现"双重监控"

随着预算编制的科学性、准确性不断提升，如何在实际执行中规范支出范围、有效推进项目执行进度成为一个重点问题。为此，学校尝试通过"双重监控"实现执行中的过程监督。[①]

1. 标准化管理，监控支出合规性

学校加大内控建设力度，修订相关制度，优化内部控制流程，并将规范化、标准化稽核规则内嵌到系统中，实现智能稽核、自主审批、自动制单，减少人为审核带来的差错和稽核风险。

---

① 刘嘉彬：《高校全面预算内控绩效一体化管理系统建设研究》，《无锡职业技术学院学报》2023 年第 22 期。

2. 精细化管理，监控执行有效性

依托"预算管控系统"实现了从项目入库、预算编制、预算下达、预算调整等各环节的数据共享，做到精细化管理。学校将"智能网报系统"和"预算管控系统"充分融合，初步建立了预算执行、进度反馈的动态监管机制。通过多维度、多层次智能分析，对预算执行进度不理想的项目做到及时发现、及时反馈、精准提醒、信息通知，有效确保资金支出进度和绩效目标如期实现。

（三）抓绩效，系统化实现绩效追踪

"花钱必问效，无效必问责"，学校逐步完善流程，实现资金与绩效的有效匹配。

1. 建立绩效指标库，提升规划融合度

注重绩效目标、绩效指标设定，梳理省财政预算系统、重点项目、经常性项目的历史绩效指标，初步建立学校绩效指标库。将战略规划分解融入学校绩效指标库，在进一步提升项目申报与战略规划的融合度并方便绩效指标选取的同时，也提升了业务部门对绩效申报的熟悉度和满意度。

2. 绩效动态监控，提升"钱事"关联性

学校初步搭建了绩效监控模块，实现了绩效信息动态监管。以某一项目为例，通过数据互通，自动抓取该项目预算申报时的绩效指标信息，定期反馈给项目负责人，提示其填报绩效指标完成情况，自动生成指标完成值。监控过程中，可通过智能分析，对偏离绩效目标的支出进行风险提示，对逾期未完成的绩效指标及时反馈、精准提醒，注重预算执行和绩效执行的匹配性，确保绩效目标如期实现。

3. 定制化模板，提升绩效评价精细化

学校实行一般性项目绩效自评、重大项目自评和第三方机构评价相结合的绩效评价方式。绩效自评采用线上填报、逐级汇总的方式，根据预设的绩效自评模板，自动匹配预算申报时的绩效指标，确保负责人按申报时的绩效指标填报，自动生成自评报告内置表格数据，逐级自动汇总，各级负责人经

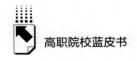

过修改完善即可汇总形成整体自评数据。此外，系统能直观反映绩效不达标情况，提请报告使用人重视。

四　取得的成效

近年来，我校不断完善预算绩效内控管理，以制度建设为依托，以信息化建设为手段，不断优化部门协作方式，增强预算编制、执行、绩效的精细化过程化管理，初步实现预算绩效内控全流程监管。

（一）实现以目标为导向的精细化管理

通过"平台"建设，初步实现预算管理与绩效目标融合，以绩效目标引领预算编制、绩效目标约束预算执行。学校将绩效目标嵌入预算编制、执行环节，将填报规则、智能化提示嵌入系统，配备指标库、标准库、政策库等内容，提高申报人填报效率和执行质量。

（二）打破系统壁垒深化业财融合

通过"平台"建设，整合、内嵌内控规则，以绩效为主线，推进业务、财务、资产等数据资源串联与整合，构建覆盖全面、业务协同、上下贯通、开放共享的绩效大数据应用格局，发挥大数据在资源共享、数据分析、风险预警等方面的作用，解决业财融而不和的问题。

（三）资源共享有力支撑学校决策

"平台"可实时、多维度监控经济活动，提供多维度决策支持。根据预制的分析模板和报表，自动生成事前、事中和事后的决策支持数据，各级领导在权限范围内通过可视化界面，可直观获取预算执行、绩效进度、风险提示等信息，有利于全程控制和实时决策。还可通过内控驾驶舱、审批桌面、工作提醒、风险智能检查和统计分析等多维度信息为领导决策提供直观准确高效辅助。

五 预算绩效一体化建设完善方向

（一）优化预算分配方式

依托"平台"进一步优化预算分配方式，将预算经费分事项按计划下达，做到预算与事项相匹配，事项与绩效相匹配，强化预算约束，提升绩效目标与预算执行的匹配度。

（二）完善事前评估机制

事前评估机制由粗放型逐渐转型为集约型，注重建章立制，从制度上约束，按业务类型有针对性地建立不同评估机制，提升预算编制的准确性。

（三）增强绩效结果应用

将绩效评价结果与以后年度预算资金及绩效管理相结合，优先保障绩效评价结果优良的项目，对绩效评价结果合格项目加强日常监管，绩效评价为差的项目责令整改，并视情况调减，甚至不安排预算，切实加强绩效结果应用。

六 相关建议

高职院校应抓住预算管理一体化的建设机会，加强顶层设计，树立以绩效为导向的预算绩效管理理念，助力财务治理转型升级。对此，提出以下几点建议。

（一）加强项目库管理，构建预算绩效指标体系

优化项目库管理，强化项目论证，理顺支出标准，严格把控入库标准，常态化动态储备预算项目。同时，自行梳理或聘请第三方协助构建多

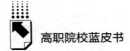

层次预算绩效指标体系，将预算绩效指标体系充分应用于绩效目标编制、绩效运行监控和绩效评价等预算绩效管理全过程，突出目标导向，强化责任约束，为预算绩效管理提供有力支撑，从而逐渐形成自我约束、自我评价的管理意识，达到目标、投入、产出、效果的良性循环；进一步提升学校财政支出预算绩效管理的科学化、精细化水平，提高财政资金资源配置和使用效益。

（二）打破信息孤岛，推动一体化进程

借助信息化手段，打造预算绩效一体化信息平台。以平台为媒介，融通项目信息，打破人员、预算、采购、合同、资产、核算、绩效评价等多系统跨部门信息孤岛，完成与预算一体化系统的实时交换对接，实现实时动态监管项目，推动预算的全过程、一体化管理。

（三）预算与绩效双监控，完善过程管理

注重过程管理，构建预算执行与绩效执行联动机制。项目实施过程中，要把预算执行和绩效执行放在同等重要的位置，同步监控，及时敦促执行、堵塞漏洞、纠正偏差，做到执行效率和执行效益双管齐抓，① 从而实现以绩效为导向、精准定位项目执行状态、全过程追踪管理的监管模式，进而提升学校的资金使用效益和管理效能。

---

① 戴文婕：《预算管理一体化背景下高校全面实施预算绩效管理研究——以 H 大学为例》，《财政监督》2023 年第 17 期。

B.15
基于系统整合的预算管理一体化实践探索

黄河水利职业技术学院

摘　要： 近年来，预算绩效内控一体化已成为高职院校财务工作建设的重
点内容。在多年的财务实践中，黄河水利职业技术学院紧紧围绕
资金预算、绩效及内控管理的实际要求，全面梳理了经济业务流
程，从严守预算绩效内控一体化规范、统一一体化系统技术标
准、推进财务业务模块化、再造业务流程化四个方面着手，加大
对一体化财务信息系统的整合力度。在一体化建设过程中，存在
的问题主要有：预算绩效内控管理制度和管理模式亟待完善，财
务软件智能化水平有待提高，财务系统整合度及平台安全性需进
一步提高。鉴于此，高职院校需要不断加强预算绩效内控管理制
度建设，加大信息化、智能化系统整合改造力度，创新预算绩效
内控管理模式，以提升学校治理能力和治理水平。

关键词： 预算绩效管控　系统整合　智能化　一体化系统　治理能力

一　现状分析

预算绩效内控一体化建设是党中央、国务院对财政工作的新要求，是在
历次预算改革和构建现代预算管理制度框架的基础上，充分利用系统思维和
现代信息技术手段、不断深化预算管理制度改革探索出的有效途径。近年
来，全国各地紧紧围绕统筹推进"五位一体"总体布局和协调推进"四个
全面"战略布局，创新预算管理方式，陆续出台了适合本地实际情况的预

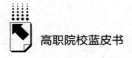

算绩效管理实施意见，并初步实现了建立全方位、全过程、全覆盖的预算管理一体化系统的目标，[①] 极大地促进了高等职业院校预算绩效内控一体化建设。

（一）构建了以制度为核心的一体化支撑体系

为促进预算绩效内控一体化建设工作有章可循、有规可依，高职院校以省级财政部门出台的预算绩效管理方案为依据，结合单位财务工作实际情况，健全和完善一系列财务管理制度，从预算绩效内控总体要求、具体目标、管理体系、保障措施等方面对一体化建设工作做了明确规定，涵盖了事前绩效评估、事中绩效监控和事后绩效评价等全流程和业务运行管理过程，这种以制度为核心的一体化支撑体系为后续的建设工作奠定了坚实基础。

（二）初步建成以现代信息技术为手段的一体化平台系统

利用现代信息技术，依托原有预算管理一体化系统平台，高职院校加大预算绩效内控一体化管理系统整合力度，强化财务预算的导向和支撑作用，将内部经济业务事项的管理内嵌到信息系统中，实现以信息化建设促进学校管理水平的提升，基本达到以下目标。

1. 财务管理智能化及效率化

通过一体化系统建设，可使经济业务单据处理流程固化，完成数据的自动推送、自动获取和自动汇总，实现数据处理由人工逐步向信息系统转变。

2. 数据使用自助化

经济业务经办人在系统授权范围内，利用移动互联网和固定终端实现"一号通"单点登录，可以随时随地登录系统查询自己需要的信息，并实现远程办公。

3. 数据处理一体化

通过财务系统整合，基本覆盖预算、项目、采购、合同、收支、资产等

---

① 《中共中央国务院关于全面实施预算绩效管理的意见》，中国政府网，https：//www.gov.cn/zhengce/2018-09/25/content_ 5325315. htm。

经济业务，固化相关组织、规章、制度、流程、岗位、业务的具体要求，实现财务数据自动审批、流转和汇总，推动财务工作从"立规矩"向"见成效"转变。

4.监控、预警一体化

整合后的预算绩效内控一体化管理模块的运行使财务预算管理流程形成闭环，做到业务有跟踪、审批有依据、进度有监控、完成有评价、监督有保障、问责有证据，以数据驱动财务治理和财务决策，实现对预算绩效管理的全方位、全过程、全覆盖的监控，并对可能的风险点做到及时预警提示。

（三）初步实现业财融合的运行管理模式

高职院校以学校网络为载体，充分利用"互联网+"、物联网、大数据等现代信息技术，使学校的各种建设活动逐步实现数字化、网络化和信息化，将整个学校的经济业务和财务工作有机地连接起来，不断实现业财融合创新，消除业务壁垒。绝大多数院校是以项目备选库建设为起点，以财政预算资金流动为主线，打造建设项目的业务数据流、业务管理关系流和资金流"三流合一"的全流程预算绩效内控一体化信息化系统。相关部门根据管理权限和范围，利用平台系统完成经济业务办理、资金管理、业务审批、财务报销和检查等工作。由于整个信息化管理系统的开放性和透明性，整个流程的业务数据、管理关系和资金流动在系统中一目了然。当事人可以随时随地掌控工作进度、完成内容、谁管理、谁审批、财务支出等情况。全流程运行管理模式极大地提升了预算资金监控公开性和透明度，不断规范经济行为，提升了预算资金管理效率。

二　主要做法及经验

长期以来，黄河水利职业技术学院一直致力于财务信息系统之间的整合以及智能预算绩效内控一体化建设工作，尤其被确定为中国特色高水平高职

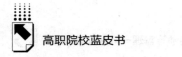

学校和专业建设计划 A 档建设单位之后，近三年就投入 8923 万元加快打造一体化建设。依托智慧校园建设，从提高技术、完善体系、提升能力三个方面同时发力，加大财务信息系统优化整合力度，努力打造"搭预算平台""建绩效应用""做内控治理"的智能财务一体化模式，有效支撑了"双高计划"、职教本科等建设项目高质量发展。

（一）依法规范管理，严守智能预算绩效内控一体化规范

学校深入贯彻财政部关于印发《预算管理一体化规范（试行）》的通知要求，加强财务系统优化整合，按照预算管理主体流程基础信息管理、项目库管理、预算编制、预算批复、预算调整和调剂、预算执行、会计核算、决算和报告 8 个主要环节，构建以黄河水利职业技术学院章程为统领的各级预算管理制度体系，从组织机构、制度保障、流程再造、规范标准等方面构建完整的智能预算绩效内控一体化管理体系框架，坚持依法规范管理，严格落实预算绩效内控一体化管理制度。

（二）强化系统优化整合，统一智能预算绩效内控一体化系统技术标准

学校参照《财政预算管理一体化系统技术要求》，制定《黄河水利职业技术学院专项资金预算管理一体化系统技术标准》，对智能预算管理一体化系统建设有关的数据结构、接口标准、逻辑库表、系统软件质量标准等技术标准进行规定，用于规范智能预算绩效管理一体化系统的设计、开发、对接以及数据交换与共享等，保证预算管理流程、管理规则和管理要素贯彻落实到预算绩效内控一体化管理系统中。

1.财务数据整合层面

学校在明确财务数据整合目标和需求的基础上，对现有的业务和财务数据（数据来源、数据格式、数据质量）进行分析和评估，确定需要整合的数据范围和维度，并制定财务数据标准和规范。通过对不同来源的财务数据进行整合，打破多源财务数据之间的"边界"，实现财务数据与业务数据的协调融

合；通过分析财务系统数据流转过程、系统接口方式，确定财务数据交换方式或者系统转换策略，实现对财务数据的整合，提高财务数据质量和管理效率。[①]

2.财务业务层面整合

学校以实现财务信息资源共享、提高决策效率和协同工作为目标，不断加强财务部门和业务部门的沟通与协作。财务部门通过了解业务和交易模式，建立财务数据指标体系和标准；业务部门通过掌握财务知识和风险，构建完善的决策风险控制机制。通过建立统一的信息化平台，将财务和业务数据整合到一个系统中，实现信息资源共享和数据同步更新，建立标准化业务流程和数据。同时，通过制定统一的标准和规范来实现财务业务整合，制定财务管理办法，全面建立预算管理、资产管理、绩效考核等管理办法，实现资源的优化配置和经济效益的提高。

（三）推进业务模块化建设，持续提升一体化服务质量

依托优化整合后的一体化管理平台，学校积极推进智能预算绩效内控模块化建设。目前，已建设完成涵盖收费开票、在线网签报账、会计核算、财务一体化、内部控制填报、财务决算、财务报表、发票查验等模块的系统，且全部实现信息化，部分系统实现了互通互联，为智慧校园、"双高计划"项目、职教本科建设提供统一的财务基础共享和数据服务。

在完善经济业务智能模块建设的同时，不断优化整合模块信息系统。现已完成将部门预算系统、在线网签报账系统、会计核算系统、发票查验系统、专项资金监管系统、工资查询系统、资产管理系统等嵌入OA智能办公系统，初步实现经济业务流程、会计业务处理流程、管理流程智能一体化处理，最大限度地实现财务信息数据共享，做到全景管控经济业务。业务经办人利用系统可随时查询业务"谁办理""在哪里""问题是什么""如何处理"等信息，极大地提高了财务管理服务水平。

---

① 李亮、黄文斌：《浅谈信息系统整合思路与实现》，《中国管理信息化》2021年第23期。

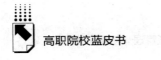

（四）加快业务流程化再造，全面提升治理水平

根据财经法规，学校以预算管理和业务流程管控为核心，对经济业务流程节点进行风险点分析和风险控制点分析，设置业务部门、职能部门、校领导等相应的职责和权限，创新设计了项目库管理、预算编制、预算下达、预算控制、预算执行、绩效管理、资产管理、内部控制管理等具体业务流程清单，逐级落实总责要求，形成信息化内控合力，减少或消除人为风险，并将业务以清单形式进行项目量化分解，力争做到职能职责"全覆盖"，任务预算"严把关"，建设执行"重实效"。通过预算—核算—结算—决算—绩效评价等一体化流程，实现财务数据与人事数据、科研数据、国资数据、教务数据等共享共用，提升了学校治理能力和治理水平。

三　系统整合面临的挑战

在建设和使用智能预算绩效内控一体化过程中，众多高职院校虽然取得了很好的成绩，但在实际工作中也遇到了一些问题。

（一）预算绩效内控管理制度和管理模式亟待完善

部分高职院校在进行经济业务全面梳理的过程中，完善和健全了一系列制度文件，对解决学校部分经济业务"无规可依""有规不依"的问题起到了极大推动作用。但是，随着国家财经法纪不断完善、新的经济业务出现和信息化建设水平快速提升，从当前高职院校预算绩效管理实际工作来看，在项目库管理、预算资金管理、收支管理、招投标管理、资产管理、内部审计等内部控制制度和管理模式方面还存在不足。

（二）财务软件智能化程度有待提高

在财务实践过程中，绝大多数财务软件智能化程度较高、功能齐全、性能稳定，但是部分财务模块化系统还存在功能不齐全、性能不稳定、智能化程度较低的现象，如财务支出系统虽然根据内控管理要求实时做出预警提示，但是产生风险的预警原因比较概念化，进而影响正常的财务工作。

部分财务软件购买时间久远，在当时的技术条件下无法实现较高的智能化或系统设计者没有充分考虑多功能需要，导致软件的智能化程度不高。同时，随着物联网、大数据等现代信息技术的飞速发展，财务系统不断升级换代提速，智能化程度越来越高，这也造成了以往和现在财务系统智能化的巨大差距。

（三）财务系统整合度及平台安全性需进一步提高

在一体化系统建设过程中存在财务系统之间优化整合还不到位，数据无法相互关联和转换的问题。如部分院校的项目库管理系统与财务报账系统、资产管理系统等因无法联通而不能实施有效的智能化管理；不同系统导出的财务数据信息格式不同，不能够直接利用相应信息，需要实施大量数据转换。因此，在实际财务工作中，财务人员有时并没有真正享受信息化、智能化所带来的便利，部分工作反而增加了工作量。与此同时，整合后的智能预算绩效内控一体化平台的安全性和可靠性还需要进一步提升。

在财务系统设计生产过程中，由于涉及不同软件厂家的知识产权保护，软件生产商没有预留相应的财务数据接口，而其他软件供应商一般也不愿意或者无法打通数据接口，形成了财务系统之间的数据"壁垒"或财务数据信息"孤岛"现象。

四　进一步建设的对策及建议

高职院校应紧紧抓住数字化、网络化、智能化融合财务业务工作发展的良好契机，坚持以智能预算绩效内控一体化为主要突破点和主攻方向，推动智能财务技术变革和优化升级，助推预算绩效内控运行和管理模式发生根本性转变，持续推进系统优化整合，深入实施智能预算绩效内控一体化系统建设。

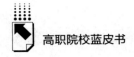

（一）健全和完善预算绩效内控管理制度，实现精细化和精准化管控

高职院校应在全面梳理预算、财务、资产、招投标、项目库、合同、基建、科研、审计、内控、绩效、评价和监督等经济业务基础上，根据现行的法律法规、内部控制机制及风险控制措施，积极总结预算绩效内控管理工作经验成果，不断完善预算绩效内控管理流程规范，提高管理制度的适应性，实现精细化和准确化管理。同时，进一步优化业务流程及管理制度，从学校层面和业务层面实施控制、评价与监督控制，指导和规范智能预算绩效内控一体化的建设和实施，为一体化制度及系统建设提供保障。

（二）加快信息化、智能化系统整合改造

依托现代科学技术，以制度为准绳，以业务需求为导向，加大业务系统和财务系统整合力度。通过财务信息系统集成顶层设计，制定分层、分类推进解决方案、标准以及路线图，遵循内部控制制度规格标准要求，从数据层面和业务层面加快推进财务预算、收支管理、税费系统、政府采购、资产管理、项目库管理、绩效管理及信息化管理平台等核心软件系统优化整合，实现跨系统的经济业务系统协同。① 打通数据接口联通，实现系统间的数据与信息共享，构建相互支撑、有效制衡、有效监督的完整智能预算绩效内控一体化体系。逐步淘汰一批落后的财务信息模块系统，及时更新智能化、信息化程度较高的业务系统模块。不断简化办事流程，实施智能化、数字化改造，利用数智化工具，发挥出数据价值，赋能业务和财务管理，实现数据资源与业务高度融合。积极推动财务支出和报账系统管理财务机器人的引入，实现自动网银转账、银行对账、票据收集和整理、单据扫描、生成凭证。加快推进智能票据传递柜和财务查询终端项目建设，完成票据收集、整理、查询及业务处理等服务功能，实现"数据多跑路、师生少跑腿"的目标，在

---

① 刘林：《财务信息系统集成建设框架设计研究》，《中国管理信息化》2020 年第 12 期。

全校范围内形成一个互联互通的业务数据流、业务管理关系流和资金流"三流合一"的现代智能预算绩效内控一体化信息化体系。

（三）强化一体化平台功能性与安全性建设

一体化平台是财务和业务的高度融合，是一个信息大汇集、大整合的运行过程，安全性和可靠性是其平稳运转的基础。① 因此，平台建设既要充分考虑到使用上的功能性和便利性，更要注重安全性和可靠性。学校根据智慧校园发展的需要，结合业务管理和财务管理特点及实际需求，基于新一代互联网技术加快定制开发一体化智慧管理服务平台，将学校各种业务系统、数据资源和管理流程融入到统一的一体化基础架构平台中，实现各种服务的集成和个性化定制。同时，建立起完善的安全管理体系，不断加大技术创新力度，严格控制数据访问和处理的权限，采用主流的信息技术（云计算等）实施一体化平台建设，保证数据存储、传输、操作安全，同时确保高访问数量下系统的稳定性和安全性。

（四）创新预算绩效内控管理模式，提升学校治理水平

改变传统的以财务事后监控为主的管理模式，运用新技术、好技术的叠加融合，紧紧围绕数据标准、整合信息系统、数据采集、数据分析应用、绩效管控等持续深化一体化建设，加快构建现代信息技术条件下"制度+技术"的管理机制，形成以业财融合为主线，以预算管理和业务流程管控为核心、以预算绩效管理为手段、以内部控制为抓手、以智能化技术平台为载体的现代智能预算绩效内控一体化管理体系，做到事前有预算、事中有控制、事后有监督，不断强化对财务数据的管理能力，实现数智赋能，规避经济风险，促使业务管理、服务管理更加高效，提升一体化管理的规范化、标准化和智能化水平，为学校高质量发展保驾护航。

---

① 田继兵：《高校预算绩效管理信息化平台建设》，《财会月刊》2022 年第 18 期。

B．16
基于项目管理的一体化平台建设实践

浙江商业职业技术学院

摘　要： 在高职院校财务治理现代化赋能学校高质量发展背景下，基于浙江省财政厅对高校的管理要求，浙江商业职业技术学院在全国率先提出构建以重大项目管理为逻辑起点的一体化平台建设，实现校内项目库、内控及绩效平台一体化建设，解决目前高职院校预算、项目库、采购、合同、资产、网报等系统"各自搭台、分头唱戏"的困境，实现对高校经济业务的全生命周期管理，大大提升高校资金配置效率及使用效益，该建设实践案例在浙江省高职院校财务数字化过程中具有可复制性，对全国高职院校相关项目建设有借鉴作用。

关键词： 校内项目库　内控　绩效管理

浙江商业职业技术学院前身为创办于 1911 年的杭州中等商业学堂，2019 年成为中国特色高水平专业群建设单位。学校根据教育部、财政部印发的《中国特色高水平高职学校和专业建设计划项目遴选管理办法（试行）》《中国特色高水平高职学校和专业建设计划绩效管理暂行办法（教职成〔2020〕8 号）》《现代职业教育质量提升计划资金管理办法（财教〔2021〕270 号）》等文件精神，基于教育部对"双高"建设任务管理要求、浙江省高职院校"双高"管理实际情况，坚持问题导向，加强顶层系统化设计，遵循"管理创新+技术协同"的理念，推动业务与数字化技术的深度融合，经过三年多研究实践，在全国率先构建基于重大项目管理（如国家双高项目）的校内项目库、内控及绩效一体化平台（见图1），实现高职院校管理中业务与财务深度融合，破除业务壁垒，充分利用主数据管理、微服务架构等新技术及业、财、效、控一体化新模式优化现有业务流程，重构现有业务、财务融合管理方式，推动学校数字化治理能力提升，为学校跨年度重大项目建设保驾护航。

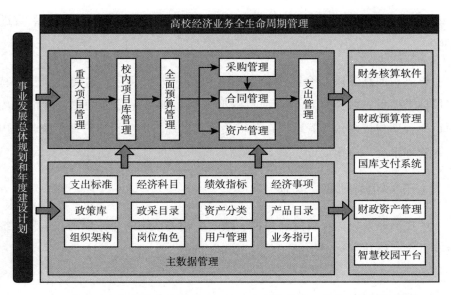

图1　基于重大项目管理的校内项目库、内控及绩效一体化业务框架模型
资料来源：作者整理。

一　高职院校项目管理一体化平台建设现状

（一）高校重大项目管理与校内项目库、内控、绩效管理系统一体化对接问题

解决当前及今后一段时间内高校重大项目管理（如国家"双高"建设等项目）与校内项目库、内控、绩效管理系统一体化对接问题，实现在填

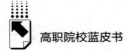

报校内项目时关联重大项目管理平台中相关的建设任务，并按建设任务自动筛选该建设任务相关的绩效目标供引用，实现重大项目建设任务、绩效指标、内控、绩效评价一体化管理，实现重大项目全流程的动态反映和有效控制，有利于以绩效为导向优化支出结构，提升高校资金配置效率，提高资金的使用效益。

（二）高职院校全部预算支出以预算项目的形式纳入项目库管理问题

解决当前高职院校全部预算支出（包括人员类项目、运转类项目、特定目标类项目三大类）以预算项目的形式纳入项目库管理问题，理清校内项目库管理与校内预算管理内在逻辑关系，实现校内项目库管理系统与校内预算管理系统一体化设计。

（三）"信息孤岛"问题

解决高职院校内项目库、内控、绩效及相关系统的业务规则和信息系统没有进行一体化设计产生的"信息孤岛"问题。

二　基于高职院校项目管理一体化平台建设的主要经验

（一）构建一体化管理系统

利用主数据管理思想和技术，构建财政法规库、政策库、绩效指标体系库、支出标准库及学校主数据库管理系统，将基础信息集中管理，保证一体化系统中基础信息来源的一致性，便于统一控制要素和开展联动分析。

（二）构建重大项目管理系统

实现对重大项目（比如国家"双高"建设、省"双高"建设等项目）管理任务书中的建设任务、绩效目标、资金来源、总预算和分年度预算信息进行细化管理；实现重大项目建设任务与校内建设项目勾稽关系，实现重大项目过程及绩效看板管理。

（三）重构校内项目库管理系统

实现全部预算支出（包括人员类项目、运转类项目、特定目标类项目三大类）以预算项目的形式纳入校内项目库管理，建立健全项目库按阶段分类管理机制；实现项目全生命周期管理，项目立项阶段进入立项库，项目校内论证评审通过进入备选库，预算编制完成进入预算库，项目安排资金执行后进入执行库，项目完结后进入完结库，对于不继续执行的项目清退进入清理库。

（四）重构校内预算管理系统

实现收入预算全流程线上编审，将校内项目库的备选库中的人员类项目、运转类项目、特定目标类项目等进行汇总，形成一上财政支出预算；实现根据财政一下批复数，分解下达关联校内项目一下控制数；实现校内项目负责人根据校内项目一下控制数，修改校内项目本年度绩效目标、测算明细、政府采购计划、资产配置等信息，实现预算执行刚性管理。

（五）重构校内支出管理系统

建立健全根据学校支出制度自定义差旅费、会议费、培训费、劳务费、公务接待、因公出国等经费的支出标准对事前申请及支出报销的约束机制；实现预付申请选择关联的事前申请或合同来执行相关业务的预付流程，通过流程严格管控预付款项及报销的及时性；实现经办人、统筹人及审批人等角色管理及统筹人选定报销拟用预算指标，解决指标保密性问题；实现报销单发票附件的 OCR 识别及真伪验证，支持将识别发票内容自动填充报销单及电子发票归档与查询；实现评审费、稿费、讲课费、监考费等劳务分类管理、劳务人员库统一管理及各项劳务费标准管理；实现劳务费管理支出在线填报、自动计税及代扣个税。

（六）构建合同管理系统

实现通过中标通知发起合同申请，自动填充供应商名称、成交金额、合同付款计划等关键数据；实现合同起草时引用预置的合同模板，生成合同底稿在线编辑，提高合同起草效率和质量。实现外聘法律顾问、中标供应商经办人等授权用户在线审阅合同文本并发起合同讨论；实现在线修改合同文本，自动保存合同版本，不同版本的合同文本可进行内容对比；实现审核通过的合同终版附件可进行锁定后自动加防伪水印存档备案；实现合同签订时与预算关联，合同付款时与支出管理关联，合同管理与采购管理、预算管理、支出管理等平台数据的融通，能够实时查到合同付款进度等相关数据。

（七）构建校内资产管理系统

实现资产管理、资产审核、设备维修、资产折旧、查询、统计分析、资产清查等场景应用，推进固定资产的合理配置和有效利用，提高工作效率，改善服务质量；深度融入物联网技术，引入 IOT 物联网技术理念，实现资产动态监管、精准定位、快速清查、可视化预警分析等场景应用；引入闲置资产理念，实现资产闲置在线申报、认定、公示、查看、领用申请，通过相应部门审批对资产进行领用，达到充分利用学校固定资产资源、避免资源浪费的目的；实现条码技术应用于固定资产管理与清查，使资产清查工作节省大量的人力、物力和财力，有效地提高工作效率，降低劳动强度和管理成本，促进管理水平的提高。

该平台再造现有管理业务流程，重构相应的管理制度，整体规划设计国家"双高"等重大项目建设任务数字化管理与内控、绩效一体化平台应用架构，建立学校治理统一的主数据管理，通过分步实施应用模块，有序打通事前（校内项目立项申报、专家论证、项目评审、预算批复等）、事中（预算执行、收支、采购、合同项目等）、事后（绩效跟踪、绩效评价、结果应用等）的全生命周期业务流程和"数据孤岛"，持续提升学校财务治理的工作效率和效能。

　　该平台从建设进度、资金使用、绩效指标等关键管控要素监测入手，构建"双高"等重大建设项目全方位监测数据驾驶舱，支持数据驾驶舱视图自定义，可灵活组合数据驾驶舱统计任务维度，形成动态监测建设项目的可视化分析；充分利用大数据分析和可视化技术，帮助教务处、财务处等统筹部门和校领导了解项目进度，实现建设项目精细化管控，有效降低任务逾期风险，有效节约管理成本，提高项目管理效率，稳步推进重大项目建设，助力学校高水平建设，为提高教学质量、优化教育决策、指导教育工作提供科学依据和数据支撑。

三　基于高职院校项目管理一体化平台建设存在问题的分析

（一）部分业务部门项目申报主体责任意识不强

　　部分业务部门仍旧认为预算是财务处一个部门的事情，安排项目库时"重资金分配、轻绩效管理"，"重资金使用、轻使用绩效"；编制预算时，有的不设立绩效目标，或者绩效目标不明确，不认真审核或干脆不审绩效目标；在绩效评价中，有的对评价重视不够、配合不力，觉得只要把项目报给财务处，剩下的就和自己无关了，有的甚至有抵触情绪。预算一体化系统的上线，对项目库前期的论证、资金支出的测算、固定资产的细化及绩效目标的填报都有了更高的要求，前期资料搜集不充分，有些项目信息只能是财务人员"跟着感觉走"进行填报，势必影响预算项目支出编制的效果。

（二）绩效评价体系尚需进一步完善

　　在预算一体化系统中，绩效评价指标总体数量较多，但大多为通用的、跨部门的标准。专用的、具体行业的指标体系尚不健全，在业务部门填报绩效目标时，面对庞大的指标数据库，时常有种"蛤蟆吞天，无从下口"的感觉。

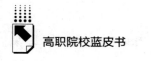

（三）第三方评价机制尚需进一步健全

在第三方机构的公正选聘、独立开展绩效评价、参与绩效管理等方面，缺乏科学合理、行之有效的机制，第三方机构在数量和质量上也无法满足预算绩效管理和绩效评价工作的需要。

四　推进基于高职院校项目管理一体化平台建设的对策建议

（一）强化意识，稳步提升预算绩效内控一体化管理理念

学校将在积极立足把预算绩效内控一体化管理的理念贯穿预算编制、执行、监督的全过程并有机融合的基础上，实现绩效评价工作的常态化、规范化、制度化。推动学校各部门及系部领导干部和相关人员牢固树立绩效理念，提高对预算绩效管理工作的重视程度，形成"讲绩效、重绩效、用绩效"的良好氛围，推动财政资金由"重分配轻管理"向"重管理重效益"转变。将"花钱必问效、无效必问责"的关键理念贯彻到财务管理工作中。通过合理调整支出结构、节约控制成本、提高资金使用效益，盘活存量，优化增量，将有限资金用到刀刃上。

（二）提升质量，深入推动预算绩效内控一体化管理工作

一是更加规范学校各处室及系部绩效自评的项目选择。明确要求以资金量大、代表性强，与处室及系部主要职能密切相关，满足学校发展的迫切需要等为标准，找好找准评价项目。二是科学设置指标体系，加快提升绩效评价质量。推动各处室及系部科学设置符合自身项目发展的绩效自评指标体系。三是继续加强绩效自评基础工作。加强对处室及系部绩效自评工作的指导和评审，通过加强第三方力量的培育和建设等方式为绩效自评的深入推进打下坚实基础。

（三）找准问题，加快推动学校绩效自评结果应用

一是加强政策引导，通过政策宣传培训、自评评审文件通报等多种方式，引导各处室及系部开展绩效自评结果应用。二是鼓励尝试，鼓励各处室及系部从内部公开、结果报告、整改机制建立、预算安排有机结合等多种方式中选取适合本部门的结果应用方式。三是加强交流沟通，及时掌握各处室及系部在绩效自评结果应用方面的好经验好做法，推广到学校，形成可借鉴可复制的经验，共同做好绩效评价工作。

B.17
基于预算一体化的资产管控路径
探索与实践

黑龙江职业学院

摘　要： 目前，国家深化职业教育改革，大力支持职业教育发展，大幅度投入职业教育资金。高职院校资产是国有资产的重要组成部分，是推动教学事业和科研产业发展的物质保障。同时，预算管理一体化改革也在如火如荼地进行，将资产管理融入预算管理一体化平台是大势所趋。因而对高职院校来说，推进资产管理融入预算管理一体化平台建设是深化预算制度改革、健全资产管理制度、优化资产管理模式、提升国有资产管理水平的重要内容。黑龙江职业学院通过对当前高职院校资产管理发展现状进行深入研究，探索推进资产管理信息化路径的有效对策，将资产管理融入预算一体化平台，探索高职院校资产管控新模式，建立物联网资产管理平台，助力资产优化配置，提高资金使用效率，使高职院校资产管理更加科学规范，并获得进一步发展。

关键词： 高职院校　预算一体化　资产管控

党的二十大提出"健全现代预算制度"[①] 和"用信息化支撑基层治理平台"，开展预算管理一体化工作是对习近平总书记的数字中国战略所指出

[①] 习近平：《高举中国特色社会主义伟大旗帜　为全面建设社会主义现代化国家而团结奋斗——在中国共产党第二十次全国代表大会上的报告》，人民出版社，2022，第29页。

的，以信息化推进国家治理体系和治理能力现代化的重要讲话精神的贯彻落实。[①] 2022 年《财政部关于推广实施中央预算管理一体化建设的通知》（财办〔2022〕19 号）、2020 年《关于加强行政事业单位固定资产管理的通知》和《行政事业性国有资产管理条例》对预算管理一体化进行了全面部署，明确要求各预算单位应用一体化系统进行政府采购和资产协同管理，规范资产使用、处置管理，保证资产安全，有效增强财会监督，提高财政资金使用绩效。[②] 正因如此，高职院校的资产与预算一体化建设至关重要，将资产融入预算一体化管理，是规范高职院校资产管理的有效途径，将资产与预算深度结合，既能有效利用财政资金，又能使得资产合理使用，避免资产重复购置造成资源浪费，提高高职院校治理能力，提升校园的运行效率，为实现教育过程的全面信息化、校园数字化的目标打下了坚实的基础。

一　高职院校资产管理发展现状

高职院校的资产要满足日常教学和科研活动的需求、满足正常办公损耗需求。自国家财政部颁布《事业单位国有资产管理暂行办法》以来，大部分高职院校已经有意识地加强资产管理，从"重采购、轻管理"的传统模式逐渐走向资产预算管理一体化管理的新模式。大部分高职院校已经将资产采购纳入预算编制的范畴，基本完成了资产信息管理系统建设，初步规范了资产管理工作制度流程，但资产管理一体化建设进程缓慢。

（一）资产管理制度建设状况

在高职院校的资产管理中，资产管理制度是保障管理工作顺利进行的基石。随着职业教育的发展和各项体制改革的深入推进，目前大部分高职院校已经建立起了比较完善的资产管理制度，贯穿于资产的配置、

---

① 张绘：《预算管理一体化改革实践、挑战与优化路径》，《财会月刊》2023 年第 4 期。
② 吴冠仪：《预算管理一体化下高校政府采购与资产管理协同化研究》，《实验技术管理》2023 年第 4 期。

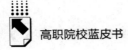

使用、处置的全生命周期。但部分高职院校资产管理缺乏具体的操作流程和规范，或是制度比较落后，没有及时更新和改进，不能适应现代资产管理的需求。

（二）资产管理信息化程度

随着信息化技术的不断发展，资产管理信息化程度已经成为衡量高职院校管理水平的重要指标。目前，高职院校资产管理信息化水平参差不齐，部分高职院校的资产管理信息化程度还有待提升。首先，信息化系统的建设不够完善，无法满足各项资产管理的需求；其次，信息化技术的运用不够充分，导致资产管理效率低下；最后，资产管理的效能不能持续增强，数据之间的融合与共享程度低，比如，黑龙江省部分高职院校依靠"黑龙江省政府采购管理平台"与其"预算管理一体化平台"相互衔接，缺少统一的业务融合共享平台，存在业务办理到处跑科室、资产服务便利化水平不高的现象，电子签章、电子签名、电子合同一体化管理无法真正同时落地，无法实现全电子化办公。

（三）资产优化配置情况

目前，高职院校的资产总量普遍较大，涵盖了教学、科研、行政、后勤等多个领域。其中，教学设备和图书资料是高职院校最重要的资产之一。此外，高职院校的资产分布较为广泛，不仅分布在各个校区，还可能分布在不同的教学楼、实验室、图书馆等场所，资产使用和管理一般由多个部门共同负责，清查盘点未能充分利用，人为渗入程度高，数据质量低，多数高职院校仍存在线上线下结合盘点效率低的情况，对资产的实时位置、状况也难以进行把控，账账相符、账实相符难度大，无法很好地掌握并真实反馈资产的存量情况，无法有效地提供有力的决策数据支持。

（四）资产预算管理模式

资产管理与预算管理是财政管理的重要组成部分，两者只有紧密衔接，才能使高校"预算—采购—资产—支付"的配置流程形成完整的闭环。① 随着财政改革的不断深入，制度建设的不断完善，政府采购和资产管理日趋完善，财务部门和资产管理部门的衔接更加紧密，高职院校大都逐步采取了预算管理与资产管理相结合的管理体系。然而，在实际工作中，部分高职院校资产预算管理往往存在诸多问题，如预算编制不科学、预算执行不到位、预算监督不严格等，这些问题不仅影响了资产预算管理的效果，也制约了高职院校的发展。

二 高职院校预算资产一体化管控的主要做法和经验

近年来，高职院校不断完善资产管理，注意资产存量的掌握，合理预算分配，加强预算资产一体化建设，持续推进预算资产信息化进程，进一步增强了预算编制的准确性、科学性、全面性，有效解决了资产配置和预算编制两张皮的问题，提高了资金的使用效率。在建设过程中取得了一定的成绩，对提升高职院校管理水平发挥了一定的积极作用。

（一）建立资产管理与预算管理一体化管控机制

高职院校逐年逐步健全资产管理机制，调动各部门参与资产管理的积极性，细化资产管理的各个环节，具体包括：建立资产清查制度，定期清查盘点校内资产，采集准确真实的资产存量信息，为编制资产增量预算提供准确依据；建立资产预算制度，做好预算编制，强化预算执行监督。这一系列举措的实施，使得资产管理更加规范、流程更加科学、责任更加明晰、风险更加可控；相应文件制度的出台，有力地助推了高职院校资产管理与财务管理以及其他相关部门的业务衔接，强化了高职院校的内部控制管理，提升了高职院校治理水平。

---

① 毛绮、刘佳：《高校资产配置与预算管理结合机制探究——以全面实施预算绩效管理为背景》，《教育财会研究》2022 年第 8 期。

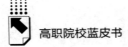

高职院校强化了资产预算管理，提高了资产预算编制的质量。高职院校在预算编制前，对资产进行定期清查，确保资产数据的准确性，将清查数据作为参考依据，制定采购资产额度，保证了预算编制的科学性。同时，高职院校将资产清查、预算分配、收支管理、预算实施等环节纳入资产预算管理范畴内，明确各部门在资产预算管理中的职责，保证预算编制的全面性。预算执行过程中，执行监督机制，确保预算执行的准确性。

资产管理与预算管理一体化，有利于深化预算改革，合理资源配置，提高资金使用效率。为解决高职院校资产管理存在"重增量、轻存量，重资金、轻实物，重购置、轻管理"的问题，高职院校逐渐形成"按预算购置资产、按规范管理资产"的新模式。在资产购置时，以资产存量为前提，强化树立"无项目不预算，无预算不执行"的预算管理意识，实施预算项目论证，制定采购计划，再根据资产配置标准，把预算做实做细。资产验收后，进行会计核算，完成资产登记。资产使用和处置过程中，进行有效的绩效评价，直接反映预算执行情况。预算管理贯穿于资产管理的配置、使用、处置生命周期的全过程，从而促进了资产的合理配置和有效管控，也提高了预算的准确度。

（二）推进资产管理信息化建设

实际上，长期以来各大高职院校对于固定资产管理方面的理念和管理方法比较落后，对于信息化手段的利用率并不高。但从高职院校长远发展来看，推进资产管理信息化进程是高校资产管理的必然趋势。各个高职院校都建立了自己的资产管理系统，为资产数据的可靠性提供了保障。有的高职院校已经利用包括大数据在内的信息化手段，进行高职院校资产网络管理，建立智能平台，加强相关部门的互联互通，实现了预算与资产的数据信息共享，联通了财务与资产部门，通过资产信息的共享、资产的调拨、资产的处置等，推动了资产管理部门与资产使用部门数据连接，提高了资产管理部门对资产信息的动态掌握和合理使用。通过准确掌握内部资产的实际使用情况，保证高职院校资产优化配置，避免资金浪费，杜绝资产重复购置、闲置浪费等情况的出现，合理调配闲置资源，切实保障物尽其用。同时，通过对资金使用风险处理和内控工作的统一流程管理，实现内控风险自动识别、预警与处置。

三 面临的挑战

基于国家政策支持，高职院校办学规模迅速扩大，资产急剧膨胀，资产管理体系不完善，管理难度越来越大。高职院校积极调整资产管理组织，逐步推进资产信息管理系统建设，初步规范了资产管理工作，但仍面临制度不完善、管理不科学、系统不健全等挑战。

（一）资产管理与预算管理结合度不够

资产管理与预算管理互为前提和基础，既相互促进，又相互制约。预算管理水平的高低决定着资产配置的合理性，资产增量源于年度预算，是预算的直接体现。部分高职院校年度预算安排不合理，在编制采购计划时没有经过认真的市场调研，仅参考其他高职院校或是咨询经销商而做出粗略的资金预算，资产配置比较随意，既没有进行科学购置资产的预算分析，也没有根据预算进行资产购置，导致采购的资产与实际教学、科研工作不匹配，产生资源闲置和预算资金浪费的现象，降低了资产和预算资金的使用效益。同时，资产存量是高职院校预算核定的重要基础，部分高职院校没有根据资产存量制定年度预算，或是临时追加预算，导致年度预算执行进度也受到很大的影响，预算编制缺乏科学性和有效性。此外，部分高职院校在预算管理过程中，未能建立完善的资产预算执行机制来实时跟踪资产预算的执行结果和资产绩效评价，导致资产的购置和使用都缺乏科学化的管理，影响了预算资金的使用效率和高职院校资产配置效率。

（二）固定资产基础管理不完善

"从管理学理论来说，管理必须有一个主体，多头管理必定带来管理体制上的混乱，谁说了都算，结果必定是谁说了都不算。而从高等学校资产本身的性质来说，许多资产的功能、类别无法作出明确的界定，有的资产既可以说是教学类资产，但也可以用于科研、行政、后勤和生产。"[①] 高职院校国有资产涵盖固定资产、无形资产、在建工程、流动资产、对外投资，分类多，数量大。高职院校不同类别的资产归属不同的职能部门进行管理，财务管理上归属于高职院校财务部门，由财务部门设立固定资产明细账。资产管理上归属于资产管理部门，负责资产采购、资产验收、资产调拨、资产处置等管理。资产的使用由二级学院、后勤、图书馆等职能部门管理，负责登记固定资产的采购时间、品类、规格、存放地点、使用人等资产信息。这种分级管理模式的优点是分工明确，便于管理状况的掌握和制度的制定，缺点是影响信息的反馈效率，在资产使用过程中缺乏对实物的有效监管，资产异动无法及时反馈掌握。虽然高职院校制定了相应的资产管理制度，但在执行方面不到位，资产信息更新不及时、资产调拨随意、资产日常维护无专人管理，资产清查工作主要由使用部门自查，清查工作不够彻底，资产盘点数据不够准确，不利于高职院校资产的有效管理。

（三）资产管理信息化程度不高

随着物联网、大数据、人工智能等新兴技术的日益成熟，特别是物联网技术，给高职院校资产的动态化、精细化管理带来重大机遇，但目前国有资产信息化的管理方面仍缺少新技术实际落地应用，未能借助新一代信息化的优点，助力资产信息化管理效能的提高。

1. 资产管理系统信息更新速度慢

近年来，高职院校正逐步推进校园信息化建设，但由于高职院校发展规划和资金等原因的限制，校园资产管理信息化建设进度缓慢。高职院校针对资产管理已经建立和使用了资产管理、财务管理和财政资产采购平台等信息化

[①] 邹鑫：《高校国有资产管理存在的主要问题》，《教育与经济》2002年第3期。

系统，旨在通过信息化技术，加强资产在采购、使用、处置、维修等环节的全面监管。但资产管理系统信息更新速度慢，不能及时向各部门提供有效的数据信息，无法实现资产信息的资源共享，导致资产管理系统与预算、采购、财务等系统产生沟通隔阂，不能使系统顺利互联互通，影响高职院校资产的利用和使用，存在实施效率不高、整体管理效果不佳等问题。另外，现在使用的资产管理信息化系统中由于技术落后、主要功能不全等限制，只能满足一定阶段的使用需求，很难与时俱进，阻碍了资产管理信息化的推进。

2. 资产管理平台缺乏与其他系统融合互通

随着高职院校资产信息化程度的提高，各资产业务块已逐步建立完成信息化管理系统，但数据之间的融合与共享程度低，未能统一使用，缺少统一的平台规范、业务规范，导致日常工作重复，业务办理效率降低。

智慧校园是整合的、一体化的校园应用系统，具有高度的感知、控制、协同的服务能力。资产管理系统与教务管理系统、人事管理系统、财务管理系统、办公自动化系统（OA）融合互通性较低。各大系统由各部门各自建立和管理使用，功能分散、多头管理、相互独立，并未实现互联互通，无法实现资产档案、财务预算核算数据、文件签批信息等数据的共享，导致高职院校资产信息重复、数据不一致的问题。另外，高职院校虽然积极推动信息化建设，但由于资产系统没有与各大系统互通互联，在资产的申购等方面仍无法摆脱纸质办公的约束，需要走线下领导审批程序，影响了资产管理的效率。

（四）资产管理监管不到位

随着高职院校各项事业的快速发展，高职院校所占有资产数量与价值日益增加，资产分类多，不同类别有不同的管理方式。资产管理中仍存在资产实时情况监管难、资产存量掌握不够及时等问题，资产的配置、使用、处置、监督等管理过程未能利用新兴信息化技术进行准确、及时、有效的反馈，与职业教育发展改革的新形势不适应。

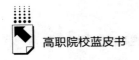

（五）资产管理缺乏有效的绩效评价

固定资产绩效评价和资产管理、预算管理都有着非常密切的联系。对固定资产进行科学的绩效评价，能提高资产的使用效率和避免资金的浪费。但现今的资产管理对固定资产管理事前事后监督工作未落到实处且效果差，缺乏有效的固定资产管理绩效评价，评价指标不够实际，导致固定资产使用部门未严格按固定资产管理制度执行和整改，很容易产生固定资产损坏、流失、清查不清以及资金突击使用等现象。

四　进一步完善资产管理与预算管理一体化的对策建议

国务院《行政事业性国有资产管理条例》对加强行政事业性国有资产管理与监督提出了更全面、更系统的要求。更好地盘活并高效使用资产，提升资产管理水平，更好地服务与保障高职院校的发展，是高职院校的重要职责。

资产是高职院校赖以生存的物质保障，直接影响高职院校的教育教学和办学效益。高职院校非常重视资产管理，针对资产管理中出现的问题，采取了设置专门管理部门、建立健全资产管理机制、完善资产管理制度、加强资产管理信息化建设等手段，进一步提高资产管理水平。资产管理与预算管理一体化有利于合理配置资源，有利于深化预算改革，因此建立高职院校物联网资产模式，为促进资产预算一体化管理提供了有力保障。

高职院校物联网资产是资产信息化管理与物联网（IoT）技术的智能融合形态，是传统的资产信息化管理借助新一代信息技术的迭代升级，它运用智能物联网新兴信息技术，创造新的发展生态。在管理过程中充分引入智能终端、新兴技术、新智慧，借助"IoT+"技术的发展，为资产管理工作带来了全新的理念和手段。系统深度集成了物联网具有的识别、定位、跟踪、监控与管理的感知特性，与智能处理相结合，运用智能计算、模式识别等多种智能技术，找到新的资产管理应用领域和模式。不仅能够带来资产管理工作效率和工作质量的提高，更重要的是能够带来管理水平的大幅提高，让原来难以实现的管理要求可以轻松实现。

为助力高职院校资产管理信息化升级，深度融入物联网技术理念，需将传统资产管理与物联网技术进行智能化融合，借助新一代信息技术的优势，提高资产管理行为规范，解决国有资产信息化管理过程中的难点与痛点，提升国有资产管理整体水平，更好地服务与保障高职院校教育事业的发展，从而建设形成高职院校国有资产物联化管理、预算管理一体化架构，提升资产管理效能。

（一）建立资产一体化管理模式

物联网资产管理平台的整体建设规划，充分把握新一代信息技术的纵深发展，为职业教育事业提供高效使用、有效决策的资产管理信息化服务。整体设计架构采用"大平台+微应用"的思路，搭建规范、高效、灵活的资产业务管理平台。大平台指高职院校物联网资产管理平台，它是融合工作平台和门户的"一站式"管理平台。微应用指高职院校物联网资产的所有应用，主要包含高职院校物联网资产管理平台、资产移动端、物联管控平台、物联智能终端、资产大数据应用等。

物联网资产管理平台体系架构，主要包含感知终端层、智能网络层、物联平台层、应用服务层。资产一体化管理模式涵盖资产大数据可视化平台、大型仪器设备共享平台、闲置与待报废资产共享平台、招标与采购服务平台，应利用计算机技术和网络技术进行资产业务系统和财务系统的整合，实现资源共享，建立一体化管理模式，由系统自动化完成预算、收支、政府采购、资产、项目、合同等内控管理，实现"预算、采购、合同、绩效、风控"平台一体化闭环管理。

（二）加强资产管理"制度化"建设

随着资产管理在高职院校工作中的重要程度日益提升，高职院校的资产管理组织结构和资产管理制度也需要进行相应的动态调整，需要加强顶层设计，成立全面实施资产管理绩效评价内控管理工作的部门，统筹推进全面资

215

产管理绩效内控管理工作，切实发挥各部门之间的协调作用。同时加强资产管理内控制度建设，完善相关规章制度和管理办法，建立全过程资产绩效内控管理，在实际工作中梳理影响固定资产管理的关键点，明确资产采购项目论证立项、资产绩效目标管理、预算执行工作、绩效监督、绩效评价、落实绩效结果等各个业务环节的权责分工，逐步在高职院校项目执行过程中构建适应资产管理工作新要求的制度体系。

（三）提升资产管理"个性化"服务

面向校内老师、各部门主管领导、校领导提供个性化、精准化、移动化的资产管理服务。建立对电子签名、电子签章的统一规范管理。电子签章平台具有安全高效、实名认证、法律认可、权威认证与授权等特点，有利于保障业务办理的有效性。实现资产从入库、变动、处置日常业务的全电子流程化办公，实现"不见面"业务办理，提高日常业务办理的效率。

（四）建设物联网智慧管控应用平台

物联网智慧管控应用平台以"IoT+资产"为创新发展理念，深度融合IOT新兴信息技术，集基础管理中心、物联化管控中心、资产信息化管理中心、可视化决策支持中心为一体，打造资产全方位综合管理。

全面落实"人人都管物、物物有人管"的理念，涵盖预算、配置、采购、入库、变动、维修、清查、处置、绩效评价、决策分析等全生命周期资产管理业务活动。运用"IoT+"思维与理念，创新高职院校资产管理模式，深度融入射频识别（RFID）技术、智能终端、智能移动资产管理、自助服务一体机、资产智能清查终端等服务，真正实现国有资产全员管理、全时空管理、全生命周期管理。

构建从"资产配置"到"资产采购"，从"资产入账"到"资产调拨、使用、调剂、维修"，从"资产折旧"到"资产清查、资产处置下账"，从"数据上报"到"决策分析"等全方位全生命周期的动态化管理体系，实现高职院校资产管理工作的全面信息化（见图1）。

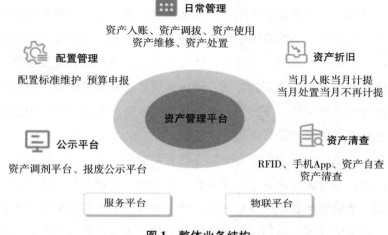

日常管理
资产入账、资产调拨、资产使用
资产维修、资产处置

配置管理
配置标准维护 预算申报

资产折旧
当月入账当月计提
当月处置当月不再计提

资产管理平台

公示平台
资产调剂平台、报废公示平台

资产清查
RFID、手机App、资产自查
资产清查

服务平台　　物联平台

图1　整体业务结构

资料来源：高等学校资产管理数字化平台系统。

（五）建立大型仪器设备共享平台

根据国家对大型仪器设备开放的政策意见，按照标准和规范建立统一网络管理平台，将符合要求的大型仪器设备纳入开放共享平台进行管理，从专管专用走向专管共用、共管共用；将大型仪器设备进行分类，打破管理单位界限，形成专业化、网络化的仪器服务机构群，实现仪器共享；建立统一的收费与分配制度，对校外按照标准统一收取费用，对校内以成本补偿的方式收取费用，促进仪器设备的开放，建立激励引导机制；建立大型仪器设备开放绩效考评体系，可根据高职院校制定的评价标准和办法，定期对仪器的运行情况、开放程度、人才培养、科研成果、服务收入和功能利用与开发进行评价考核，对于考评分数低、利用率低的仪器设备，采取相应的管理措施，有效避免了仪器购置重复的问题；建立有效的人才队伍管理机制作为保障，提高人才队伍素质，科研资源应用以学院课题组为核心，逐步向外辐射。大型仪器设备共享平台实现对校内和校外、社会服务资产最优化使用，提高资产使用效益。

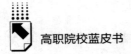

综上所述，国有资产是高职院校发展的物质基础，加强国有资产管理，将资产管理和预算一体化深度结合，加强预算一体化建设，对高职院校长远发展具有重要意义。高职院校不仅要重视资产的投入，更应该科学合理地进行资产配置，将资产管理纳入预算一体化平台，将资产信息实现共享，以存量控制增量；采用跟踪管理的方式，使国有资产达到合理配置，使预算编制和预算执行更加精细化、全面化，提高高职院校资产管理水平，为推进国有资产信息化管理体系建设打下坚实的基础。

总之，高职院校资产管理需要加强信息化建设，在复杂的环境下，结合物联网技术，与财务管理系统实现平台定向关联，构建预算一体化资产管理系统结构，增强资产管控的整体效果，使高职院校资产管理更加智能化、现代化，为日常的管理工作提供更多的便利条件，进一步促进职业教育事业的持续健康发展。

热 点 问 题

B.18

全景管控的数智化财务治理模式研究

江苏农牧科技职业学院

摘　要： 数字时代的财务转型是数字赋能高质量发展的新要求，传统的财务管理体系和财务管理模式面临着新挑战。近年来，学校通过预算管理与绩效管理的线上全流程贯通和一体化流转，搭建新型财务智能化管理平台，深入挖掘财务数据价值，创新打造智慧决策场景，实现了全景管控的数智化财务治理。当前，学校数智化财务治理存在的问题主要是复合型会计人才短缺，财务系统的功能相对不够全面，数据共享程度弱，信息化平台建设标准不够完善，等等。为此，数智化财务治理模式还要通过构建"五位一体"财务治理新体系，规则内嵌，建立智能预警风控新机制，集成资源，搭建"财务云平台"支撑智能化管理新模式等，进一步提升治理水平。

关键词： 数字化　智能化　智能财务　财务转型

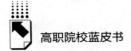

随着"大智移云物区"等新技术与新经济、新业态的深度融合，数字经济如何重塑会计生态、推动会计变革成为备受关注的现实问题。传统的财务会计工作主要是从取得原始凭证、填制记账凭证、登记账簿到编制会计报表等一系列程式化的工作，会计电算化更多的是处理登记账簿和报表编制的工作，但制单、支付款项、对账以及财务分析等财务工作仍然占据了财务人员大量的时间。随着教育投入的不断增长，高校财务工作量呈几何级快速增长，加之财务队伍建设未能实现同步配备到位，财务人员超负荷工作的状况在较长时间内难以改变，财务人员在预算绩效管理方面往往显得有心无力，无法投入足够的精力全面开展预算绩效管理方面的工作。

不同管理系统之间未能实现数据共享和互联互通，普遍存在信息孤岛现象，再加上基础数据管理工作执行不到位，数据的真实性、完整性、规范性和时效性不足，影响了预算绩效管理成效。① 例如，由于系统数据不贯通，财务人员对于项目预算执行和绩效目标实现的进度分析往往基于业务部门填报的数据，获知的进度情况明显滞后于实际进展，无法及时发现异常并协调有关部门处理，经常会出现项目预算执行率低、绩效目标未能实现的情况，导致财务管理总是处于被动应付的状态。

为了真实地了解高校财务治理现状，课题组于 2022 年 10 月开展了高校财务转型的专门问卷调查，调查主要是通过随机填写调查问卷的方式完成，共计回收问卷样本 102 份。其中：68.63% 的数据源于公办高职院校，26.47% 的数据源于公办本科院校（见图 1）；35.2% 的院校为江苏省内高校，58.6% 的院校为江浙沪高校。同时，86.27% 的被调查人员为学校财务人员，84.31% 为部门负责人，且 79.41% 拥有高级职称。

---

① 张积勇、孔宪薇：《复杂系统视阈下高校财务治理模式的构建研究》，《财务与金融》2022年第 1 期。

选项	小计	比例	
A.公办高职院校	70		68.63%
B.公办本科院校	27		26.47%
C.民办高职院校	2		1.96%
D.民办本科院校	3		2.94%
有效填写人次	102		

图 1　调查高校来源统计分析

资料来源：课题组开展的教育财务智能化与未来财务管理模式的研究与探索（JYKJ2021－093MS）的专题调研。

一　数智化财务治理的现状

随着数字化、智能化的不断推进，通过开发新的系统提升单位内部治理水平已经被越来越多的单位所重视。但应用的水平不高、系统的兼容性不强以及系统的先天缺陷等造成治理水平没有同步提高的现象还普遍存在。

（一）系统建设的意识普遍提高，但要真正实现数智化的财务治理还任重道远

2021 年 11 月财政部发布了《会计改革与发展"十四五"规划纲要》，要求"切实加快会计审计数字化转型步伐，为会计事业发展提供新引擎、构筑新优势"。调查显示，71.57%的被调查者认为高校在财务转型中最应优化的财务管理手段是实现财务数据与教学科研业务数据的交换，以便为工作决策提供更有效的信息。就相关财务核算系统而言，有 94.12%的高校使用了会计核算系统，90.2%的高校使用了学生收费系统，73.53%的高校使用了薪酬个税系统和网上查询系统，67.65%的高校使用了预算管理系统，62.75%的高校使用了网上预约报销系统，54.9%的高校使用了银校直

221

连系统，43.14%的高校使用了智能报销系统，12.75%的高校使用了物流化报销系统，20.59%的高校使用了合同管理系统，17.65%的高校使用了凭证档案影像化系统。同时，数智化转型的基础是系统化、标准化的业务处理，相关环节的缺失一定程度上会导致财务治理模式的智能化推进不够彻底。

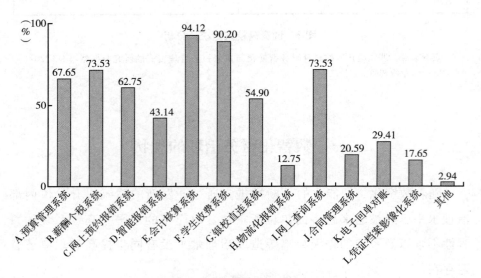

图 2　高校应用的财务管理系统模块统计分析

资料来源：课题组开展的教育财务智能化与未来财务管理模式的研究与探索（JYKJ2021-093MS）的专题调研。

（二）财务部门的职能逐步向预算绩效和参与决策转变

调查数据显示，财务部门最主要的职能已经不再是核算和监督。只有 26.47%的高校财务主要职能是日常费用报销、记账以及提供财务报表，52.94%的高校财务部门的主要职能已经调整为筹措资金、预算管理和合理分配资金，17.65%的职能调整为预算绩效管理和为战略预算等问题提供决策依据等，还有 1.96%的高校已经开始关注内部成本费用的控制和管理（见图 3）。

选项	小计	比例	
A.日常费用报销、记账及提供财务报表	27		26.47%
B.筹措资金、预算管理和合理分配资金	54		52.94%
C.对内部成本费用的控制和管理	2		1.96%
D.预算绩效管理、为战略预算等问题提供决策依据	18		17.65%
E.其他	1		0.98%
有效填写人次	102		

图3　财务部门职能调整分析

资料来源：课题组开展的教育财务智能化与未来财务管理模式的研究与探索（JYKJ2021-093MS）的专题调研。

（三）信息系统建设的机制逐步健全，跨部门的业财融合正在加速推进

调查数据显示，高达87.5%的高校信息系统建设由信息技术部门主导，其中25%的高校财务部门参与并发挥了重大作用，44.32%的高校财务部门参与但只扮演普通角色，3.41%的高校信息系统建设由财务部门主导，财务部门在信息化系统建设过程中扮演的角色越来越重要。同时，调查数据还显示，仍然有9.09%的高校系统完全没有进行集成，即使有些学校已经进行了集成，但信息孤岛现象还是普遍存在的。

二　全景管控数智化财务治理模式的主要经验

从高校财务治理的视角，对预算绩效管理改革进行全局性谋划和整体性部署，以财务管理智能化推进预算绩效一体化，为财务治理体系构建提供了管理工具、决策支持和长效机制。

（一）全景管控数智化财务治理的实施路径

第一，搭建智慧财务共享平台、预算绩效一体化系统等新型管理平台，

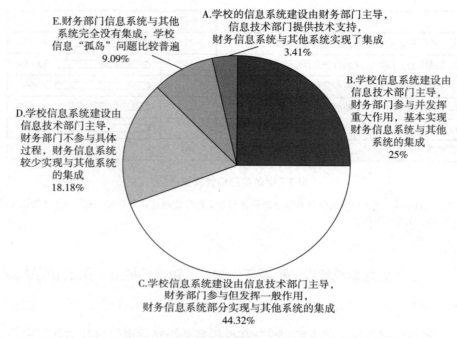

E.财务部门信息系统与其他
系统完全没有集成,学校
信息"孤岛"问题比较普遍
9.09%

A.学校的信息系统建设由财务部门主导,
信息技术部门提供技术支持,
财务信息系统与其他系统实现了集成
3.41%

B.学校信息系统建设由
信息技术部门主导,
财务部门参与并发挥
重大作用,基本实现
财务信息系统与其他
系统的集成
25%

D.学校信息系统建设由
信息技术部门主导,
财务部门不参与具体
过程,财务信息系统
较少实现与其他系统
的集成
18.18%

C.学校信息系统建设由信息技术部门主导,
财务部门参与但发挥一般作用,
财务信息系统部分实现与其他系统的集成
44.32%

图4 信息系统建设牵头部门统计分析

资料来源:课题组开展的教育财务智能化与未来财务管理模式的研究与探索
(JYKJ2021-093MS)的专题调研。

通过流程再造和规范设置,实现预算和绩效管理全过程线上运转。

第二,以数据中台贯通财务业务信息,建立财务数据资产档案和管理规范,不断提高数据标准化程度。

第三,挖掘财务数据价值,使用大数据手段聚合项目全生命周期信息并可视化展现重点工作进度,围绕预算编制、项目管控、绩效自评等环节搭建多维度、高质量的智慧决策场景,驱动预算绩效管理提质增效。

第四,强化项目资金管理,严格审查项目预算,建立校内预算动态调整机制,提升财政资源配置效率。

第五,通过数据质量管控机制提升数据可用性,确保分析结果准确有效,真正实现"数智赋能"。通过工作考评机制硬化预算绩效管理约束,切实做到"花钱必问效、无效必问责",有效推动预算与绩效管理的融合。

（二）全景管控数智化财务治理的主要做法

1. 搭建新型管理平台，全景管控财务流程

智能会计能够更好地赋能业务，提升数据质量，提高工作效率，提升管理和决策支持，进而实现价值创造。通过智能预约报账、移动线上审批、自助物流报销、银校账户直连、电子回单对账、凭证档案影像等一系列的系统对接，形成了大闭环式的智慧财务共享平台，通过平台运转、量化管理、全程监控，对实际预算执行进行实时监督和反馈。在此基础上，结合"双高计划"项目建设的特殊需求，根据线上办事的新模式，大力推动管理变革，重新构建了"先部门后归口、先分管后归口、先归口后项目"的新型管理审批体系，明确了经费审批的职责和权限，解决了跨部门、跨项目、人难找、字难签等审批过程中的痛点和堵点问题，使得业务部门和财务人员间的关系更加融洽。将刚性财务制度要求、内控风险点、规范化业务处理流程和审核标准嵌入智慧财务共享平台，在平台中对各类审批事项进行流程化设置，杜绝了传统审批模式下不经归口部门审核直接到财务处审批报销再退回重复审批的情况，提高了财务管理的规范性和标准性，把繁琐性、重复的工作交由系统嵌入的流程自动处理，开了全流程、零接触、快节奏网上办事的先河。

开发预算绩效一体化系统，横向囊括了部门整体、二级学院（部门）整体、政策与项目的绩效管理领域，纵向覆盖了事前、事中、事后的项目全生命周期闭环管控链条。在一体化系统中构建了符合学校发展规划、满足"双高"建设要求的项目分类体系，建成 82 个项目分类，据此形成各类项目管理特征下的项目管理要素、预算管理要素、绩效指标与标准体系并固化到系统流程中，通过核心指标及标准智能推送，有效降低了项目申报和绩效监控的时间成本，受到了学校领导和业务部门的高度认可。

2. 贯通财务业务信息，提升数据管理规范性

贯通财务业务系统信息，构建财务数据治理体系，充分激发财务数据价值创造潜能。一是运用现代信息化手段实现了预算绩效一体化系统、智慧财

务共享平台与学校 OA、学工、人事等业务管理系统的数据有效对接。二是建立财务数据资产档案，系统化梳理存量财务数据，统筹考虑各职能部门对数据的需求，从共享应用的角度统一财务数据的定义及描述。三是构建财务数据管理规范，明确数据接入、数据治理、数据服务的流程及规范，完善"制定数据标准、使用数据标准及反馈问题、维护更新数据标准"的工作流程，不断提高财务数据标准化程度。[①]

3. 创新智慧决策场景，驱动预算绩效一体化管理

发挥财务部门作为价值管理核心部门、数据流转枢纽部门的作用，使用大数据手段聚合项目全生命周期信息，借助各类技术工具打造数据大屏，可视化展现高质量考核指标完成情况和学校重点项目最新进展，同时搭建多维度、高质量的智慧决策场景，为战略制定者、管理决策者、操作执行者全面赋能，真正实现预算绩效一体化。[②] 在预算编制方面，构建定额经费测算模型，系统自动获取学生和教师数据，根据上级主管部门和学校内部规定的生均、师均定额标准智能编制定额经费预算，直接推送到财务部门审核，显著提高了定额经费预算编制的效率和准确性。在项目管控方面，精准匹配项目实施流程与岗位人员，构建风险监控模型，对项目全过程数据进行监测，智能研判风险等级以及风险对预算执行进度、绩效指标实现的影响，将预警信息和风险处置预案精准推送到相关岗位人员，提高预警响应速度，有力保障了项目预算执行计划和绩效目标的顺利完成。在绩效自评价方面，建立满意度评价模型，系统根据项目类别智能匹配问卷类型，项目负责人选取问卷调查对象以后，系统通过学校一体化平台精准推送满意度调查问卷，分析问卷回收结果并算出满意度指标业绩值，成功解决了项目受益对象满意度难以统计的问题。

4. 强化项目资金管理，推动预算执行更加科学

在项目立项阶段，严格审查项目预算，有效控制支出规模。对于当年度新增且资金规模较大的项目，组织行业专家或专业的第三方机构通过预算绩

---

① 郑承满：《商业银行数据管控体系建设探析》，《中国金融电脑》2008 年第 5 期。
② 冯来法、杨付忠、曹海东：《国家电网"开放协同、智慧共享"数智化财务管理新模式的探索与实践》，《财务与会计》2021 年第 23 期。

效一体化系统审定项目立项的必要性以及预算编制的合理性。对于常年安排的项目，根据历史预算执行情况确定预算控制数，压减连续两年预算执行率不达标项目的资金规模。

在项目实施阶段，建立财务部门与业务部门双向交流的沟通反馈机制，持续性优化校内项目的预算安排，减少资金计划的无效冻结。在项目年度预算确定以后，通过系统自动下达 50% 的预算资金数，预算使用部门可以在年中根据实际资金需求申请继续下达剩余全部或部分资金，也可以在规定期限内申请预算调整。对于年中未继续申请资金下达的项目，将剩余资金回收统筹用于启动储备库项目，有效提升了财政资金配置效率。

5. 建立监管考核机制，促进管理要求落地落实

建立数据质量管控机制。组织系统操作培训，提高系统使用人员录入项目信息、业务部门维护基础数据的规范性和准确性。应用技术手段持续跟踪各部门系统使用动态，确保相关业务全部经由系统进行，全面开展数据源头梳理分析，制定数据质量评价标准，定期对数据规范性、完整性及安全性进行抽查并通报数据异常情况，保证财务数据的可用性。

推行预算绩效管理工作考评机制。引进平衡计分卡（BSC）理念，构建多维度的高校绩效评价指标体系，对各预算责任中心的预算指标及绩效目标完成情况进行分析考评。坚持约束与激励相容的原则，将绩效考评结果与预算安排、机构部门考核、个人绩效挂钩，对有效落实财务预算管理工作的部门及人员，予以奖励，且优先安排预算资金；对落实财务预算管理工作不到位的部门及人员，予以适当处罚，核减项目资金。以此强化各业务部门及相关责任人的绩效意识，切实将绩效管理融入高校日常治理，推动预算绩效管理工作常态化。[1]

三　全景管控数智化财务治理面临的挑战

虽然都在不断地尝试和探索全景管控的数智化财务治理模式，在实践过

---

[1] 黄玉银、何世文：《预算绩效管理：理念引领 提质增效》，《中国财政》2021 年第 2 期。

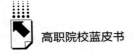

程中还面临着诸多的挑战，诸如缺少大量具有数智化背景的财经人才，数据标准不够统一，系统间的孤岛现象还很普遍，以及在数据共享共用方面还没有形成更好的衔接机制等。

（一）复合型财经人才短缺

多达93.14%的高校反映财务数智化转型缺乏的是财务信息化专门人才，而全景管控数字化财务治理模式的推广和应用根本在于要有更多的复合型财经人才。现阶段既懂财务又懂业务，还能在大数据应用和分析方面有所专长的人才极度匮乏，懂财务的人员可能不够熟悉业务，面对每天产生的各种数据基本都熟视无睹，更多的数据有时反而造成更多的资源闲置和浪费。全景管控需要具备有大数据、云计算等信息技术应用能力的专门人才，这些人才能够更好地理解规则，并将规则和系统进行高度融合。

（二）数智化财务治理还处于起步阶段

数智化财务治理模式的构建，主要是为了提高效率，实现智能判断、智能分析、智能支持以及提供更加友好的操作流程以改善各部门之间的关系。现有的数智化水平主要还处于推进系统的整合和数据的共享阶段，距离更高水平的理想的数智化管理模式还有很长的一段路要走。由于主观认识上的不到位，不少单位的数字化还停留在盲目跟风或应付参观的初级阶段。

（三）系统的维护和持续更新不够及时

随着技术的进步，不少学校都投入了大量的经费用于数字化建设或智慧校园建设。但是由于数字化建设的周期比较长，尤其是预算安排涉及跨年度，导致在系统布局和功能完善方面经常受制于单位预算资金而无法实现持续的投入。由于没有持续的投入机制和不断迭代的新技术应用，随着技术进步而带来的新的需求无法得到及时满足，导致系统建设经常落后于时代的发展，全景管控的数智化财务治理模式推广应用举步维艰。

（四）数字化"一把手"工程难以落实到位

数字化推行得顺利与否，根本在于单位一把手的重视程度。"一把手"事情太多，教学、科研等高校发展的核心指标肯定都排在最优先发展的位置，很多"一把手"会把更多的精力用在其他如人事、招生、就业等职能部门的工作方面。另外，由于部门利益的驱使，业务部门主动并全力做好数字化转型工作的并不多，大多数只是提出一些数字化需求，或者只提出问题，而不愿付诸努力去解决问题，有的还经常把数字化推广不到位作为业绩不佳的挡箭牌。

（五）信息化平台建设标准不够完善

信息化建设涉及职能部门多，有教务管理、学生管理、社团管理以及科研管理等，现有的管理体制下，部门与部门间存在天然的壁垒，这些部门所使用的信息系统也是相对独立的，不同部门之间数据处理规则不一致，标准没有统一的数据在系统间共享无从谈起。加之财务部门和业务部门之间还存在工作出发点、服务对象的不同，导致数据逻辑口径难以保持一致，加大了数据对接难度，即使通过技术手段将数据整合到一起，相互之间的也不能"理解"，难以加以分析应用，无法发挥数据的真正价值。[①] 要实现数智化转型，就必须从数据源头实现数据的标准化和规范化、数据流的无缝流转，提高数据的处理效率、降低数据的处理成本，提升数智化转型后的响应能力。

（六）数据驱动智能方面还有待进一步提升

要真正实现数智化财务治理，首先要在数据分析方面进行提升。然而，由于数据的统一性不够，标准化的数据共享还没有真正形成，加之诸如汽车

---

① 温嘉惟：《高校财务数字化转型中存在的问题及应对措施》，《预算管理与会计》2023 年第 4 期。

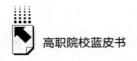

票等经济业务还没有实现完全的票据电子化，在实际数据处理过程中存在有些业务的数字化不够的问题，在智能分析方面就会受到不同程度的影响。

四　进一步完善全景管控数智化财务治理模式的对策建议

要真正实现全景管控数智财务治理新模式，要紧盯数字化、智能化发展新趋势，在财务状况许可的情况下，要主动应对新变化，应用新技术，解决新问题。尤其是在具有较好素养的复合型财务人员缺乏的情况下，要有"咬定青山不放松"的精神，积极提升专业素养，拓宽财务视野，持之以恒地推进数智化财务运行平台建设。

（一）要高度重视复合型数智化人才的培养

完成数智化转型需要有能够融合业务和财务的复合型财务数字化应用人才以及提供核心技术支撑同时懂会计语言逻辑的数字化专业人才。这样的专门人才的培养不可能一蹴而就，既然选择面向未来，就要能够积极拥抱变化，培养造就适应数智化转型的专门人才。同时，要成立合适的数智化转型领导小组，明确责任、合理分工，制定切实有效的方案和绩效目标，协调各业务部门和相关专业人才，有效促进数智化转型工作真正落地。

（二）要推进智能预警风控新机制的建立

在"把权力关进制度的笼子里"的内部控制规范的指引下，每个单位都制定了相应的财务管理制度、采购管理制度以及资产管理制度等，传统的报销业务办理过程中的当面咨询、电话咨询、网上咨询甚至对口服务等都不能从根本上解决报账繁琐的问题。通过梳理，将制度上的风险防控关键点嵌入系统流转的相关流程中，在办理相关业务时及时进行必要的清晰且准确的报销提示，变事后管控为事前、事中智能化提醒，提高财务治理工作的效能。

（三）搭建"财务云平台"支撑智能化管理新模式

大数据应用是从数据洞察到业务创新的重要支撑。随着数据与业务场景的不断交融，业务场景将逐步实现数据网络化连接和快速流转，推动企业进入智能化的阶段。要把单位内部的资源整合起来，集中打造共享型的"财务云平台"，让数据在各业务环节来回跑起来，随着数据的不断交融，让"财务云平台"中的数据学会"说话"，为业务决策适时提供便捷、高效的支持。

（四）构建"五位一体"财务治理新体系

要在守正创新中主动转变财务发展思路、优化管控模式、创新管理机制，构建"五位一体"财务治理体系（见图5）。一是以党的领导为牵引，坚持党委领导下的校长负责制，形成分工明确、功能明确、职责明确的权责体制和财务运行机制；二是以财权配置为核心的预算管理主线，强化预算执行约束和全过程法治管理；三是以内部控制为第一条辅线，梳理学校主要经济业务活动，把握关键控制点，全过程管控预算主线；四是以多元监督为第二条辅线，综合运用纪检、巡视、审计、信息公开等手段，建立结果共用、共同整改的多元监督模式，全过程监督预算主线；五是以信息化建设为推动力，通过数据中台实现高层次的数据集中和大范围的信息共享，为数智化的财务治理提供数据支撑。

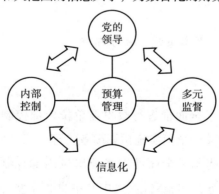

图5 "五位一体"财务治理新体系

B.19
业财融通的预算管理
一体化生态系统构建研究

陕西工业职业技术学院

摘　要： 财政部先后发布了《预算管理一体化规范（试行）》《中华人民共和国预算法实施条例》，为贯彻落实国家关于预算管理一体化的相关要求，各高校经过一系列的探索实践，以智慧财务信息化平台为依托，在预算管理一体化建设方面取得了一定的成效，但仍然存在信息化系统各自为政、相互独立的现象，难以真正实现预算管理一体化。鉴于此，本文重点探索以"人本、协同、共享"为理念，以智慧财务平台为中心，通过项目驱动，深化业财融合，突破系统壁垒，强化内部控制，以数据为牵引，全面实施预算绩效管理，发挥预算管理"指挥棒"作用，通过系统重组、流程再造、数据融通来打造数字化技术赋能高校内控治理新生态，建立业财融通的预算管理一体化生态系统。

关键词： 业财融通　预算管理　高职院校

随着财政部《关于全面推进行政事业单位内部控制建设的指导意见》，中共中央、国务院《关于全面实施预算绩效管理的意见》《中国教育现代化2035》的相继出台，提出了全面推进事业单位内部控制、绩效管理、教育现代化的战略目标任务及实施路径。《中共中央关于坚持和完善中国特色社会主义制度推进国家治理体系和治理能力现代化若干重大问题的决定》提出要推进国家治理体系和治理能力现代化建设。高等教育治理与国家治理具有同构性，积极推进高等教育治理体系和治理能力现代化建设，是当前大学新的理念与使命。因此，治理现代化是高等教育现代化的关键所在。《高等学校数字校园建设规范（试行）》明确了数字校园建设的总体要求，要求业务应用系统为学校的各项管理服务工作提供支持，明确财务管理系统是高校数字化校园业务应用系统管理服务模块之一。在"一网通办""一网通管""一网协同"理念的深入引领下，推动高校财务从传统管理向"上升为治理，下沉为服务"的二元化管理演进，是助力高校治理体系和治理能力现代化的关键，信息化管理已经成为学校治理"提质增效"的主要发力点。[①] 建立业财融通的预算管理一体化生态系统就显得尤为重要。

一 业财融通的预算管理一体化生态系统建设的现状

在财政预算管理一体化规范指引下，各高校纷纷进行业财融通的预算管理一体化探索和实践。经过对国内部分高校的调研，发现高校在预算管理一体化建设方面已经取得了一些成效，比如部分高校建立了智慧财务系统，实现了预算编制、项目管理、收入管理和财务核算一体化，目前多数高校的财务信息化建设重点为财务核算系统，包括移动、网上报账系统、项目管理、预算管理等，但项目管理和预算管理大部分为相互独立的两个系统，未形成真正意义的一体化。新时代背景下对财务工作提出了新要求，尤其是需发挥在业务前端中的管理效用，业财融通应运而生，众多企事业单位都开始积极利用现代化技术构建预算管理一体化系统，旨在提升财务管理精细化程度，实现财务与业务两个部门的信息高度共享，从而灵活调整预算目标，缩减不必要的支出，提高资产资金使用效率。但许多单位并未认识到业财融通的重要性，业务财务未实现充分融通，财务人员不了解业务，业务人员不关注财务的规则要求，业务信息和财务信息不能在统一的系统内实现共享，不能有

---

① 丁忠梅：《业财融合背景下高校财务管理转型升级的思考》，《商讯》2022 年第 1 期。

效提升信息数据的使用价值。业财融合是一个"生态"管理，管理体系内包含多种融合场景与衔接点，任何一个环节出现问题，都会引起整个业财融通全流程的问题，进而导致企业的业务和财务管理工作出现纰漏。

为落实新政策、新要求，国内各高校在预算管理一体化建设方面以信息化平台为基础进行了一些探索与实践，并取得了一定的成效，但仍然存在预算绩效管理相对薄弱、信息化管理系统相互独立的问题，产生信息孤岛，因此，探索构建一个集成、共享、大数据、数字化的一体化预算管理生态系统势在必行。

二 业财融通的预算管理一体化生态系统的建设经验及成效

（一）建设经验

政府预算制度改革的总体目标是公开透明、科学规范、廉洁高效、完整统一。高校的资金基本上源于财政拨款，因此高校的预算管理一体化建设目标要紧紧围绕政府预算制度改革的总目标，结合高校的实际情况进行设计，以某高校预算管理一体化的建设情况为例，参照自然生态系统理论，类比出财务生态系统的概念。财务生态系统是由学校的财务部门和相关职能部门与其所处的内外部环境构成的，该生态系统的内部运行是由高校各部门以财务资源为能源，通过高校财务中心的资金控制与运转，流动到学校资金受益者的过程，同时中间还存在第三方的监督环节，主要由学校财务监管部门负责。① 除了内部运行之外，外部生态环境也是财务生态系统的重要组成部分，主要由学校所处的外部环境组成，比如财政、税务部门等。内部运行与外部环境之间相互影响、相互制约，达到一定程度的动态平衡。按照财务生态系统设计学校业财融通的预算管理一体化生态系统的主要做法如下。

---

① 欧阳曲兰：《基于和谐共生理论的企业利益相者财务相关者财务生态系统研究》，南华大学硕士学位论文，2015；王宁、杜晓荣：《我国上市公司财务生态系统的作用机理分析——基于财务生态系统的构建》，《科技与产业》2010 年第 5 期。

1. 搭建业财融通的预算管理一体化生态系统信息化基础平台

以"人本、协同、共享"为理念，建立财务生态系统，充分考虑学校各种资源及内外环境因素，搭建以预算管理为主线，以绩效结果为决策导向，内嵌内控标准和程序，从"管理"向"管理+协同+服务"转变的智慧财务管理基础大平台，基于"强底座、大中台、敏前台"的数智化时代技术架构，有效支持前台的11大领域应用服务，构建强大的共享中台（财务中台）和云原生、微服务架构的数智化底座，并以业务为起点，打造将项目申报、预算、采购、合同管理、财务报销、绩效评价、风险监控、电子档案管理等融为一体的预算管理一体化生态系统。

在业务流程方面，让财务人员下沉业务活动，将财务核算推向业务流程的最前端，使财务人员充分了解业务部门的业务特点及相关数据，科学合理预测各项数据，形成事前、事中以及事后的预算、监督、控制及评价的管理闭环，实现从业务到财务端的流程贯通与线上化；通过把握业务的关键环节和控制风险为管理层提供更优质的数据，降低业务风险。在系统层面上，充分考虑会计引擎与业务系统的深度融合，科学设计内置转换规则，自动接收前端业务系统提供的业务数据，自动生成记账凭证完成财务核算，实现财务信息的输出。在数据层面上，按照标准化、数据化、系统化思路在各业务端加强数据治理，形成统一的管理、研发及评估规范，搭建数据业务化、业务数字化、数字应用化的数据仓库，建立有逻辑且相互关联的数据指标体系，从根本上实现业务与财务的统一化、集成化、智能化、共享化，使各子系统协调工作、共享资源、交互使用，达到系统整合的新要求。①

2. 以智慧财务平台为基础，构建业财融通的内控管理系统

（1）将内控设计（咨询）和内控数智化有效融合。以管理目标为基础，以合规流程、数据规范（标准）为依托，实现数据回溯，实现内控业务数智化（见图1）。

（2）将经济业务管理制度和内控流程嵌入系统。通过梳理修订财务规

---

① 王洋：《高校财务内控一体化平台建设研究》，《辽宁师专学报》（社会科学版）2022年第2期。

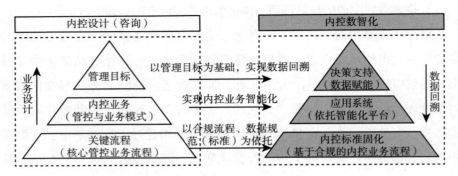

图1　内控业务设计

资料来源：用友公司为某高校设计的预算绩效管理一体化系统建设方案图。

章制度，把内控制度转化为量化控制，与业务表单、流程对标控制，将制度、标准、具体岗位权责嵌入智慧财务管理平台各个审核节点，将各种需要审核的风险控制点嵌入系统，通过内控设计（咨询）和内控数智化的有效融合，构建"管理—制度—流程—系统—数据—场景"一体化财务体系。

（3）业财融合内控一体化，覆盖学院合同、采购管理。针对业务采购、合同签订、资产管理等环节对风险点设定控制目标，在业务执行过程中，通过系统进行风险预警，检查评价风险控制措施的有效性，制定控制措施，堵塞漏洞，完成风险的事前控制、事中监管、事后报告，将风险动因控制在一定范围内。构建"一套管理规程、一套监管体系、一个数据中心和一个管理平台"，做到"业务管理标准化、审批管理规范化、过程管理精细化、监控管理智能化"，实现各项经济活动业务从申报到审批的全过程精细化、科学化管理。[①]

（4）实施项目全生命周期管理，构建全面预算管理一体化。根据财政部《预算管理一体化规范（试行）》文件要求，将预算项目作为预算管理的基本单元，从项目库项目申报开始，按项目优先次序下达年度资金预算，确保重点项目的实施，以达到预期绩效目标。预算调整调剂均在项目库中实

---

① 褚珊：《大数据时代背景下高校业财融合一体化建设》，《中国总会计师》2019年第11期。

时操作，及时调整相关项目信息。对照项目绩效目标对项目实施执行结果进行评价，以评价结果作为激励及下一步决策的依据。通过一年多的项目建设，基本上建成了我校从项目前期谋划到项目储备、评估立项、预算编制、实施采购、签订合同、项目报销、项目结束和终止等各阶段的预算管理流程和规则管理平台，实现了以预算管理为主线的业务控制支撑。

（5）以预算控制采购，以合同控制支付，实现预算绩效内控一体化。要在项目管理中按项目排序勾选项目并据此下达资金预算，在资金预算基础上申请立项，立项获批后在采购模块关联预算指标进行采购申请、招标，招标完成后在合同模块关联采购模块的项目完成合同审核签订，合同签订后实施，并以合同为依据在支付等环节关联合同完成项目合同款支付。项目运行后在预算绩效模块进行绩效目标完成情况评价，以评价结果作为下一步决策的依据，完成业务流程，从而实现预算绩效内控一体化管理目标。[①]

3. 内设中间库，外建对接口，实现校内外各系统数据互联共享

为确保各种业务数据能在各业务部门流转，实时反映业务办理状态，彻底解决信息不对称的问题，学校通过建立中间库实现业务数据跨平台共享，做到与校内其他业务系统实时推送共享，通过建立对接口实现税务发票系统、财政国库支付系统、银校直联系统等相关业务数据实时推送共享。

（二）取得的成效

1. 以内控护航，有效防范业务风险

智慧财务平台以"预算和费用管控为核心，整体多维管控"，实现经济业务全过程管理，"自动"实现预算对经济业务的约束，强化了"刚性"要求，提升了"柔性"服务，加强了内控监督监管，实现了系统之间数据的实时传输，做到流程可追踪、数据可追溯、操作可留痕、服务可共享，有效防范业务风险。

---

① 杨微：《绩效目标导向下高职院校内控一体化建设实践》，《现代商贸工业》2022 年第 22 期。

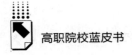

2. 以信息化提速，实现管理过程全对接

项目从目标申报、跟踪监控、绩效评价和结果应用等模块环环相扣，目标申报填报的项目投入、产出、效益等内容关系到下一阶段的跟踪监控和绩效评价，绩效评价结果将流入结果应用模块，形成目标设置、监控、评价、反馈、整改、提升绩效的良性循环，使事前、事中、事后的绩效管理环节都得以体现。

3. 全方位动态控制，发挥预算"指挥棒"作用

将预算管理与财务内部管理系统无缝衔接，通过核算系统等数据反馈，实现执行监控和预警，为预算管理提供有效的数据支持，切实发挥大财务信息管理体系的立体化、全方位功能。从项目申报到预算审批、过程管控、绩效评估等流程的管理向前后端继续拓展和延伸，实现从学校整体到项目层面的事前、事中、事后全流程的管控，更好地为高层管理提供决策支持。

4. 充分挖掘财务价值，助推学校"智"理提升

以预算管理为主线的事前规划计划、事中控制预警、事后可追溯、全程可留痕的全过程闭环管理规则标准，架起了各部门沟通的桥梁，通过融入学校内部"智"理大平台，让财务工作更多地体现出管理价值和价值增值。

三 一体化生态系统构建面临的挑战

（一）预算管理一体化意识薄弱，部门间的沟通交流有效性不足

如今，还有部分高校缺乏预算管理一体化意识，对一体化的价值并未形成正确的认知，老财务人员排斥新鲜事物，对线上业务流程，对采购、合同、业务报销流程掌握不到位，难免出现抱怨，影响了办事效率。另外，在业财融通背景下，预算管理普遍存在沟通不到位的问题，业务部门和财务部门间的沟通不够顺畅，上下级的沟通不足，从而引发众多问题。同时，信息交流有效性缺失，导致高校难以结合自身的发展战略来编制预算，实际的预

算绩效和战略目标间有明显的差距，绩效目标的填报处于应付状态，导致绩效目标编制不够完善。

（二）预算管理一体化生态系统操作队伍建设相对滞后

预算管理一体化生态系统涉及的内容众多，对操作人员有着较高的要求，除了掌握基础财务知识，还需有计算机知识、系统思维等，能够在基础财务数据处理过程中挖掘潜藏的问题，并自主提出问题解决方式。当前大多数单位财务人员素质参差不齐，对个人岗位职责及预算管理一体化的认知不够深入，导致生态平台建设难度相对较高，生态系统的价值发挥非常有限。

（三）预算管理一体化生态系统尚不健全

虽然部分高校在预算管理一体化方面进行了一系列建设实践，但仍然存在预算管理一体化生态系统不健全、业财融通不到位的情况。另外财政部发布了成本核算的相关准则，但成本核算信息化系统的开发严重滞后，至今未出现成熟的成本管理系统，更不能和预算管理一体化生态系统相融通。

（四）预算管理一体化考核机制不健全

高校未建立完善的预算管理一体化考核机制，导致学校各部门对预算管理一体化的应用不积极，财务人员存在消极抵触的情绪，影响了预算管理一体化的实施效果。

四　对策建议

（一）营造良好的预算管理一体化氛围

业财融通背景下，若要使得预算管理一体化系统建设的作用发挥得更为明显，就应注重企业预算管理氛围的营造，引领全体员工形成预算管理意

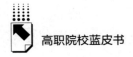

识，对预算管理一体化的价值有清晰的认知，这是预算管理工作高效开展的基础。高校必须加大预算管理一体化的宣传力度，并充分落实业财融通的思想，让员工对预算管理的价值有深入认知，从而更为积极地参与到相关工作中，为业财融通的实施奠定良好基础。

（二）提升财务软实力，创新高校治理新模式

"数据管理与治理""大数据"已经成为高校信息化建设的热点，是未来一个阶段的建设方向。无论是从畅通业务流、打通服务"最后一公里"的角度，还是从大数据分析做好决策支持的角度，数据作为所有业务流转和决策支持的基础，其标准化和共享化都应成为高校信息化建设的重点。因此，应对财务人员进行充分培训，提高财务人员业务素质水平，以充分挖掘数据的核心潜能，助力提高高校治理体系和治理能力现代化水平。将财务管理移到业务前端，通过对数据的预测和分析，反馈给高校业务部门及决策层，促使高校的业务和财务管理决策更加科学。同时，通过把握业务流程的关键控制点和潜在风险点，并实施针对性的改进，降低财务和业务风险。财务人员要进一步找准定位，苦练内功，以时不我待、只争朝夕的精神加强学习，认真学理论、学业务、学技术，提高财务自身软实力。

（三）拓展智慧财务新功能，将成本核算纳入财务生态系统

逐步建立起学校财务自身的各类财务分析指标体系、预算绩效指标体系、各类财务监管规则体系，在经济活动的全过程进行有效的监督和服务，不断提高学校资金的安全性、规范性和有效性。探索高校成本核算模式，利用学校数据中心，将学校各个管理信息化子模块数据同步至财务成本核算模块，完成高校成本核算，为学校发展及绩效评价提供参考。

（四）创新考核机制，发挥预算管理一体化生态系统效能

在预算管理一体化系统作用发挥的过程中，除了要紧密结合业财融通的要求，还需结合高校发展实况创新考核机制。考核机制对于预算管理模式的

优化、预算目标的达成可起到显著作用，并能够从根源上降低财务风险，提升企业的核心竞争力。不同发展阶段的预算管理工作要求不同，因而高校必须针对预算管理工作实况，明确预算管理工作的关键点，不断创新考核机制，为预算的有序执行提供有力保障，有效提升预算编制的精准度。

B.20
预算管理一体化建设的组织保障管理研究

宁波职业技术学院

摘　要： 建立全面的预算制度，实施全面绩效管理，是推进国家治理体系和治理能力现代化的内在要求，也是学校提升内部治理能力的有效途径。学校在预算、绩效与内控管理中还存在诸多问题，宁波职业技术学院通过实施预算绩效内控一体化，建立相应的制度流程，增强预算绩效内控一体化意识，推进财务管理智能化，从优化组织保障的角度作出了积极的探索并取得了较好成效。

关键词： 预算管理　一体化　组织保障

实施预算绩效内控一体化是推进国家治理体系和治理能力现代化的内在要求，也是学校提升内部治理能力的有效途径。长期以来，高职院校在内控体系建设、预算编制及执行、绩效评价和考核等方面普遍存在重视不够、组织薄弱、数据相互独立等问题。

一　现状分析

目前高职院校的内控信息化起步晚、起点低，内控体系建设最近几年才被慢慢重视，粗略估计，"双高计划"名单的高职院校系统开展内控体系建设的学校不超过50%。

现阶段，高职院校单个业务信息系统较多、独立性强，信息孤岛现象严重，经济业务数据互联互通和业财融合很难实现，一些风险防范和内控措施很难通过信息化手段落地；对内控信息化重视程度不够，没有较完善的组织体系，内控工作系统性不强，管控宽、松、散，一些管理要求流于形式；内控建设推进缓慢，建成单位依然存在内控动态管理机制缺失或不能很好地发挥作用的情况，学校通过内控提升管理的成效并不是很明显；经济业务活动内控管理经验难以向非经济业务活动领域推广，高职院校内控体系建设还未延伸至二级学院以及重要的二级单位；内控深化工作缺乏方向和指引，短期内难以形成全方位、上下联动的风险防控体系，可以预见到未来学校内部控制工作依旧充满挑战。

二　问题及原因

（一）全面预算绩效管理精细化程度不高

学校各个业务部门对全面预算绩效管理的认知仍存在短板，对预算绩效管理的重视程度不够，体会不到"花钱必问效"的严肃性和紧迫性，甚至错误地认为是在帮助财务部门完成相关工作。主动性缺失导致学校一些项目绩效目标设立粗放，仅以资金执行率、项目完成进度等财务量化指标为主，必要的非财务指标，如社会效益、经济效益等指标设置随意，对项目整体约束性不强。另外，整个绩效管理过程中，学校项目种类多且专业性程度较高，项目归口管理部门对项目绩效目标设计的科学性、有效性、合理性很难进行实质性的评估和审核。项目绩效中期目标监控缺乏统一管理要求和执行标准，监控力度和效果不佳。项目结项完成后项目责任单位绩效自评的质量不高，评价结果缺乏客观性、有效性。学校目前很难将绩效评价的结果与下一年度的预算安排强有力挂钩，全面预算绩效考核、约束、激励机制仍需逐步完善，"无效被问责"的氛围形成仍需努力。①

---

① 《财政部关于印发项目支出绩效评价管理办法的通知》（财预〔2020〕10号）。

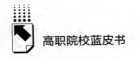

（二）缺乏行之有效的手段推进预算有效执行

学校缺乏有效的项目库管理工具。预算编制时缺少项目储备，存在"钱等项目"的情况，严重影响预算执行进度。预算执行时拖后延迟，项目建设各个环节链接不畅，如论证前建设方案不完整，修改工作延长；过会（办公会议或党委会）后没有及时进入采购环节；标书制定协商时间过长；中标后延迟签订合同；供应商延迟交货；货到安装调试运行延迟；合同执行不到位；验收工作不及时等，最终导致预算执行进度缓慢。

同时预算执行进度数据分散在各个业务系统，系统之间数据相互独立，统计起来费时费力，无法及时有效地跟进，甚至出现超预算现象，预算控制形同虚设。

（三）经济业务数据分析力度不够

学校各层级管理者的数据应用理念滞后于实际管理需求，目前，一些管理领域线下统计、人工分析工作依然繁重。究其原因，一是学校管理人员应用信息化管理工具的程度较低；二是学校日常管理未有效突破固有的线下管控模式；三是智能数据分析和展示需要在前期做详细的管理需求调研和指标设计，学校缺乏大数据应用分析方面的专业人才，数智化管控能力短板较为突出。数智治理是未来学校持续发展不可或缺的动力，这方面能力不足将会制约学校高质量发展，因此，学校应重视并加大这方面的资源投入和人才储备。

（四）党风廉政建设缺乏抓手

促使党风廉政建设与各项业务工作结合更为紧密，有效解决风险防范与业务工作"两张皮"的问题，迫切需要一个行之有效的载体。从最近几年高校中发生的违法违纪案例不难看出，内部岗位责任不明确、制度不完备、工作规程不完善、分权制约不到位是发生问题的重要原因。学校很多部门都掌握大额资金，直接与社会单位和个人打交道，存在廉政风险，推进内控制度建设的任务十分紧迫。我们只有形成有效的监督制约机制，使权力的运行始终处于有效的制约中，才能预防廉政风险，实现权力、岗位、责任、制度的有机结合，为党风廉政建设责任制和"一岗双责"的落实奠定坚实基础。[①]

三 做法与成效

宁波职业技术学院贯彻新理念、新要求，探索新办法，强化财务管理组织保障体系，建立起"以服务和支撑学校中心工作为核心，以教育经费全面预算绩效管理为主线，以廉政风险防控、预算绩效内控一体化管控为重要支撑，服务于管理、服务于师生"的全面预算绩效内控一体化管理平台（以下简称"一体化平台"），推动学校财务智能化工作迈上新台阶。

（一）全面预算绩效内控一体化管控的做法

学校 2021 年启动一体化平台建设，采用"整体规划、分步实施"的方式，实现学校经济业务全过程在线操作，使学校风险防控能力、财务智能管控能力显著提升。

1. 领导重视，统一部署，精准决策

2020 年学校将"全面预算绩效内控，提升内部治理水平"写入双高建设任务书，以文件形式明确学校全面预算绩效内控系统的建设。为实现高质量建设目标，学校联合第三方专业机构共同筹建。在学校内控体系及一体化平台建设启动会上，校党委书记、校长、校纪委书记及分管校长亲自到会指导，所有中层干部参加，校长在会上作专题发言，提出一体化系统平台是学校数字化、信息化建设的工作重要环节，内控体系建设是推动机制变革、制度系统健全的重要手段，要求各部门深刻认识内控体系和一体化平台建设的重要性，准确把握内在要求，全面落实主体责任，加强部

---

① 《财政部关于全面推进行政事业单位内部控制建设的指导意见》（财会〔2015〕24 号）。

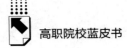

门相互协作，保证关键岗位人员全过程深度参与，提高工作执行力，确保学校工作顺利开展。

2.夯实组织，明确分工，有序推进

为确保工作顺利开展，学校成立内部控制工作领导小组，在计财处下设办公室，明确财务部门是预算绩效内控工作的牵头部门，负责机制构建、制度拟定、统筹协调、汇总分析、总结汇报，同时负责项目库、预算、收支模块的对接与建设；学校办公室负责合同管理模块的对接与建设；资产管理处负责采购、资产模块的对接与建设；信息中心负责校内各系统链接对接、信息数据共享；学校监督评价部门与校领导一起形成监督合力，负责全程跟踪相关建设任务完成情况，掌握各部门工作动态，及时提出指导意见和建议。在整个建设期，学校领导定期听取工作汇报并指明方向，财务部门做好统筹协调并布置具体工作，监督部门全程跟进并督促部门充分履职，全校一盘棋以保证工作取得实效、达成预期目标。

3.精心设计、步骤清晰、执行到位

在内控体系和一体化平台同步建设过程中，学校在内部控制工作领导小组下成立了由计财处、院办、资产办（招标办）、基建处、信息中心等部门及迪博公司组成的内控体系及信息系统建设项目联合工作组，制定实施方案和工作计划，梳理完善内控管理制度、流程、表单，调研内控管理现状和一体化平台功能需求，完成整体方案设计和实施，评估验证各阶段建设成果。项目联合工作组每周开展一次联席会议，通过组织协同和工作协同，在实现内控制度流程优化和完善后，同步将制度流程、管理程序全部嵌入一体化平台，使之成为刚性履行管控要求的有效工具和抓手。

4.优化体系，统一标准，平台落地

学校通过全方位的业务制度梳理和流程再造，最终形成一套既符合学校的实际情况，又能够满足监管、合规的要求，还能够体现业务、制度、流程与风控高度统一的内控体系成果。同时，为确保各项管控措施被刚性执行，学校同步构建一体化信息系统平台。基于各部门业务需求调研结果，从业务和系统有机融合的角度出发设计系统功能，充分考虑监管部门合规要求以及学校现阶段的管理诉求。系统配置完成后，组织各部门关键用户开展多轮次、全方位测试，通过细节调整不断完善系统功能，为系统顺利上线打好基础。

5. 线上线下，全员培训，推进应用

由内控信息系统项目联合工作组牵头进行全方位、分层级的应用培训。一是借助 QQ 群、微信群及企业号等组建线上培训平台，将系统原理、功能模块、操作流程等嵌入平台，让全体教职员工从线上认识、熟悉内控系统的内容及操作流程，在思想意识上接纳内控系统；二是组织不同层次、类型的现场实操培训活动，包括全校中层干部培训、行政工作人员操作培训、分院办公室主任操作培训、面向全体教师的分院巡回操作培训等；三是利用信息平台，实时进行业务咨询问答，及时解决教职员工在操作过程中出现的问题；四是根据用户反馈意见不断优化系统功能，保证用户使用顺畅、体验良好。

6. 整体设计，分步实施，全面启动

学校已建成项目管理、预算管理、支出管理、采购管理、合同管理等核心业务系统，完成与财务系统、科研系统、OA 系统的集成和对接。学校经济活动的事前计划、事中执行、事后分析实现全过程动态管理，运营管理效率显著提升。

截至 2022 年底，一体化平台已正式上线运行，全校教职工在平台上完成项目、预算、报销、采购、合同等方面的业务执行，经济业务全过程链条打通，业务办理实现全程可视化、可追溯。同时，智能移动端帮助广大教职工在疫情期间依然能够在线处理紧急业务，打破了传统线下办理业务的时间、空间限制，大大提升了业务办理的便捷性和工作效率。

（二）预算绩效内控一体化管理取得的成效

1. 管理组织架构清晰，全员合规意识增强

通过内控体系建设、一体化平台建设两个阶段的工作，学校自上而下全面增强了风险、合规意识。学校领导结合学校的长远规划、战略目标和发展

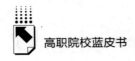
要求，重新认识到内部控制、项目管理、预算管理、绩效管理不只是局限于财务部门，而是与学校的决策以及所有业务部门息息相关，需要全员重视、理解、支持和认真执行。学校从全局角度考虑，对预算绩效内控管理进行顶层策划和布局，全体教职工通过培训和深度使用平台逐步强化风控理念，利用先进的管理工具切实守好风险管理的第一道防线。

2. 规范业务、优化制度流程

学校结合上级部门的监管要求和管控现状，进一步明确关键岗位和环节，系统梳理学校经济业务制度和流程，消除冗余控制，形成管控节点突出、归口管理规范、业务流程清晰的管理成果，为学校经济业务合规运行保驾护航，切实推进学校党风廉政建设。

3. 一体化平台建设提升智能财务管控能力

（1）实现业务管理规范化、标准化、透明化。建立经济业务标准管控机制，在一体化平台中预设管理标准和要求，各项经济业务办理时，财务人员的政策解释工作以及可能发生的业务摩擦大大减少。业务重点管控环节设计预警提醒，要求刚性履行管理制度，违反规定则会被系统拒绝执行通过，预算的刚性和制度的严肃性得到有力保证。

（2）为学校预算收支平衡管控提供技术支撑。随着全面预算绩效管理工作的不断深入，学校对校内预算编制的精准性、完整性、合理性要求不断提升。在收入预算方面，强调将所有收入全部纳入预算管理；在支出预算方面，强调预算要以收定支，实现收支平衡，防范赤字预算带来的诸多风险。

学校预算管理机构安排年度预算编报工作时，要求相关部门梳理收入来源，编报收入预算，同时，根据预算执行年度重点工作安排，按照量入为出的原则，编报支出预算。一体化平台为办公费支出、人员经费支出、公用经费支出、专项经费预算支出设置了四类编报程序，系统支持支出预算与收入来源自动匹配，从而保证全校预算编制的收支平衡和总额可控。

（3）集成信息和数据，解决科研和财务管理"两张皮"问题。打通银行、财务、科研、一体化平台，在科研系统立项后，通过银行接口接收到账信息，通过智能识别、穿透、认领确认科研资金到账，生成财务核算编码，生成可使用预算指标，执行后续报账流程，多系统集成保证了科研项目的立项—收支—绩效—信息公开等全过程在线管理。同时，通过科研经费和档案的精细化管理，生成项目从立项到结项的相关电子档案，落实了科研"放管服"，同时提高了行政服务水平。

（4）打破信息孤岛，实现业务全过程在线管控。一体化平台承载了每笔业务的前期立项、预算批复、项目执行、资产移交、结项归档等全过程执行信息，且通过管理视图和报表实时监控、分析每个项目的预算指标变动、收支管控情况、采购执行进度、合同履行进度、项目执行情况等，平台的上线运行基本满足了财政部门对单位项目、预算、执行、绩效一体化管控的要求。一体化平台本身已有的功能再加上与学校 OA 系统、财务核算系统、科研系统的无缝对接，使学校业务数据、业财数据能够有效融合，业务全生命周期管理链条得以打通，经济业务领域信息孤岛的问题得到妥善解决。

（5）夯实财务大数据分析应用基础。一体化平台运行顺畅后，业已成为各种重要经济业务数据信息的载体，高质量的数据资产通过积累和沉淀后，也为学校未来大数据分析应用和智能监控创造了有利条件，未来一体化平台的有效输出必将成为学校重大管理决策的有效支撑。

四　对策与建议

（一）构建科学的绩效管理体系，加强全过程管控

一是尽快建成适合学校管理要求且贴合学校实际情况的绩效目标及指标库，一方面解决师生填报难的问题，另一方面通过长期的信息积累为学校管理层以及项目归口管理部门开展绩效独立评估提供支撑和依据。二是升级系统功能，在现有绩效管理功能的基础上，融入数字化应用元素，尝试开展绩效管理全程追踪及量化评价指标体系设计，绩效评价结果可与学校部门绩

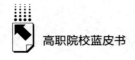

效、个人绩效挂钩，与预算资金分配挂钩，真正实现"有效奖励、无效问责"。

（二）不断优化系统功能，深化学校关联系统之间的集成对接

一是优化低值物资耗材管理以及经济业务档案管理等业务系统功能，形成经济活动全业务链条闭环。二是借助最新技术手段，研究学校在智能填报、智能比对、智能预警、智能分析等方面的应用场景，通过前沿技术手段解决长期困扰师生及学校行政管理人员的重复性、事务性工作缠身的问题。三是加快业务系统与财务系统之间的集成速度，进一步打通数据信息壁垒，最大限度地提升信息化平台的管理效能。

（三）启动财务大数据监控平台建设，提升学校数据治理能力

依托内控管理信息系统，搭建学校经济业务大数据分析监控平台，通过全量数据分析、预警指标设置等为学校提供智能、主动的风险管控，为学校重大事项决策提供科学的依据。一是将学校各应用系统的数据进行集成和整合，使来源各异、种类不一的数据可以相互使用，丰富数据的来源，打破信息孤岛。二是通过业务信息和数据的沉淀，不断完善和丰富数据资产，分步骤实现对学校经济运行数据的多维度分析，为各层级领导管理决策提供科学、准确、丰富、及时的数据支持。

全面开展预算绩效内控一体化建设是学校进一步强化内涵建设、提升职业教育高质量发展的重要力量，而一体化建设是个长期、持续的过程，需要学校不断研究和创新管理机制，逐步提高信息化、数字化应用程度，打造标准化、规范化、在线化和智能化的信息化管理平台，并最终实现全程数据跟踪、预警和分析，使预算绩效内控一体化平台成为职业高等院校平稳运作、创新创优的重要保障。

B.21
面向决策需求的预算管理一体化建设研究

淄博职业学院

摘　要：　全面实施预算绩效管理是推进国家治理体系和治理能力现代化的内在要求。近年来，国家不断提升对职业教育的重视程度，现代职业教育质量提升计划中央资金下达总额逐年增长。在"双高计划"建设的背景下，如何科学优化教育资源配置、提高教育资金使用效益，是高职院校财务管理人员面临的严峻考验。为解决这一问题，淄博职业学院着手开发"预算绩效内控一体化系统"，实现了政府采购预算、校内综合预算的网上申报审批，初步建成预算项目库管理体系和业务层面内部控制管理体系，实现了面向决策需求的预算绩效内控一体化建设。

关键词：　预算绩效　内部控制　一体化

一　现状分析

（一）国家政策要求和支撑

为深入贯彻落实习近平总书记在党的十九大报告中提出的"建立全面规范透明、标准科学、约束有力的预算制度"① 和《中共中央国务院关于全面实施预算绩效管理的意见》提出的"建成全方位、全过程、全覆盖的预

---

① 《十九大以来重要文献选编》（上），中央文献出版社，2019，第24页。

算绩效管理体系"要求，2021 年，国务院出台《关于进一步深化预算管理制度改革的意见》，财政部印发了《预算管理一体化规范（试行）》，着眼全国"一盘棋"，全面部署预算管理一体化建设工作，积极构建"预算制度+信息技术"的管理机制，以信息化手段驱动实现预算制度现代化，进一步深化预算管理制度改革。推进内控、预算绩效管理一体化是落实国家的战略和政策，推进国家治理体系和治理能力现代化的重要支撑。

（二）教育部重视程度

随着国家对职业教育工作的重视程度的提升，特别是在"双高计划"建设的背景下，各级财政部门也逐渐加大了对教育资金的投入。"双高计划"前三年资金到位额超过 400 亿元，其中，中央财政安排专项资金 50 多亿元，地方和社会各界投入金额高达 380 多亿元。

（三）高职院校内控信息化系统建设情况

首先，在数字化校园建设方面，各高职院校尚处于不同阶段，部分院校的数字化校园建设已初具规模，还有院校正在谋划智慧校园建设。然而，在这个过程中，也存在只重视技术应用、忽视教育理念转变的问题。数字化校园的建设不仅是网络及设施的建设，更是信息化教育的具体体现。

其次，对于高职院校内控信息化系统建设，目前尚未形成完备的基本建设内部控制体系。这可能涉及财务管理、资产管理、采购管理、工程项目管理等多个方面。在已有的规范性指导性文件中，主要依据的是财政部关于事业单位整体内部控制的规范，以及教育部在推进行政单位工作时从高等学校角度对内部控制进行规范和指导的文件。

总的来说，中国高职院校在内控信息化系统建设方面取得了一定的进展，但同时也存在一些问题需要解决。未来，随着国家对信息化建设的不断推进和内控系统的进一步完善，相信高职院校的数字化校园建设和内控信息化系统建设将取得更好的成果。

（四）学校管理的内在要求

学校现有治理过程中存在诸多难点，期望通过预算管理一体化的实践从一定程度上解决以下三个方面的问题。

1. 现有治理结构难以满足多维管理需求

在预算管理的过程中，需要同时满足行业主管部门、财政主管部门以及高职院校本身三者的管理需求。学校如何兼容三个管理维度的要求，构建三位一体的管理结构，是校内项目库管理中的难点。

2. 重大项目管理难度大①

（1）初始数据难以实现结构化管理。重大项目分级建设任务繁重、绩效指标多、资金来源广，线下管理几乎未见经拆解的可有效使用的关联关系表，导致数据信息取用十分不便。

（2）重大项目建设任务、绩效指标和校内项目难以建立清晰的对应关系。重大项目对应的校内项目体量大，具体建设任务、绩效指标和校内项目之间对应关系的清晰建立是事后数据采集最重要的根基，如果事前无法建立好对应关系，则会导致数据采集过程工作量大且准确性不高。

（3）重大项目绩效自评数据收集、整理工作量大。绩效自评时所需的重大项目资金到位、使用情况，绩效指标完成情况等数据，需要从校内项目到各级项目逐级进行人工填报、手动汇总、人工校对，数据采集工作效率低下、人工成本极高。

（4）重大项目执行数据缺乏可视化呈现，无法为领导决策做支撑。重大项目的数据采集完成后，往往需要将重大项目执行的整体情况向上汇报，线下汇报的方式因人而异，同时考虑到汇报的多种维度和精细程度，汇报工作通常需要准备多张报表，如建设任务完成表、绩效指标完成表、项目资金预算表等；另外由于是线下汇报，报表之间的关联关系全凭借汇报人口述，

---

① 霍丽、李丁：《以绩效管理为核心的高校预算项目库建设路径研究》，《财富时代》2021 年第 11 期。

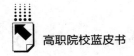

数据信息传递效果较差，难以展示清晰、直观的整体或局部效果，难以为领导后续决策提供充足的支撑依据。

3. 项目全生命周期管理难度大

（1）项目管理成本高。项目建设情况及其资金使用情况往往需要统筹，由于业务信息与财务信息不对称，需要依靠双方定期对接、手工登记台账、实地走访等方式对项目建设情况进行跟踪统计，管理成本高且工作量大。

（2）项目进度把控难。对于涉及多个阶段的项目，难以快速获取项目实时进度，通常需要专人进行相关查询后才能获取详细信息，信息传递效率低下。

（3）项目资金监管滞后。项目资金的使用需要与设置的绩效目标相匹配，但任务执行过程中项目资金使用情况无法实现实时监测、及时预警，容易导致资金监管滞后。①

二　主要做法及成效

（一）具体做法

1. 预算编审阶段

在预算绩效内控一体化建设过程中，为切实提升学校预算编制的效率和准确性，重新梳理了学校预算编审流程各环节，识别业务相关各方在该过程中的需求和痛点，以期在此基础上设计出符合各方需求的数据报表，辅助其在各环节的工作和决策判断，将一体化建设工作落到实处。

（1）梳理项目库和预算编审流程。学校项目库和预算编审流程复杂，执行严谨，对效率性、准确性、责任性要求较高。主要包括项目申报、归口论证、政府采购和资产配置审批、财务预算编制等环节。

---

① 韩立伟：《基于高校全面预算绩效管理的项目管理体系研究》，《商业会计》2021 年第 3 期。

（2）识别业务相关方需求和痛点。[①]

业务部门。业务部门作为预算申报部门，通常需要向审批人提供部门整体预算和项目申报情况表。在此过程中往往需要汇总部门各申报人项目信息和预算，其中对于多年期项目还需要区分整体预算和本年预算，数据加工耗时且创造价值不高。

归口部门。归口部门需要对部门申报项目的必要性、可行性等内容进行论证，同时结合部门职能和学校事业发展规划，对归口管理项目的轻重缓急进行排序。归口部门通常需要收集归口至本部门的项目材料，加工汇总为项目列表；论证后再按照排序进行调整，整个过程需要归口部门多次加工列表数据。

资产处。资产处每年需要针对项目中包含政府采购和资产配置的内容进行审核，通常需要收集、汇总各部门政府采购和资产配置数据。人工处理耗时费劲，一旦业务部门明细有变化，便会增加资产处汇总统计次数。

财务处。财务处在学校预算编审过程中，除了审核各部门整体和明细预算情况，还需要汇总各部门预算数据、编制学校预算草案，包含收入预算汇总、支出预算汇总、收支汇总表等报表，数据加工处理任务繁重；涉及数据调整时，需要进行反复更新和加工，极大地增加了预算管理人员的负担。

2. 预算执行阶段

在预算执行过程中，业务部门负责人、财务人员和校领导分别需要对不同层次的预算执行情况进行实时把控、监督，以便督促各部门预算及时、有效地执行。于是我们分别梳理了业务部门负责人、财务人员和校领导对预算执行阶段数据报表的需求，以期辅助其在此过程中凭借可靠的数据支撑，采取明确的措施、做出有效的决策。[②]

（1）业务部门负责人。业务部门负责人需要直观反映本部门预算执行情况的报表和可视化看板。通常需要能够清晰地反映出部门整体和明细预算

[①] 徐颖、俞玥：《高校内控信息化建设现状与探索》，《科学新闻》2020年第6期。

[②] 邱向英：《基于业财融合视角下的高校财务预算管理转型路径探讨》，《湖南工业职业技术学院学报》2021年第4期。

执行情况的报表，主要包括预算项目（多级）、预算金额、调整后金额、执行金额（率）、项目负责人等信息；同时可按支出分类、项目负责人等维度快速、直观查看预算执行情况，以便他们全方位了解当前预算执行情况，并针对执行滞后的项目提出改进措施。

（2）财务人员。财务人员通常需要能够准确反映出学校预算收支情况的报表和可视化看板，包括当前收入和支出预算执行金额和预算执行率等方面的情况。其中，对于支出预算主要包括预算项目（多级）、预算金额、调整后金额、执行金额（率）、项目负责人、使用部门等信息。同时，可按预算使用部门、项目负责人、预算项目等维度从高到低列示执行率，便于直观比对和分析。

此外，他们还需要了解整体和明细实际报销及核销进度，以便有效推进学校预算按计划执行，能够快速、准确地掌握学校当前的预算执行情况、执行滞后的项目及其原因。对于一些专门的支出，财务人员也需要另行统计，如劳务费计税、合同印花税、付款统计等。

（3）校领导。校领导通常需要能够直观反映出学校整个预算的报表和可视化看板，以便他们能够快速掌握学校当前的预算执行情况、执行滞后的项目及其原因，并及时采取措施，确保学校预算执行有条不紊地进行。

3. 绩效监控阶段

在绩效监控阶段，重大项目统筹部门需要对重大项目整体和局部的建设任务、绩效指标和项目资金执行情况进行掌握和控制，以确保项目能够按照计划达成预期目标；重大项目各级负责人需要准确反映其责任范围内的项目执行情况，以便高效、准确地完成绩效监控填报工作。

我们分别梳理了重大项目统筹部门和重大项目各级负责人对绩效监控报表和可视化看板的需求。

（1）重大项目各级负责人。重大项目各级负责人需要重大项目数据能够分类、分级、整体和分年度的多维展示，主要包括按建设任务、绩效指标和项目资金等维度。同时需要数据报表能够及时更新，以确保项目数据及时反映现状，为领导决策提供可靠的依据。

（2）重大项目统筹部门、校领导。重大项目统筹部门和校领导需要能够快速、清晰地了解重大项目整体的预算执行情况、建设任务和绩效指标的完成情况，需要数据报表具有良好的可读性和可视化效果，可以清晰、直观地展示项目执行情况、进展和成果，以便其能够快速、准确地做出正确的决策和调整措施。

（二）取得的成效

面向决策需求的预算绩效内控一体化建设，从预算编制、预算执行、绩效监控关键环节入手，提供多维度、实时数据报表，方便业务部门、职能部门、财务处进行数据查询，快速生成可用数据，让领导做出有把握的决策。[①] 取得的成效如下。

1. 预算编审：提升预算编制效率和准确性

（1）支出预算。在预算编制阶段，通过预置符合学校预算管理要求的标准化表单，引导业务部门快速、准确完成项目预算填报。同时根据业务部门填报的各类明细数据，系统可自动汇总生成九张数据支出预算报表，为不同数据使用者提供多重用途。

业务部门。业务部门常用的支出预算汇总报表维度为：按项目分类汇总、按申报部门汇总。在项目预算申报过程中，业务部门根据标准化表单填报项目数据，可自动生成校内以上预算数据，无须反复填报，有效减少了业务部门录入工作量，同时保证了数据的统一性、准确性。支出预算报表方便各部门及时了解、检查预算申报情况，涉及集中论证、评审以及向领导汇报等关键环节，业务部门可以从系统快速下载本部门项目预算报表，大幅度减少业务部门数据处理工作量，同时有助于统一各部门数据报表样式，提升业务部门数据提供效率和准确性。

归口部门。归口部门常用的支出预算汇总报表维度为：按归口部门汇总、按重大项目汇总。在预算编制过程中，涉及归口部门论证、重大项目审

---

① 郭铭芝：《高校财务内部控制信息化实现途径研究》，《中国乡镇企业会计》2022 年第 2 期。

批（例如："双高计划"）的关键环节，归口部门可以通过归口部门汇总报表，查询、下载归口到本部门的各业务部门数据；双高办作为"双高计划"归口管理部门，可以通过重大项目汇总报表，查询、下载学校层面和专业群层面不同级次建设任务的预算数据。

该做法极大地改善了从前线下反复沟通的业务协作方式"高成本"状况，由于无须归口部门进行大量的数据汇总——特别是像"双高计划"这类多层次、多级次的预算数据，极大地降低了归口部门的数据处理工作量，使业务人员能够更专注地投入归口管理工作。

资产处。资产处常用的支出预算汇总报表维度为：按采购明细汇总、按资产配置汇总。资产处作为核心职能部门，在预算编制阶段兼具项目采购明细和资产配置的审核工作。随着财政对政府采购和资产配置内容的加倍重视，保证采购明细和资产配置数据的准确性和明晰性的需求变得更加迫切。

系统根据业务部门填报的项目采购明细数据，自动生成采购明细汇总报表，同时通过填报的采购模式（集中采购/分散采购）以及分散采购限额标准，自动将明细数据分为政府采购和非政府采购两大类，便于采购管理员快速查看、统计采购数据，有助于大幅提升采购管理员的审核效率；根据项目资产配置明细数据和资产分类，自动生成资产配置汇总报表，以便资产管理员快速查看、统计资产配置数据，有效提升采购管理员的审核效率。

财务处。财务处常用的支出预算汇总报表维度为：按经济科目汇总、按申报部门汇总、按采购明细汇总、按资产配置汇总。财务处作为预算管理的统筹机构，在预算编制阶段，预算管理员需要定期监控预算申报情况。通过经济科目汇总报表，可快速锁定如差旅费、会议费、培训费等重点监控经费数据，及时获知重点监控经费是否超过控制数，为预算平衡工作提供了有效的依据；通过申报部门汇总报表，可及时掌握各部门整体预算申报情况，同比上年调整后预算金额变化情况，为预算管理员审批各部门预算提供了充分的信息；通过申报部门汇总报表，可汇总统计各业务部门预算数据，便于预算管理员快速生成校内预算草案，大幅地提升了预算编制效率；通过采购明细和资产配置汇总报表，可提供符合地方预算综合管理系统要求的数据，便于为预算管理员提供参照，将对应数据录入财政预算一体化管理系统。

（2）收入预算。收入预算由产生收入的业务部门进行编报，通过预置符合学校预算管理要求的收入类别和收入分类科目，引导业务部门快速、准确完成项目收入预算填报。系统可根据业务部门选择的收入类别，自动汇总生成收入预算汇总报表，便于预算管理员快速获取收入预算数据，快速录入财政预算一体化管理系统。

2.预算执行：可视化呈现、实时掌握预算完成进度

在预算执行阶段，实现对预算项目的精细化管理，以预算为主线，通过事前控制，从源头上杜绝预算超支使用的情况。针对不同场景生成对应报表和可视化看板，便于业务部门、财务处、校领导实时监控学校整体及各部门预算执行情况。具体做法和成效如下。

（1）内控管理看板。内控管理看板是主要由个人单据审批列表、预算完成率、预算可用金额、在途资金构成、部门预算完成率对比图、项目负责人预算完成率对比图、部门经济科目预算完成进度图等构成的可视化综合看板。不同角色进入系统，将看到与其数据权限相匹配的数据呈现。

业务部门。通过内控管理看板，业务人员可实时掌握本年在途资金（包括报销中和待核销单据金额）、个人预算完成率、可用预算金额，可提醒业务人员及时进行报销、确保预算有序执行；业务部门负责人可及时掌握本部门整体预算执行情况、预算完成率与计划相比是否有所滞后，同时可穿透查询相关单据，以便进一步了解具体问题、督促相关人员及时进行处理。

财务处、校领导。通过内控管理看板，财务处和校领导可掌握学校整体预算完成情况、各部门预算完成情况，及时发现执行进度缓慢的项目，督促相关部门负责人积极推进部门预算执行进度。

（2）内控管理报表。内控管理报表主要包括预算执行报表、支出监控明细、支出对账总表、劳务费计税统计、付费统计、合同印花税统计等。通过为业务部门负责人、财务处和校领导提供多层次、多维度的数据报表，以便其深入了解学校经济业务相关信息。

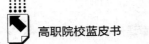

预算执行报表。预算执行报表主要从预算项目、项目负责人、归口部门三个维度呈现批复预算、到位金额、实时可用预算、预算完成率等预算相关信息，便于财务处和校领导快速获取预算明细数据，从不同维度识别预算执行过程中的异常情况，及时应对和规避潜在风险。

支出监控明细。支出监控明细主要以系统支出业务单据为对象，呈现各业务单据的执行进度，便于业务部门负责人、财务处和校领导及时监督业务执行进度。

劳务费计税统计。劳务费计税统计主要用于辅助财务处实时汇总计算劳务人员的个人所得税，解决了学校财务面临的一大难题——劳务人员涉及多笔劳务费需要合并计税。这最大限度地降低了财务人员汇总计算工作量，同时还保证了个税计算的准确性，避免了反复退税、补税的难题。

合同印花税统计。合同印花税统计主要用于辅助财务处实时汇总统计各类合同的印花税，减少财务人员的基础性统计工作，从而提升其实际工作效率。

付费统计。付费统计用于辅助财务处实时汇总统计应付各供应商的款项金额，同时可穿透查询对应单据详情，以便财务人员及时支付、核销应付款项，减少往来挂账。

3.绩效监控：多维度数智化看板呈现重大项目执行情况

绩效监控主要针对与学校事业发展规划紧密相关的财政项目、重大项目等，学校在项目实施过程中，通常会定期对财政项目、重大项目预算执行情况和绩效目标实现程度进行数据收集、填报、逐级汇总，以便发现问题、及时纠偏。但限于数据的呈现形式，领导往往难以获取清晰直观的情况汇报。

以"双高"项目为例，"双高计划"建设任务繁多、指标体系复杂、项目资金庞大，学校在预算绩效管理过程中存在诸多难点。借助绩效监控看板和绩效监控报表，有助于领导及时监控建设任务、绩效指标完成情况以及资金使用情况，做出有把握的决定，以确保项目建设任务按期完成、绩效目标按质达成，预算执行过程筹钱有力、花钱有效、管钱有方。

（1）绩效监控看板。绩效监控看板主要从建设任务、绩效指标、项目资金三个维度去呈现不同重大项目总体和分年度的执行情况，通过数智化综合报表，从"事的维度""钱的维度""事与钱的维度"可视化呈现业务数据，支撑领导监督和决策，减少大量口头沟通汇报成本，有效提升决策效率和准确性。

（2）绩效监控报表。绩效监控报表主要从三个维度提供八种不同视角的数据报表，帮助统筹部门、各级负责人、领导在把握整体情况的前提下，进一步向下钻取明细数据，同时辅助学校高效完成财政绩效监控、绩效自评工作，让项目支出有数可依、审计有源可查，彻底解决了学校在绩效监控或绩效自评时数据逐级汇总、加工和校对工作量大的问题，大幅度降低了此过程中的沟通成本和人工成本，为学校实现治理现代化释放了更多资源。

三 面临的挑战

尽管学校已经开始推动预算绩效内控一体化系统的建设和使用，但要彻底实现面向决策需求的预算绩效内控一体化建设目标还有相当长的路要走。

（一）反映学院整体收支预算的汇总报表欠缺

目前，系统已有较为完备的收入预算和支出预算编制功能，也有分别针对收入预算、支出预算的报表体系，但仍欠缺反映收入预算和支出预算两者整体及其构成情况的报表。然而，这部分又是财务编制学校年度预算草案的核心报表之一。

（二）系统数据报表的分类有待进一步整合

目前系统几乎已涵盖了从预算编制、预算执行到绩效监控过程中的所有报表。针对预算编报阶段，系统提供了九张报表，但通过实际使用后发现，其实有些报表属于同一分类下的不同呈现维度或程度，例如，测算明细汇总表和部门经济科目汇总报表，测算明细汇总表只是部门经济科目汇总报表的细化，完全可以整合为同一分类。因此，可以进一步精减支出预算报表的数量，减少填报者的选择，从而提升报表的使用效率。

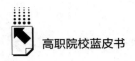

（三）系统数据报表局部可视化细节有待加强

虽然每个报表中涵盖了很多信息，但缺少针对关键信息的可视化细节呈现，使得数据使用者（特别是校领导）需要花一定时间才能从报表中读取出关键信息进行判断和决策。因此，针对数据报表局部可视化的工作还有很大的提升空间，如何让使用者从承载大量数据的报表中快速捕捉重点是一个值得深思和探讨的问题。

（四）数智化看板预警功能仍有提升空间

现阶段，内控管理数智化看板已具备辅助决策、数字预警的基本功能，但在绩效监控看板中，数字预警功能在引领业务部门方面还尚待提升。例如在绩效监控过程中，目前尚不支持设置阶段目标完成率提醒，实现同实际数据的比对，提供具有指导性的预警信息，如目前预算执行进度低于阶段目标值 60%，请您及时跟进。[1]

四　对策建议

在学校日常工作中，面对巨量数据，系统数据可视化通过化繁为简的方式，让数据传递的信息达到"视物致知"的效果，将有效帮助数据使用者（特别是校领导）快速获取关键信息、做出更有把握的判断和决策。

一是持续深入与第三方供应商积极沟通合作，将学校自身业务经验和供应商技术经验相结合，确保元数据的全面性和准确性，进一步从"数据分类—可视化形式—交互方式与技术"三个方面去探索系统数据可视化的优化空间；从业务和技术两方面最大限度地提升系统使用体验，简化操作，同时保证系统运行效率。

---

① 王光艳、张湘怡：《基于预算一体化的高校预算管理系统建设路径》，《预算管理与会计》2021 年第 5 期。

二是从自身出发深入分析与实际业务场景紧密相关的关键业务指标，将其作为可内嵌于数智化看板的预警信息，引导业务部门及时跟进业务，逐步培养项目负责人的项目管理意识，规范其业务操作。

三是着力于彻底实现从项目立项、项目执行、绩效评价到项目结项全生命周期的监控管理，提供项目可视化实时统计台账，让数据使用者（特别是领导）清晰掌握项目进程，随时获取业务信息，对管理现状做到心中有数。

四是借助先进的可视化技术，致力于打造综合性数智化看板。整合业务相关核心数据和指标，联动呈现业务执行情况。全力争取打造具有代表性和影响力的标杆成果。

B.22
全生命周期管理导向的
项目库建设研究

深圳信息职业技术学院

摘　要： 财政部于 2023 年 3 月印发了《预算管理一体化规范（2.0版）》，其中项目库管理章节对各类项目管理流程及规则作出了规定。本文分析了高职院校项目库建设的现状和存在的问题，以深圳信息职业技术学院项目库建设为案例，以全生命周期管理为导向，介绍了按业务维度归口分类管理第三方机构、按功能维度分类管理项目库等主要做法和经验，分析了仍存在的内容重叠、责任界限不清等不足之处，并提出了统筹业财、分步推进、优化组织、落实职责等应对策略和建议。对推进高职院校预算项目库建设具有深刻的借鉴意义。

关键词： 全生命周期　高职院校　项目库建设

　　党的十九大从战略和全局的高度强调加快建立现代财政制度，明确提出要建立全面规范透明、标准科学、约束有力的预算制度，全面实施绩效管理，对预算制度建设提出了更高的要求。党的十九届四中全会进一步强调了要完善标准科学、规范透明、约束有力的预算制度。党的二十大再次从战略和全局的高度提出健全现代预算制度。项目库建设作为预算管理全流程中的一部分，对健全预算制度具有至关重要的作用和意义。目前项目库建设相关研究较多着眼于宏观层面，例如存在的问题主要有项目库制度不健全、项目前期谋划和储备不足、项目预算和绩效目标编制不科学等;① 预算项目库管理权责不清、管理缺乏广度和深度、预算项目库概念薄弱等。② 较少有微观层面的研究,本文从微观落地层面对项目库建设的现状、存在的问题及对策进行研究。

一 高职院校项目库建设现状

2001 年财政部印发了《中央部门项目支出预算管理试行办法》,提出"项目库"一词,项目库是指财政部和中央部门设立的对申请预算的项目进行程序化、规范化管理的数据库系统,包括财政部设立的项目库和中央部门设立的项目库。2002 年财政部发布了《关于印发〈中央本级项目支出预算管理办法(试行)〉的通知》(财预〔2002〕356 号)和《关于印发〈中央本级项目库管理规定(试行)〉的通知》(财预〔2002〕358 号),后续又出台和修订了一系列相关制度。其间,高职院校陆续开始了项目论证评审工作,其工作内容已具有项目库管理雏形。

2018 年,为推进国家治理体系和治理能力现代化,国务院印发了《中共中央国务院关于全面实施预算绩效管理的意见》(中发〔2018〕34 号),提出建立全过程预算绩效管理链条,建立绩效评估机制,结合预算评审、项目审批等,对新出台重大政策、项目开展事前绩效评估,重点论证立项必要性、投入经济性、绩效目标合理性、实施方案可行性、筹资合规性等。2020 年 8 月新修订的《预算法实施条例》,指出项目支出实行项目库管理,并建立健全项目入库评审机制和项目滚动管理机制。2021 年 4 月,《国务院关于进一步深化预算管理制度改革的意见》(国发〔2021〕5 号)提出将项目作为部门和单位预算管理的基本单元,预算支出全部以项目形式纳入预算项目库,实施项目全生命周期管理,未纳入预算项目库的项目一律不得安排预算。2023 年 3 月,财政部对 2020 年发布的《预算管理一体化规范(试

---

① 罗敏:《基于预算管理一体化的高校项目库管理研究及应用》,《财讯》2023 年第 11 期。

② 陆正艳:《变革与效能:基于全生命周期的高校预算项目库管理重构》,《会计师》2022 年第 12 期。

行）》进行了修订，形成了《预算管理一体化规范（2.0 版）》［以下简称《规范（2.0 版）》］，对项目库管理框架、各类项目的管理流程及规则进行了修订。在此期间，多地的高职院校陆续制定了项目库管理办法，建设或已经建成了项目库的信息系统，例如广东、江苏、浙江等地。一项"双高计划"项目预算管理一体化的实证研究中对"双高计划"高职院校进行了调研①，其中"双高计划"项目建设预算管理中实施了项目库管理的院校有157 所，占 90.75%，未实施项目库管理的有 16 所，占 9.25%。"双高计划"高职院校中，绝大部分已经实施了项目库管理。

二 高职院校项目库建设面临的挑战

经过近几年国家、地方对项目库建设相关制度的逐步完善和细化，高职院校项目库建设已经取得了一定成效，但仍面临如下挑战。

（一）同一项目需拆分论证，增加了工作负担

高职院校的项目论证归口管理部门主要有国有资产管理部门（以下简称国资中心）、后勤基建部门（以下简称后勤基建处）、信息管理部门（以下简称信息中心），分别负责货物服务类、工程类、信息化类项目的论证工作。部分综合性项目需要按货物、工程、信息化拆分为两部分或三部分，分别在对应的论证归口管理部门论证两次以上，不必要的化整为零论证模式增加了申报部门的负担，也增加了论证归口管理部门的负担。

（二）论证部门对项目必要性了解不足，无法做出必要性评判

国资中心和后勤基建处分别负责货物服务类、工程类项目的论证工作，该分工是按照"采购内容的类别"划分的，并不是按照"业务类别"归口

---

① 苏治国等：《"双高计划"项目预算管理一体化的实证研究》，《教育财会研究》2023 年第 3 期。

管理划分的，国资中心不是教学业务归口管理部门，无法判断某个实训室是否有必要建设、是否存在与其他专业重复交叉建设。从国资中心的部门职责来看，无法判断也不应该判断该项目的必要性，充其量可以判断该项目在有必要建设时实训设备采购的可行性。只有业务归口管理部门才有责任有能力判断项目的必要性。

（三）项目论证归口管理与预算归口管理不一致，项目储备与预算申报流程脱节

项目论证归口管理部门主要有国资中心、后勤基建处、信息中心，而预算的归口管理部门一般有教务处、科研处、人力资源处、学生处、国资中心、后勤基建处、信息中心等，二者不一致，同一个项目在论证环节可能向国资中心申报论证，论证通过后预算申报环节又可能向教务处归口申报，流程杂乱，前后不符，项目储备与预算申报流程脱节。

（四）判断项目是否需要论证的标准不合理

目前很多高职院校判断项目是否需要论证的标准是"是否招标采购项目"，而不是根据标准化分类的项目类别判断，一些需要招标采购的公用项目本无须论证却年年论证，浪费人力物力财力；同时，特定目标类项目中的非招标采购部分的"软经费"该论证却未经论证，存在漏洞。

（五）项目分类与《规范（2.0版）》分类不一致，入库流程也不一致

按照《规范（2.0版）》，预算项目的标准化分类主要包括人员类项目、运转类项目和特定目标类项目三个项目类别。人员类项目以及运转类项目中的公用经费项目根据部门和单位有关基础信息测算，直接纳入项目库作为预算储备项目，根据有关支出标准测算项目金额；特定目标类项目、运转类项目中的其他运转类项目由部门和单位提前研究谋划，开展项目评审论证，经财务部门审核通过后作为预算储备项目。而在项目论证评审环节，很

267

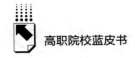

多高职院校是按采购类别将项目分为货物、服务、工程、信息化类,与《规范(2.0版)》区分是否需评审论证的分类维度不一致,纳入项目库作为预算储备项目的流程也不一样。

三 高职院校项目库建设的主要做法

深圳信息职业技术学院是中国特色高水平高职学校和专业建设计划(简称"双高计划")第一轮建设单位(B档),国家示范(骨干)高职院校、国家示范性软件职业技术学院、教育部"中德职业教育汽车机电合作项目"试点院校,现拥有3个国家级高等职业教育专业教学资源库(含1个备选项目)。2018年之前已经启动了项目论证工作,近几年根据《预算法实施条例》、《国务院关于进一步深化预算管理制度改革的意见》(国发〔2021〕5号)、《规范(2.0版)》、《中共深圳市委办公厅深圳市人民政府办公厅印发〈关于进一步深化预算管理改革强化预算绩效管理的意见〉的通知》(深办发〔2018〕32号)、《深圳市市级财政资金项目库操作指南(试行)》(深财预〔2020〕60号)等文件要求,总结项目论证工作的经验,基于项目全生命周期管理导向,对项目从前期筹划、论证评审、预算及绩效管理等方面进行了全面优化,制定了《项目库管理办法》,取得了一些工作成效,对推进高职院校预算项目库建设具有深刻的借鉴意义。

(一)主要做法

1. 针对问题(一)至(三),规范评审机构,重新划分了项目论证归口管理部门

《项目库管理办法》立项论证归口分类从"业务类型"维度进行,分为教学类、科研类、行政办公类、师资类、学生类、后勤维护类、信息化类等。不再按照采购内容的类型,如货物类、服务类、工程类来区分论证归口管理部门。

（1）教学类。包括实训室建设、教学实验室建设、专业（群）建设、课程建设、教材建设、实践教学、教学资源库、教学团队、师生专业技能竞赛、教务教学管理和其他校内教学专项等项目（含货物、服务和工程建设，工程仅指实训室、实验室等配套的工程，不含教室维修维护等常规工程），由教务处归口管理。

（2）科研类。包括科研平台（含科研实验室、工程中心、技术研发中心等）、科研团队、科研成果转化、技术服务和校级课题及其他校内科研专项等项目（含货物、服务和工程建设，工程仅指科研实验室等配套的工程），由科研处归口管理。

（3）师资类。包括人才引进、人才培养、教学名师、教师队伍建设和其他校内人才专项等项目（含货物、服务和工程建设，工程仅指实验室、工作室等配套的工程），由人力资源处归口管理。

（4）学生发展类。包括创新创业类项目，由创新创业学院归口管理；招生就业，学生招生、就业等项目，由招生就业处归口管理；学生资助、学生管理及其他校内学生类项目，由学生处归口管理；社团管理、挑战杯等项目，由团委归口管理。以上项目包含货物、服务和工程建设，工程仅指学生发展类项目配套工程，不含学生宿舍维修维护等常规工程。

（5）行政管理业务类。学校各部门除教学、科研、师资、学生发展、对外交流合作、后勤、信息化、图书等归口业务之外的货物及服务购置，教学、办公等设备配套维保项目，由国资中心归口管理。

（6）对外交流合作类。包括国际化人才引进与培养、公务出访、中外合作办学等项目（包含货物、服务和工程建设，工程仅指对外交流合作类项目的配套工程），由国际交流与合作学院归口管理。

（7）后勤维护及服务类。校园物业管理、绿植养护、医疗服务，学校公共空间装修维修工程等后勤运维，学校各部门除教学实训室（实验室）、科研实验室、师资类中的实验室（工作室）等配套工程之外的装修维修工程项目，由后勤基建处归口管理。

（8）信息化建设类。校园网络基础、信息化公共服务平台等信息化建

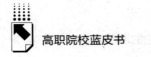

设与运维，学校各部门除教学、科研业务之外的信息化软硬件项目，由信息中心归口管理。

（9）图书类。图书、电子资源购置由图书馆归口管理。

（10）其他。学校各部门除上述归口类型之外的各类常规项目，由计财处归口管理。

2. 针对问题（四），明确需立项论证的项目范围

将需立项论证的项目范围确定为除人员类项目、运转类（含公用和履职）项目之外的特定目标类项目。各个归口管理部门梳理区分本归口的履职类和特定目标类项目，确定本归口需要论证的项目范围。即判断项目是否需要论证的标准不再是"是否招标采购"，而是"是否特定目标类"。按照《规范（2.0）》，公用经费项目应按照财政部门维护的支出标准测算。具体到学校，在目前财务部门支出标准体系尚未完善的情况下，根据往年支出情况和本年度增减因素，由业务部门测算、业务归口部门和财务部门审核，而没必要再对其必要性、可行性进行反复论证。学校履职类项目，包括专业建设、课程建设以及其他常规教学、科研支出，也参照公用项目的做法，无须论证，只需审核。

3. 针对问题（五），按照预算管理一体化系统要求对项目进行分类，规范项目入库流程

按功能用途分类，预算项目库中的项目分为四类：人员类项目、公用经费项目、履职类项目、特定目标类项目。公用经费项目、履职类项目统称"运转类项目"。人员类项目、公用经费项目、履职类项目报归口管理部门后，归口管理部门无须组织论证评审，只需审核。归口管理部门审核通过后，预算项目进入归口项目库，并视同已通过学校储备项目库，提交至计财处，由计财处纳入学校待审核的预算方案。特定目标类项目报归口管理部门后，归口管理部门组织论证评审，并对通过的项目进行排序，纳入归口项目库，再报至规划发展处进行全校层面的遴选排序。

（二）取得的成效

1. 转换维度规范了评审机构，重新划分了项目论证归口管理部门，理顺了项目论证入库业务流程，厘清了部门职责，加强了业财融合，提高了学校治理体系和治理能力的现代化水平

按"业务类型"的维度进行分类，即分为教学类、科研类、行政办公类、师资类、学生类、后勤维护类、信息化类等，解决了同一项目拆分论证问题、论证部门对项目必要性了解不足问题、项目论证归口管理与预算归口管理不一致导致项目储备与预算申报流程脱节问题。

按"业务类型"分类的项目论证归口管理，不需要再将教学实训室等涵盖货物和工程的项目拆成后勤、国资各论证一部分，而是按业务类型归口管理部门（例如教务处）直接全部论证，解决了同一项目的拆分论证问题，理顺了论证入库流程，提高了项目论证入库的效率。不再拆分项目论证受到了各申报部门特别是各二级学院的一致好评。

按"业务类型"分类，各业务归口部门最了解该类归口业务，对判断项目的必要性具有职责和能力，解决了原论证部门对项目必要性了解不足的问题。例如教务处最了解各学院的专业建设等教学业务，根据教务处对教学业务归口管理的职责，其有责任也有能力判断某个专业实训室建设的必要性、是否与其他专业存在交叉重复建设等问题。

按"业务类型"分类的项目论证归口管理与预算归口管理分类一致，项目储备与预算申报流程无缝衔接，前后统一，解决了二者脱节的问题，加强了业财融合。各申报部门在项目论证、预算申报业务操作上简单化、统一化，业务体验得到优化。

2. 把握项目论证入库环节的主要矛盾，聚焦关键风险点，紧抓特定目标类项目，简化风险较小的公用项目和履职类项目入库流程，节约了管理成本，提高了学校治理效率

明确需立项论证的项目范围是特定目标类项目，即判断项目是否需要论证的标准不再是"招标采购"，而是"特定目标类"。这一变化带来了诸多

成效，首先把工作重心聚焦到风险较高的特定目标类项目，强化论证评审、完善评审，把控住了项目入库的关键风险。其次风险较小的公用、履职类项目中的大量采购项目简化为审核方式，无须再论证，省去了申报部门提供论证材料，也减轻了归口部门组织论证的负担，大幅提高了项目库管理的工作效率。该流程简化受到申报部门和论证组织部门的普遍认同。

3. 填补漏洞，提高了学校风险管控能力，提高了学校内部控制管理水平

特定目标类项目预算中非招标采购部分的"软经费"，原本没有参与论证，自 2022 年起按照《项目库管理办法》包含在整个特定目标项目中统一论证，填补了漏洞，提高了学校内部控制管理水平。

（三）存在的不足

项目库建设按照《项目库管理办法》实施两年来，取得了很大成效，也暴露出了一些不足。

一是存在某些归口论证部门论证本部门项目的情况，即申报部门与组织论证部门重合，既是运动员又是裁判员，无法真正起到评审、监督的作用，特别是学生发展类、国际交流类、信息化类、图书类的项目。

二是未明确论证过程中需审核的采购品目及编码，也未明确负责审核采购品目及编码的部门，导致计财处从归口部门收集的部分采购品目及编码准确性不高，为后续国库系统录入政府采购计划带来了大量调整工作。

三是未明确论证过程中资产配置审核的责任部门。改革前，购买货物类的论证都集中在国资中心，审核资产配置也在国资中心，论证项目的过程中也同时审核了资产配置。但按照新的《项目库管理办法》，按业务类型划分的新归口论证部门承接了原来国资中心论证的大部分含资产配置的项目，在论证过程中更关注论证评审的主要内容，即项目立项依据是否充分、立项程序是否规范、实施方案是否可行、绩效目标设置是否合理等，而未将"资产配置审核"作为论证内容中的一项。同时国资中心也未对这些项目的资产配置进行专门审核。资产配置审核职能在新归口论证部门和国资中心之间未予明确。

四是项目库的信息化建设滞后。2023 年初步建成了项目库系统，能实现项目申报、审核、论证评审、排序遴选、预算配资、项目支出报销等，但项目库系统未与采购系统、绩效考核系统、资产管理系统协同共联，项目还未真正实现项目全生命周期管理。

（四）对策建议

第一，微调项目论证归口部门。为避免归口论证管理部门论证本部门项目无法起到评审、监督的作用，归口论证管理部门的项目由规划发展处论证，或者提升校外评审专家的比例、严格限制本归口部门人员参与项目评审，或者成立独立的项目评审中心，提高评审的独立性。

第二，明确项目库业务相关的部门职责。明确国资中心和后勤基建处，负责在各归口论证部门组织的论证环节审核采购品目及编码。其中国资中心负责审核招标采购的货物、服务类的采购明细、采购品目及编码等信息，后勤基建处负责审核工程类的采购品目及编码等信息。

第三，加强资产配置审核。明确储备项目需要配置资产的，由国资中心负责审核申报部门填报的资产配置信息。国资中心参与归口论证部门组织的论证，负责审核资产配置信息。有配置标准的，应当按照标准填报；没有配置标准的，应当结合学校保障运转工作需要、资产存量以及同类资产共享共用等情况合理预计填报，通过资产共享共用能够满足需要的不得申请新增配置资产。

第四，统筹规划预算管理一体化的信息化建设，分步实施。预算管理一体化的推进，必须有先进的信息技术支撑。预算管理一体化建设旨在按系统化思维，全流程整合预算管理制度，构建现代信息技术条件下"制度+技术"的管理机制。预算管理一体化涉及项目储备、预算编审、预算调整和调剂、预算执行、绩效管理、资金支付、会计核算、决算和报告等多环节的工作，必须全盘统筹规划，逐步实施。将项目申报、论证评审、入库、配资都置入项目库系统，并将采购品目及编码审核、资产配置审核等控制环节设置到项目论证之前，将项目的大部分周期置入系统，不但实现项目各环节的

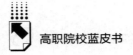

记录留痕，同时能用便捷高效的信息化手段减轻申报部门、组织论证部门、国资中心、后勤基建处的工作量。逐步把项目库相关的制度和流程，嵌入到项目库系统中，更高效更便捷地发挥项目库管理的效能。同时在预算编审环节，增加绩效管理的功能，加强预算与绩效的一体化管理。

第五，站在全局的高度、业财融合的角度构思预算管理一体化的推进。项目储备往前延伸有申报部门的提前研究谋划，项目执行中间往细节发散有招标采购、合同执行、验收、内部审计，将"业务"与"财务"无缝融合在一起，将项目的酝酿阶段与申报阶段相衔接，将"配资"和"支付"之间的空白地带填补上招标采购、合同执行、验收、内部审计等环节，将预算绩效管理系统和资产管理系统纳入一体化系统以体现项目建成后的使用效益情况，涵盖了预算管理全流程各环节以及项目使用各阶段的项目库系统，才能真正做到全生命周期管理，发挥一体化设计、一体化推进的合力作用。

B.23
一体化视角下的政府采购业务
流程优化研究

成都职业技术学院

摘　要： 预算管理一体化是财政预算绩效管理的一次重大改革，近年来，预算管理一体化在提升高职院校预算管理水平方面发挥着重要作用。其中政府采购业务因存在涉及部门多、审批层级多、采购周期长等特殊性，政府采购预算一体化管理工作面临着更多挑战。本文基于预算绩效一体化视角，通过对高职院校政府采购项目预算管理业务流程再造进行探索和实践，提出了提升入库项目采购计划精准性、构建政府采购绩效管理体系、优化采购投入产出比、推动采购与资产融合管理等采购流程优化建议，希望能提供一些实际借鉴。

关键词： 预算绩效一体化　高职院校　政府采购

　　党的二十大报告从战略和全局的高度进一步提出"健全现代预算制度"①，为做好新时代新征程财政预算工作指明了方向、提供了遵循。进一步完善学校全面预算绩效管理体系，实现财务管理转型，推动高职院校治理体系和治理能力现代化，助力科教兴国、人才强国建设目标成为学校落实全面预算绩效管理的一项重要任务。

---

① 习近平：《高举中国特色社会主义伟大旗帜　为全面建设社会主义现代化国家而团结奋斗——在中国共产党第二十次全国代表大会上的报告》，人民出版社，2022，第29页。

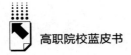

近年来，国家大力发展职业教育，随着《国家职业教育改革实施方案》（简称"职教20条"）的出台，职业教育迎来了发展的春天，高职院校也随之进入高速发展通道，各级财政对高职院校特别是双高建设单位的教育经费投入持续增加，这既是机遇，也给学校的政府采购管理工作带来了巨大的挑战。本案例主要从预算绩效一体化视角对高职院校政府采购项目业务流程优化进行探索和实践。

一　政府采购业务在一体化建设中的管理现状

（一）一体化建设推动政府采购全面提速增效

2021年4月，国务院印发《关于进一步深化预算管理制度改革的意见》（以下简称《意见》），从六个方面提出了具体改革措施，为财政进一步推进预算管理制度改革提供了遵循原则，指明了方向，明确提出大力推进中央和地方预算管理一体化建设工作。近年来，各级财政部门按照要求大力推进预算绩效管理改革，逐步制定了实施预算绩效改革的各项制度措施，并全面部署预算管理一体化系统，整合项目入库、采购预算管理、预算编制、预算执行、绩效评价管理等应用模块，项目全生命周期管理理念得以落实，构建起"全方位、全过程、全覆盖"的预算绩效管理体系。[①] 在这一大背景下，学校逐步落实预算一体化管理，有效提升了学校治理现代化水平。一体化系统的全面部署和纵深推进，让政府采购流程进一步得以优化，有效约束采购人严格按照法律法规要求和时间节点开展政府采购活动，全面提升政府采购监督有效性和政府采购效率。

（二）政府采购支出规模逐年扩大

自2019年实施中国特色高水平高职学校和专业建设计划以来，各"双

---

① 马盛楠：《预算管理一体化助力预算管理现代化——以中央预算管理一体化试点单位A为例》，《预算管理与会计》2022年第6期。

高计划"建设院校坚持爬坡破难，主动而为，多渠道筹集资金，预算规模逐年递增，其中政府采购预算规模也随之扩大，经统计，四川省首批入围"双高计划"建设项目的院校在 2020~2022 年政府采购支出规模普遍呈现增长趋势，增长率最高的院校达到了 341.67%（见图 1）。随着政府采购预算规模的不断扩大，如何将政府采购工作融入预算绩效一体化管理中，高效规范实施政府采购业务，成为预算执行面临的新挑战。

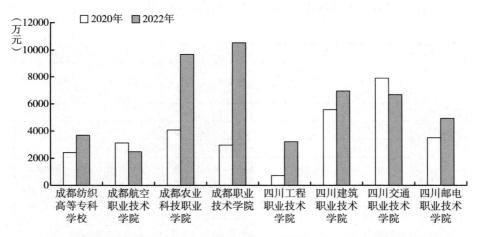

图 1　2020~2022 年四川省"双高计划"建设院校政府采购支出情况统计

资料来源：各学校相关年份决算报告。

二　一体化视角下实施政府采购业务流程优化的主要经验

（一）理清职责权限，夯实政府采购业务制度基础

政府采购预算管理工作是学校预算管理的重要组成部分，旨在通过将政府采购与预算绩效管理工作的有机结合，加强对采购活动和资金支付的约束和控制，从而提高财政资金的使用效益。随着近年来政府采购制度的不断完善，学校政府采购活动也不断向规范化、科学化、精细化深入推进。学校修

订了《成都职业技术学院政府采购内部采购控制规范》，结合《成都职业技术学院全过程预算绩效管理实施办法》，制定了《成都职业技术学院政府采购实施细则》（以下简称"实施细则"）。"实施细则"从内控管理视角，将采购管理维度拉长，全面覆盖项目论证、需求管理、预算、采购、履约、验收及评价全过程；以"项目需求管理"为重点，建立采购需求审查机制；与学校现行预算管理制度相融合，进一步理清业务部门、财务部门、采购部门、监督部门在采购过程中的职责与审批权限（见图2）。

采购阶段	工作事项	执行部门
采购需求编制阶段	采购需求调查（方式：咨询、论证、问卷调查、向市场主体开展需求调查等）	业务部门，行业专家，项目归口管理部门
	采购需求编制	业务部门
	采购需求审查	业务部门，采购部门，财务部门，监督部门
采购实施阶段	内部立项审核	业务部门，采购部门，财务部门
	"三重一大"项目审核	业务部门，采购部门，财务部门，院长办公会，党委会
	项目需求论证	业务部门，采购专家
	招标采购	业务部门，采购部门，代理机构
合同签订阶段	合同审核	业务部门，归口管理部门，法律顾问
	合同备案及公告	业务部门，采购部门
合同履约验收阶段	合同履约	业务部门
	合同验收	业务部门，归口管理部门，监督部门

图2 学校采购预算管理职责及审批权限

资料来源：学校内控制度。

（二）构建政府采购项目管理流程协同机制，夯实政府采购业务组织基础

学校坚持"以预算为主线、以资金管控为核心、以内控为保障"，构建政府采购项目管理流程协同机制，积极发挥财务管理、采购管理、项目管理、资产管理、合同管理与采购活动相关部门的作用，打通制度间的壁垒，融合项目归口部门的管理需要，实现采购项目绩效目标和采购项目实施的事前、事中、事后各个环节的监控，打造采购项目绩效管理的闭环。

（三）以项目库管理为抓手，夯实政府采购业务执行基础

项目库作为预算绩效管理的基础，是政府采购项目实施全生命周期管理的重要载体。通过实践，学校形成了较为完善的政府采购项目滚动管理及项目入库评审管理工作机制和工作流程，树立"先定项目，再定预算"的理念，坚持"成熟一批，论证一批，入库一批"及归口管理的原则对采购项目库实施动态管理，以充分发挥财政资金的使用效益，从而实现学校可持续发展管理的目标。

1. 政府采购需求编制阶段——强化入库评审，做实做细政府采购项目预算编制

学校着力推进采购预算项目提前谋划、评审论证、入库储备、优化排序等工作的规范化、流程化，旨在建立与现行预算管理制度相适应的精准细化的项目库管理体系。[①] 目前学校项目库分为"储备库""备选库""执行库"。所有采购项目均纳入项目库管理，采购项目由业务部门发起申报，经采购办及归口管理部门审核后在储备库中管理；经学校层面项目论证会审议通过的项目进入备选库管理；预算资金到位后从备选库中遴选项目进入执行库。具体管理流程见图3。

学校对项目库审核的关键节点进行分析，从采购项目生命周期的源头寻求预算管理突破，推动采购项目预算编制规范高效，形成采购预算项目库评审管理机制。从立项依据、预算需求和绩效目标等内容进行评审论证，特别强调前期充分的市场调研，夯实预算需求。进一步明确关键节点中职能部门的工作任务和审核要素，强化职能部门协同审核，从而有效提升政府采购项目入库质量。具体流程和任务分工见图4。

---

① 李宜波、李和敏：《职业院校项目库管理要点及对新职业发展的促进研究》，《中国商论》2019年第20期。

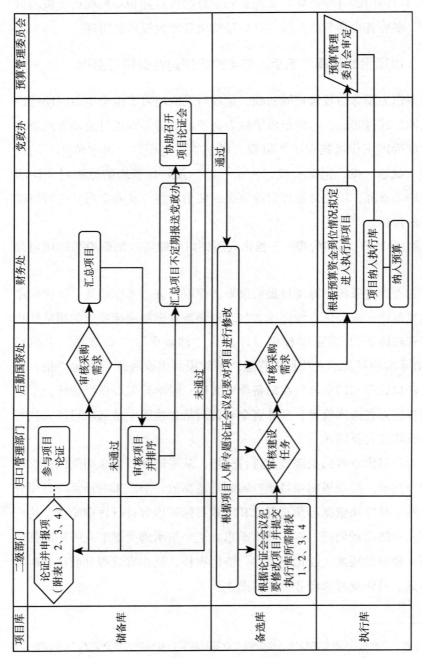

图 3　学校项目库管理工作流程

资料来源：学校项目库管理工作流程。

项目库	储备库 （申报项目）		项目入库 专题论证	备选库 （细化预算及绩效目标）	上报预算
部门	业务部门	归口部门/招标办/ 财务处	学院层面	归口部门/招标办/ 财务处	财务处
流程	附表1-1：学院项目入库申请表 附表1-2：项目论证报告 附表1-3：学院采购项目申请表 附表1-4：事前绩效评估表	论证初审 →通过→ / 未通过	评审 →通过→ / 未通过	附表2-1：专项类项目支出预算编制明细表 附表2-2：专项类项目支出预算绩效目标表 附表2-3-1：政府采购需求及实施计划表 附表2-3-2：内部采购项目需求	汇总上报财政
工作任务	业务部门对储备项目进行充分论证后，编制"储备库附件"	归口部门：组织论证审核任务论证充分性，完成绩效前评价 后勤国资处：审核资产配置情况 审核采购需求	归口部门及执行部门将待入库预算项目评审资料提交党政办	业务部门：编制"备选库附件" 归口部门：根据评审结论审核建设任务完整性和符合性 后勤国资处：审核资产配置和审核政府采购预算编制的正确性和合理性 财务处：审核预算科目安排正确性	1.学院预算管理委员会审核通过 2.院长办公会审定 3.院党委会审定

图4　学校项目入库审批工作流程

学校对标四川省财政预算一体化管理平台数据细化要求，整合贯通预算编审、政府采购管理及资产管理相关业务流程，通过表单及编制模板引导和推动业务部门实现"项目实施主要任务"——"项目预算测算依据"——"绩效目标"——"项目实施政府采购需求"——"项目资产形成情况"的对应关系，从而有效推动政府采购管理和资产管理高效协同。

政府采购项目预算资金执行过程中，按照"谁用钱、谁负责"的基本原则，明确资金使用中业务部门的主体责任，管理部门的监管责任，做到财政资金使用过程中责任明晰、安全高效。为切实解决预算执行过程中业务部门存在的困难，学校形成了逐月进行预算执行的动态监控机制。按照重点项目按周监控、常规项目按月监控的原则，定期通报跟踪监控情况，并不定期组织召开项目执行沟通协调会，分析项目预算执行缓慢的原因，查找并解决

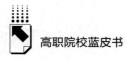

问题；项目实施预算资金动态调整，对绩效监控完成不佳、采购执行困难的项目实时预警，及时调整或者终止项目执行。通过对项目的动态监控，进一步盘活项目资金，加大资金统筹力度，提升项目资金使用效益。

2. 政府采购项目评价阶段

实现预算项目绩效评价全覆盖，并进一步强化绩效评价结果的应用。学校目前初步形成预算绩效评价结果与年度考核相结合的工作机制，将项目预算绩效评价结果、政府采购及资产管理评价情况运用到学校年度目标考核中；形成评价结果与预算安排相结合的机制，在次年预算资金分配过程中优先考虑绩效评价结果优秀的业务部门提出的项目需求；形成评价结果监督机制，将评价结果同步报送学校党委。

（四）应用信息化手段，赋能政府采购动态监控

通过对政府采购项目预算管理流程的不断优化，学校逐步构建了"编制—实施—评价"全过程动态监控机制，确保政府采购项目合法、合规、高质量完成。学校充分利用信息化手段，发挥项目库的桥梁作用，搭建了政府采购及合同管理信息化平台，实现了与预算、收支管理系统、资产管理平台中的政府采购预算数据相互融通，有效提升了政府采购业务的管理效能。[①] 通过信息化管理平台部署和实施，实现了政府采购业务全过程动态监控，通过完整记录采购全过程，全面提升政府采购业务执行的透明度和可控性。具体信息化建设情况见图 5。

三　面临的挑战

（一）采购项目论证科学性和精准性不足，导致政府采购实施质量不高

项目是实施政府采购预算管理的最小单元，作为业务管理载体，项目的

---

① 荣子建：《基于信息化手段的高校政府采购管理模式研究》，《中国物流与采购》2022 年第 12 期。

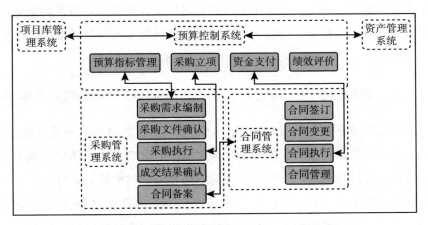

图5 政府采购及合同管理信息化系统功能模块

资料来源：学校一体化平台应用模块。

编制质量决定了政府采购预算编制的精准性，从而影响政府采购预算的执行和资源配置的有效性。市场调研不够全面、缺乏充分论证、事前评价不够扎实，导致入库项目质量不高。项目在执行政府采购时会出现采购参数无法高效确认、采购过程中出现质疑、采购事项变更、采购净结余资金较大等偏离计划方向的问题，故学校政府采购预算执行周期通常较长，从而导致政府采购项目预算执行存在不均衡的困难。由于业务部门对供给市场不够了解，需求编制和市场实际存在一定偏差，预算执行过程中可能出现预算编制过大导致采购净结余较大或预算编制过小导致连续废标。因此，学校以预算绩效一体化管理为工作基础，聚焦项目库管理，不断夯实政府采购项目预算编制基础，从源头上解决政府采购项目实施的质量问题。

（二）政府采购缺乏绩效管理，导致财政资金配置效率不高

高职院校政府采购业务活动通常具有较强的专业性、较为复杂的多样性，资金来源多元化，因此政府采购绩效管理工作深入推进存在较大困难。政府采购绩效管理指标体系构建尚处在探索和试行阶段，构建适应学校政府采购业务管理特点、适应各种类型采购、针对性较强的政府采购绩效评价指

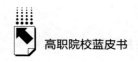
标体系存在困难。因此，评价结果停留在通报反馈阶段，政府采购绩效评价反馈应用机制尚不健全，无法为进一步优化财政资金资源配置提供科学精准的决策依据。

（三）复合型政府采购业务人才匮乏，导致政府采购整体效率不高

一体化改革不仅仅是对管理理念的革新，工作机制、业务流程的再造，还需要搭建与之运行相匹配的专业化人才队伍。政府采购一体化背景下，要求采购管理人员与财务、资产、业务部门等相关部门能够高效合作，在管理的深度和广度上应当与一体化建设要求相契合。在传统"谁用谁招标"的管理方式下，执行采购的人员对一体化管理理念的适应性不足，导致执行采购活动中重"走完流程"、轻"提高质量"，政府采购整体效率不高。

四 进一步优化政府采购业务流程的对策和建议

一体化建设背景下，项目全生命周期的管理理念得以实施，并搭建了预算绩效一体化管理框架和运行机制，为优化政府采购业务流程提供了强有力的制度支持和运行基础。随着一体化改革的不断深化，要通过实施项目分类管理、构建政府采购绩效管理体系及推动采购资产协同管理，不断将政府采购业务优化工作在一体化实施过程中向纵深推进。

（一）强化项目库精细化管理，提升政府采购计划精准度

将所有校内项目纳入项目库管理系统，建立绩效指标库、重大项目、校内项目库、财政项目库、收支预算编审等应用模块，确保学校预算申报、编制工作全过程在线协作、数据共享，实现项目全周期滚动管理。推动政府采购项目预算编实、编准、编细，为预算高效执行夯实信息化基础。进一步探索分级、分层、分类项目库管理机制，提升校内项目库建设和预算一体化系统项目库之间的融合性。认真研究国家政策、行业趋势，根据学校发展规划严控项目入库审批环节，组建适应不同领域的项目评审专家库，规范评审程

序和工作程序，细化评审分类和评审标准，确保政府采购计划精准编制，提高政府采购项目执行效率。

（二）构建政府采购绩效管理体系，优化采购投入产出比

立足"事前管理、事中管理、事后管理"三个环节，把预算绩效管理贯穿政府采购全流程。构建政府采购绩效管理运行机制，进一步明确政府采购评价范围、方法、流程及职责分工。建立适用单位管理实际的绩效评价指标体系，覆盖政府需求编制、政府采购实施、政府采购项目验收各个环节，从采购预算执行、绩效目标完成、合同履约、项目验收、资金支付等方面设置相应指标，反映采购项目的合规性、专业性、效率性、公开性、公平性和满意度。[①] 形成绩效评价结果应用机制，充分发挥政府采购在预算资源配置中的重要作用。

（三）推动采购与资产融合管理，促进资源合理配置

将资产管理嵌入政府采购项目全生命周期管理，以一体化理念为基础，通过融合管理，优化资产配置，避免重复建设，提高采购资金使用效益。[②] 在政府采购项目预算编制环节嵌入新增资产配置情况审查，通过与存量资产比对，有效避免重复建设和资源浪费，逐步引导业务部门资产购置中长期计划与采购计划相匹配。在政府采购项目验收环节嵌入资产使用情况评价，通过评价反馈对政府采购实施质量进行评价，充分发挥采购与资产在学校可持续发展中的重要作用。

---

① 刘康：《高校政府采购绩效管理体系建设路径探讨》，《审计与理财》2022 年第 8 期。
② 吴冠仪：《预算管理一体化下高校政府采购与资产管理协同化研究》，《技术与管理》2023 年第 4 期。

B.24
基于数据共享的一体化闭环管理系统建设研究

山东商业职业技术学院

摘　要： 高职院校预算管理系统与其他财务信息系统或模块已经形成一定程度的信息共享和业务联动，但基于数据共享的预算一体化管理系统建设与应用水平尚需进一步提升。近年来，山东商业职业技术学院针对学校自身及高职院校共性的信息孤岛现象严重、管理制度流程不合理、数据共享机制不完善等问题，基于"预算为先、内控为本、绩效为要"的思路，通过修订管理制度，优化工作流程，打破经济业务数据在部门之间流转的壁垒，进而明确预算—绩效—内控的逻辑关系，成功实施一体化闭环管理系统，通过链接预算、采购、合同、资产、财务核算等信息模块，消除了既有的信息孤岛，达到了通过数据共享和闭环管理提升预算管理效能的目的，有效推动了学校财务治理能力与治理体系现代化，夯实了学校治理基础。

关键词： 数据共享　闭环管理　预算绩效内控一体化

党和政府历来重视财政资源配置与财政资金使用绩效问题，尤其是党的十八大以来，明确提出推进政府绩效管理，加强绩效评价工作。2017年10月，党的十九大报告进一步明确提出："加快建立现代财政制度，建立全面规范透明、标准科学、约束有力的预算制度，全面实施绩效管理。"[①] 2018

---

① 《习近平著作选读》第2卷，人民出版社，2023，第28页。

年 9 月，中共中央、国务院出台《关于全面实施预算绩效管理的意见》（中发〔2018〕34 号，以下简称《意见》）①，要求"全面实施预算绩效管理"，构建了我国全面实施预算绩效管理的总体制度安排，为提高财政资源的配置效率和财政资金的使用效益奠定了制度基础。

高职院校全面实施预算绩效管理，是落实《意见》的基本要求，也是推进学校治理体系和治理能力现代化的有力举措。职业教育肩负着为党和国家培养高素质技术技能人才的重任，近年来，国家对职业教育的经费投入力度越来越大，对经费管理规范性及使用有效性的要求越来越高。如何管好、用好各类经费，实质是如何提升预算管理效能的问题，这是各职业院校普遍面临的问题。构建基于数据共享的一体化预算管理系统是解决此类问题的重要途径。

一 高职院校预算一体化闭环管理系统建设的现状

（一）高职院校财务信息化系统建设情况

高职院校财务信息化水平有待提高。本团队于 2022 年 11 月至 2023 年 4 月开展职业高等院校财务信息化建设现状专题调研，来自全国 29 个省份、218 所高职院校参与调研并提供了有效数据。调研结果显示，84.86% 的高职院校已建成财务信息化系统，尚余 15.14% 的院校正在起步建设或尚未建立财务信息系统。已建成财务信息系统的院校中，41.28% 的被调研院校表示，能实现部分信息共享和业务联动；22.94% 的院校表示，能通过财务信息系统覆盖全校大多数用户，基本实现信息共享和业务联动；仅有 20.64% 的学校已建成的财务信息系统，能覆盖全校用户，做到信息共享、业务联动和服务整合（见图 1）。

---

① 《中共中央 国务院关于全面实施预算绩效管理的意见》，中国政府网，https：//www.gov.cn/zhengce/2018-09/25/content_5325315.htm？tdsourcetag＝s_pcqq_aiomsg。

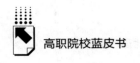

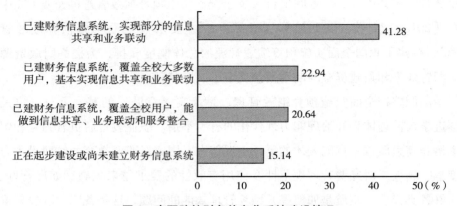

图 1　高职院校财务信息化系统建设情况

资料来源：项目组开展的职业高等院校财务信息化建设现状调研。

（二）高职院校目前已完成或正在实施的财务系统平台情况

高职院校财务系统平台涵盖内容较为广泛。根据调研数据，会计核算系统在高职院校的部署最为广泛，87.16%被调研院校表示已经完成或正在实施该类系统；其次是预算管理系统、网上签批系统，两者的部署比例分别达到 72.48%和 70.18%；综合收费平台、支出管理系统、资产管理系统等部署比例也都超过 60%，分别达到 67.43%、66.97%和 61.93%。相比较而言，项目库管理系统、合同管理系统、集中采购平台、绩效管理系统等部署比例较低，均未超过 40%，是需要进一步加强的内容（见图 2）。

（三）预算管理系统与其他财务信息系统对接情况

高职院校的预算管理系统与其他财务信息系统或模块已经形成一定程度的信息共享和业务联动，但基于数据共享的预算一体化管理系统建设与应用水平尚需进一步提升。调研数据显示，预算管理系统与会计核算系统实现对接及业务联动最为普遍，66.06%的被调研院校有此项业务；其次是预算管理系统与网上签批系统、支出管理系统之间的对接联动，比例分别为

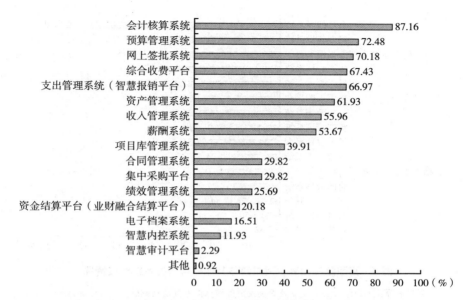

图2　高职院校目前已完成或正在实施的财务系统平台

资料来源：项目组开展的职业高等院校财务信息化建设现状调研。

47.71%和45.87%；但预算管理系统成功与其他财务系统信息共享业务联动的比例均低于40%（见图3）。

二　基于数据共享的一体化闭环管理系统建设的主要经验

山东商业职业技术学院（以下简称：山东商院）经多年研究实践发现，借助信息技术打造预算内控一体化系统，有助于构建完善的经济业务内控体系，破除部门之间的数据流转壁垒，将传统经济业务的信息孤岛有效链接，打造数据闭环，进而达到提升学校预算管理效能的目的。

山东商院2019年被确立为中国特色高水平高职学校建设（A档）单位①

---

① 《教育部 财政部关于公布中国特色高水平 高职学校和专业建设计划建设单位名单的通知》，中华人民共和国教育部网站，http：//www.moe.gov.cn/srcsite/A07/moe_ 737/s3876_ qt/201912/t20191213_ 411947.html？eqid=f0035ef10008a69500000004642cecd8。

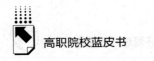

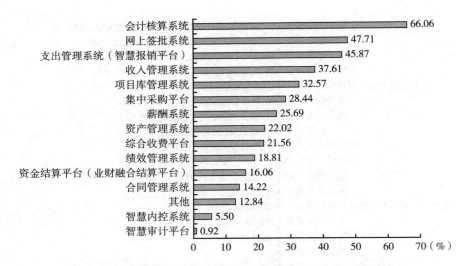

图3　高职院校预算管理系统与其他财务信息系统对接情况

资料来源：项目组开展的职业高等院校财务信息化建设现状调研。

（以下简称"双高计划"），开启了跨越式发展的新征程。因"双高计划"建设项目，学校将获得中央专项资金2.5亿元①、地方财政专项资金支持约2.0亿元，预计撬动行业企业投入价值1.2亿元，举办方及学校自筹资金预算分别为1.2亿元。即该项目总预算达到8.1亿元。如何保障"双高计划"专项资金使用的安全、规范、有效，是学校财务管理面临的新课题。在"双高计划"推进过程中，学校发现项目预算绩效的达成情况受到内控管理水平的显著影响，因此提出"预算为先、内控为本、绩效为要"的预算绩效内控一体化系统建设思路，并于2021年开发部署了信息化系统，有效解决了预算绩效管理问题。

（一）主要做法

1. 修订制度，完善工作流程，打破壁垒

高校内部的经济业务数据流转往往跨越财务管理、资产管理、法务等多

---

① 王原：《山东15所"双高计划"院校获中央财政支持》，《大众日报》2022年5月12日。

个职能部门，职能部门之间因工作职责不同而天然存在一些屏障。基于数据共享的预算内控一体化系统成功实施的前提是数据流转顺畅，因此，需要打破部门间的壁垒。[1] 预算内控一体化系统建设与运营的基本依据是学校的制度文件与工作流程，在系统开发部署之前，需要根据预算内控管理的要求和学校实际工作需求，修订完善学校的内部控制、预算管理、采购管理、固定资产管理、合同管理、财务报销等相关制度文件，优化各经济业务的工作流程，在发挥指导与约束作用的同时，消除经济业务数据在部门之间流转的壁垒。[2]

2. 明确思路，厘清逻辑关系，链接孤岛

根据《意见》要求，高校实施全面预算绩效管理，花钱必问效，预算为先、绩效为要。这就要求预算执行与绩效目标达成度进行匹配。为实现"双监控"这一目的，需要学校有较高的内控管理水平，以便于及时发现问题、解决问题。[3] 由此看来，内控管理可以称为预算与绩效之间的调节和保障。基于"预算为先—内控为本—绩效为要"的逻辑关系，打造"预算→采购→合同→资产→支付与财务核算"的数据通路，链接预算、采购、合同、资产、财务核算等信息模块，上游数据自动带入下游业务模块，各模块之间数据可实现最大限度地共享，可实现破除信息孤岛的目标。[4]

3. 部署系统，打造从预算到核算的数据闭环

学校原有的经济业务信息化管理模块（如预算管理、采购管理、合同管理、资产管理、财务报销等）各自相对独立，已形成信息孤岛，数据流不通畅，难以共享，致使内控管理效率低且存在较高的管理风险。学校与技术服务公司合作，研发并部署了全面覆盖"预算管理、采购管理、合同管理、资产管理、财务核算、绩效管理"等经济业务模块的预算内控一体化

---

① 黄健、葛广宇：《预算绩效管理服务高校治理能力提升研究》，《会计之友》2023 年第 4 期。

② 肖广华、侯玉燕：《政府会计制度下高校全面预算绩效管理探析》，《会计之友》2020 年第 20 期。

③ 唐大鹏、吴佳美：《高校预算绩效管理内部控制体系构建探究》，《财务与会计》2019 年第 1 期。

④ 唐毓秋：《高等院校全面预算绩效管理实施路径浅析》，《财务与会计》2020 年第 10 期。

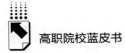

系统。该系统包括基础数据平台、内控基础库、应用层及统计分析模块（见图4）。底层数据及法规库、指标库等构成该系统的地基。应用层全面覆盖项目管理、预算管理、采购管理、合同管理、资产管理、网上报销等模块。系统内部数据最大限度地共享，形成从预算编制到资金支付、财务核算的完整数据闭环，避免经济业务数据难以共享而产生的风险，进而提升了内控管理水平。同时，预算执行与绩效目标达成情况可进行同向检测，提升了预算绩效管理水平。该校通过信息技术赋能，构建了数据共享程度高、横向业务联通、纵向管理顺畅、审批业务透明、内部控制严谨的预算内控一体化系统，形成了"花钱必有效，无效必问责"的全面预算绩效管理大环境。

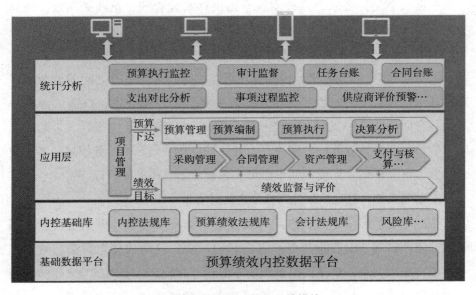

图4　预算内控一体化系统模块

资料来源：山东商业职业技术学院实施的预算一体化管理系统。

（二）推广价值

随着基于数据共享的预算一体化闭环管理系统的部署使用，学校经济业务数据闭环业已打造完成，从根本上完善了学校预算内控体系，降低了经济业务风险，有效提升了管理工作效能；同时，系统能自动检测绩效目标实现程度、专项预算执行进度的对应情况，达到"双监控"目的。

1. 技术赋能，协同管理优势尽显

通过信息技术赋能，从学校、职能部门、项目管理部门三个层面，目标管理、运行监控、绩效评价、结果应用四个环节建设预算内控一体化系统，构建了横向业务一体化、纵向管理垂直化、业务流程透明化、内部控制全程化的预算绩效新格局。通过绩效目标与预算管理同步布置、同步申报、同步审核、同步批复、同步公开，形成预算—采购—合同—资产—财务核算—项目绩效管理的数据链路（见图5），打通学校内部资金管理微循环，提升学校预算内部控制和绩效管理能力，提高资金使用效益，为学校高质量发展提供了支持。

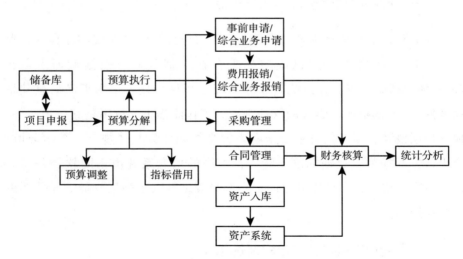

图5　预算内控一体化系统业务流程

资料来源：山东商业职业技术学院实施的预算一体化管理系统。

2. 预算为先，绩效管理"指挥棒"作用凸显

基于一体化平台建设，学校研究预算绩效评价方法，构建了评价指标体系，对于预算项目的前期—中期—后期绩效执行情况进行有效跟踪评价并生成评价报告，同时根据成本效能、效益效能、服务效能等指标优化了资源配置。

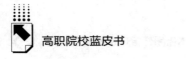

3. 决策支持，助力财务管理和治理现代化水平提升

全面实施预算绩效管理，不仅是提升高校财务管理水平的内在要求，更是提升高校治理体系和治理能力建设水平的重要途径。通过预算内控一体化系统汇集并分析数据，对学校已经开展的项目及时进行资金管理与使用情况研判，根据项目预算及绩效目标为即将开展的项目提供辅助决策支持服务，这对学校领导层进行决策起到了重要参考作用，并助力提升学校治理能力和治理现代化水平。

三　面临的挑战

（一）高职院校信息孤岛现象严重

高职院校信息孤岛现象由来已久，不仅业务与财务系统相互独立、财务系统的不同模块之间也或多或少存在类似问题。根据调研，高达70.18%的高职院校财务系统与业务系统之间存在显著信息孤岛信息共享程度低①。究其根源，学校的管理制度、工作流程不够清晰是其一；此外，缺乏顶层设计，财务信息系统未融入智慧校园建设整体规划；数据分散，源头数据不标准，数据标准不统一；不同的信息系统由不同软件公司开发，标准不统一，导致系统之间存在壁垒等多重因素叠加，最终导致严重的信息孤岛。

（二）管理制度与工作流程需优化

一体化闭环管理系统能够发挥作用的前提是科学合理的管理制度与工作流程，高职院校因所在地域、办学性质、办学历史等存在差异，在管理制度与管理工作流程方面呈现个性化特征，但总的来说，制度、流程的合理性与科学性需要持续进行优化。

---

① 数据来源：项目组开展的职业高等院校财务信息化建设现状调研。

（三）数据共享机制需完善

信息孤岛外在表现是系统各自孤立、数据分散，内在原因是高职院校自身尚未建立完善的数据共享路径与机制。这一问题的根源在于高职院校信息化建设顶层设计不到位、数据不标准或数据标准不统一等，数据共享机制亟待完善。

四　推进一体化闭环管理系统建设的对策建议

（一）破除信息孤岛，提高数据共享度

在学校层面，将财务信息系统融入智慧校园顶层设计体系，不独立运转，从根源上确保财务系统与业务系统能够对接；此外，可建立具有多元数据转接口功能的数据仓库，破除因开发标准不统一造成的壁垒，利用技术手段破解已经形成的信息孤岛，在成本可控前提下，达到财务数据之间、财务数据与业务数据之间共享的目的。

（二）优化制度流程，系统实施有据可依

持续梳理管理制度，厘清工作流程，找准信息流转与数据共享的堵点，对症下药，有效解决问题；根据上级文件并结合学校实际情况，优化管理制度与工作流程，为实施基于数据共享的一体化闭环管理系统奠定基础。

（三）完善数据共享机制，明确路径与标准

教育部发布的《职业院校数字校园规范》（教职成函〔2020〕3号），提出"管理服务信息化的核心目标是学校治理能力和治理体系现代化"①，

---

① 教育部关于发布《职业院校数字校园规范》的通知，中华人民共和国教育部官网，http://www.moe.gov.cn/srcsite/A07/zcs_zhgg/202007/t20200702_469886.html。

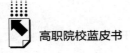

要求财务、采购、资产等管理智能信息化。基于此，高职院校可利用智慧校园顶层设计体系，完善数据共享机制，建设"路径清晰""规则内嵌""数据标准化"的一体化闭环管理系统，助力学校治理能力与治理体系现代化的实现。

要加快建设"数字中国"、加快发展"数字经济"，并要求推进教育数字化，建设学习型社会和学习型大国，"数字化"概念深入人心。山东商院已建成基于数据共享的一体化闭环管理系统，下一步将继续完善功能，提升数字化、智能化水平；同时，充分发挥"双高计划"A档建设单位的示范引领作用，为兄弟院校预算绩效管理水平的提升和探索提供有效借鉴。

后　记

　　高校财务治理是高校治理主体为了对各利益相关主体权责利进行制衡而设置的一系列财权配置制度安排。2019 年 2 月，中共中央、国务院印发的《中国教育现代化 2035》将"推进教育治理体系和治理能力现代化"作为十大战略任务之一；2019 年 12 月，教育部《关于全面实施预算绩效管理的意见》进一步提出要"逐步推动形成体系完备、务实高效的教育预算绩效管理模式"；2022 年修订的《高等学校财务制度》把"提升财务治理能力和水平"作为制定高等学校财务制度的目的，把预算绩效管理、内部控制等作为高校财务治理的主要内容；2023 年 2 月，中办、国办印发的《关于进一步加强财会监督工作的意见》提出"结合自身实际建立权责清晰、约束有力的内部财会监督机制和内部控制体系"。在全面实施预算绩效管理的背景下，融合预算绩效与内部控制理念，对预算过程实行控制，并采用量化指标对执行结果进行考核评价的预算绩效内控一体化模式，是单位实现内部控制的重要途径。高等职业院校经历了规模不断扩大、教学资源日益增加、学校资产和资金规模不断提高的外延式扩张发展阶段，在新形势下加强内部治理、提升学校办学资金的使用效率，有助于实现高等职业院校供给侧结构性改革，促进高质量内涵式发展。基于此，中国教育会计学会职业教育专业（门）委员会（简称职教专委会）会同中国教育会计学会高等职业院校分会（简称高职会计分会），集中力量撰写了本蓝皮书。

　　本书由职教专委会主任委员、高职会计分会常务副会长兼秘书长、全国财政职业教育行业指导委员会副秘书长、深圳职业技术学院茹家团教授和职教专委会常务副主任委员、全国财政职业教育行业指导委员会委员、四川财经职业学院党委书记张华同志主编；职教专委会副秘书长、全国高等职业院校复合型财经人才培育计划学员、四川财经职业学院高淑芳教授,教育部经费监管事务中心高级会计师田书源博士以及职教专委会委员、高职会计分会副秘书长、淄博职业学院李荣教授和杭州职业技术学院林春树教授担任副主编;参与本书编写的主要成员有:第二届全国会计信息化标准化技术委员会咨询专家、中国财政学会绩效管理研究专业委员会副秘书长、中国内部控制研究中心杨光研究员,四川财经职业学院郭霞老师,重庆工商大学杨兴龙副教授以及职教专委会委员——吉林工业职业技术学院王晓斌副教授,江苏经贸职业技术学院储锦超(正)高级会计师,西安航空职业技术学校齐晓军高级审计师,重庆电力高等专科学校田华高级经济师,以及内蒙古师范大学青年政治学院王艳云教授,黄河水利职业技术学院王国英教授,云南机电职业技术学院陈晖副教授等高职会计分会区域协作组秘书长、省域总协调人和督导等。中国教育会计学会会长武德昆教授和副会长兼高职会计分会会长、深圳职业技术学院党委书记杨欣斌教授对本蓝皮书进行了主审。在编写过程中,教育部财务司副司长刘景同志,职成司副司长林宇同志,中国教育会计学会副会长兼秘书长郝丽霞同志、副秘书长李小林教授和有关部门领导以及高职会计分会荣誉会长赵丽生教授,职教专委会副主任委员赵春荣教授,高职会计分会副会长兼常务副秘书长韩华(正)高级会计师,职教专委会秘书长、高职会计分会副秘书长陈冬妮高级会计师,职教专委会委员——山东商业职业技术学院王华新教授,顺德职业技术学院梁建茵,广东轻工职业技术学院黄映芬,江西交通职业技术学院贺美兰等专家学者,四川大学李博副研究员,四川省财政厅教科文处谢小伟,全国高端会计人才、四川省教育厅基建处处长蒲俊梅等提出了许多宝贵的建设性意见。襄阳职业技术学院黄勇,广东轻工职业技术学院余晴晖,青岛职业技术学院刘丹、朱丽敏、陈晓丽、冯孝娇,江西交通职业技术学院周小花等参与了专题报告草拟工作。深圳职业技术大学陈冬妮、黄敏,杭州职业技术学院林春树、郎朝晖,北京交通运输职业学院赵彦龙、杨天华、高瑶,重庆电力高等专科学校田华、张曦、雷玉生,顺德职业技术学院刘艳桃、吴重思,广东水利电力职业技术学院苏倩、刘聪,黄河水利职业技术学院吴宗奎、王国英,浙江商业职业技术学院孔国军、王海洋、赵桦、沈姣，黑龙江职业学院邓宝玲、王晶岩、周喜明等参与了典型案例的撰写工作；江苏农牧科技职业学院王宏伟、赵婧婧、朱思凡，陕西工业职业技术学院邓丽萍、王荣琦，宁波职业技术学院葛晓波、陈赛红，淄博职业学院张振沂、李明洋、赵晓洁，深圳信息职业技术学院王晖、周娜，成都职业技术学院赖钧蓉、刘翌楠，山东商业职业技术学院王华新、张艳慧、刘凯、王媛媛等参与了热点问题的撰写。"全国高等职业院校复合型财经人才培育计划"学员、沧州医学高等专科学校张忠伟，黑龙江农业工程职业学院陈国鹏，陕西铁路职业学院于洛，江苏经贸职业技术学院梅青，陕西国防工业职业技术学院李成平等为本书提出了中肯务实的修改建议。高职会计分会广大会员单位、诸多高职院校，特别是深圳职业技术大学、四川财经职业学院、山东商业职业技术学院、高职会计分会常务理事单位——深圳市日浩智能财经研究院以及社会科学文献出版社等社会各界有关人士给予了鼎力支持。在此，一并表示感谢并致以崇高的敬意。

由于时间仓促，加之水平有限，书中难免有不当之处，敬请批评指正。

我们十分期盼，在今后的实践中，广大高等职业院校形成的成果和取得的经验能与我们共享，存在的困惑和需要解决的问题能及时与我们沟通与联系，因为广大高等职业院校的智慧和参与正是我们前进的动力与方向。

社会科学文献出版社

皮 书

智库成果出版与传播平台

❖ 皮书定义 ❖

皮书是对中国与世界发展状况和热点问题进行年度监测，以专业的角度、专家的视野和实证研究方法，针对某一领域或区域现状与发展态势展开分析和预测，具备前沿性、原创性、实证性、连续性、时效性等特点的公开出版物，由一系列权威研究报告组成。

❖ 皮书作者 ❖

皮书系列报告作者以国内外一流研究机构、知名高校等重点智库的研究人员为主，多为相关领域一流专家学者，他们的观点代表了当下学界对中国与世界的现实和未来最高水平的解读与分析。截至 2022 年底，皮书研创机构逾千家，报告作者累计超过 10 万人。

❖ 皮书荣誉 ❖

皮书作为中国社会科学院基础理论研究与应用对策研究融合发展的代表性成果，不仅是哲学社会科学工作者服务中国特色社会主义现代化建设的重要成果，更是助力中国特色新型智库建设、构建中国特色哲学社会科学"三大体系"的重要平台。皮书系列先后被列入"十二五""十三五""十四五"时期国家重点出版物出版专项规划项目；2013~2023 年，重点皮书列入中国社会科学院国家哲学社会科学创新工程项目。

皮书网

（网址：www.pishu.cn）

发布皮书研创资讯，传播皮书精彩内容
引领皮书出版潮流，打造皮书服务平台

栏目设置

◆ **关于皮书**
何谓皮书、皮书分类、皮书大事记、
皮书荣誉、皮书出版第一人、皮书编辑部

◆ **最新资讯**
通知公告、新闻动态、媒体聚焦、
网站专题、视频直播、下载专区

◆ **皮书研创**
皮书规范、皮书选题、皮书出版、
皮书研究、研创团队

◆ **皮书评奖评价**
指标体系、皮书评价、皮书评奖

◆ **皮书研究院理事会**
理事会章程、理事单位、个人理事、高级
研究员、理事会秘书处、入会指南

所获荣誉

◆ 2008 年、2011 年、2014 年，皮书网均
在全国新闻出版业网站荣誉评选中获得
"最具商业价值网站"称号；
◆ 2012 年, 获得"出版业网站百强"称号。

网库合一

2014 年，皮书网与皮书数据库端口合
一，实现资源共享，搭建智库成果融合创
新平台。

皮书网

"皮书说"
微信公众号

皮书微博

权威报告·连续出版·独家资源

皮书数据库
ANNUAL REPORT(YEARBOOK)
DATABASE

分析解读当下中国发展变迁的高端智库平台

所获荣誉

- 2020年，入选全国新闻出版深度融合发展创新案例
- 2019年，入选国家新闻出版署数字出版精品遴选推荐计划
- 2016年，入选"十三五"国家重点电子出版物出版规划骨干工程
- 2013年，荣获"中国出版政府奖·网络出版物奖"提名奖
- 连续多年荣获中国数字出版博览会"数字出版·优秀品牌"奖

皮书数据库   "社科数托邦"
微信公众号

成为用户

　　登录网址www.pishu.com.cn访问皮书数据库网站或下载皮书数据库APP，通过手机号码验证或邮箱验证即可成为皮书数据库用户。

用户福利

- 已注册用户购书后可免费获赠100元皮书数据库充值卡。刮开充值卡涂层获取充值密码，登录并进入"会员中心"—"在线充值"—"充值卡充值"，充值成功即可购买和查看数据库内容。
- 用户福利最终解释权归社会科学文献出版社所有。

社会科学文献出版社 皮书系列
SOCIAL SCIENCES ACADEMIC PRESS (CHINA)

卡号：567233341939
密码：

数据库服务热线：400-008-6695
数据库服务QQ：2475522410
数据库服务邮箱：database@ssap.cn
图书销售热线：010-59367070/7028
图书服务QQ：1265056568
图书服务邮箱：duzhe@ssap.cn

法律声明

    "皮书系列"（含蓝皮书、绿皮书、黄皮书）之品牌由社会科学文献出版社最早使用并持续至今，现已被中国图书行业所熟知。"皮书系列"的相关商标已在国家商标管理部门商标局注册，包括但不限于LOGO（ ）、皮书、Pishu、经济蓝皮书、社会蓝皮书等。"皮书系列"图书的注册商标专用权及封面设计、版式设计的著作权均为社会科学文献出版社所有。未经社会科学文献出版社书面授权许可，任何使用与"皮书系列"图书注册商标、封面设计、版式设计相同或者近似的文字、图形或其组合的行为均系侵权行为。

    经作者授权，本书的专有出版权及信息网络传播权等为社会科学文献出版社享有。未经社会科学文献出版社书面授权许可，任何就本书内容的复制、发行或以数字形式进行网络传播的行为均系侵权行为。

    社会科学文献出版社将通过法律途径追究上述侵权行为的法律责任，维护自身合法权益。

    欢迎社会各界人士对侵犯社会科学文献出版社上述权利的侵权行为进行举报。电话：010-59367121，电子邮箱：fawubu@ssap.cn。

社会科学文献出版社